从创新思维到创业实践

主 编 赵红妍 李 真 刘 浩
副主编 陈 肖 曹 萌 王承林 赵治巨

哈尔滨工业大学出版社

内容简介

本书主要内容包括创新和创业两部分,此外还附有本书编写教师指导的获得省级"互联网+"创新创业大赛奖项的创业计划书实例。本书共包括十三个模块,分别是:创新创业导航、创新创业概述、创新模式、创新思维训练、创新能力培养、创新机遇把握、创业市场开发、创业团队组建、商业模式设计、财经知识储备、创业计划编写、企业的初创办、初创企业管理。

本书可供本专科院校及高职院校师生作为创新创业类教材或教学参考书使用。

图书在版编目(CIP)数据

从创新思维到创业实践/赵红妍,李真,刘浩主编. —哈尔滨:哈尔滨工业大学出版社,2022.3(2024.7重印)
ISBN 978-7-5603-9989-8

Ⅰ.①从… Ⅱ.①赵…②李…③刘… Ⅲ.①大学生-创造性思维-能力培养-研究 Ⅳ.①B804.4

中国版本图书馆 CIP 数据核字(2022)第 050698 号

策划编辑	杨秀华
责任编辑	陈 洁
封面设计	刘 乐
出版发行	哈尔滨工业大学出版社
社　　址	哈尔滨市南岗区复华四道街10号　邮编150006
传　　真	0451-86414749
网　　址	http://hitpress.hit.edu.cn
印　　刷	哈尔滨市颉升高印刷有限公司
开　　本	787 mm×1 092 mm　1/16　印张 13.5　字数 337 千字
版　　次	2022 年 3 月第 1 版　2024 年 7 月第 2 次印刷
书　　号	ISBN 978-7-5603-9989-8
定　　价	42.00 元

(如因印装质量问题影响阅读,我社负责调换)

前　言

随着我国经济的不断发展，加快培养新时代富有创新精神、勇于投身创业实践的人才是各大高校的重要任务。为了更好地贯彻落实国务院办公厅《关于深化高等学校创新创业教育改革的实施意见》（国办发〔2015〕36号）的精神，充分发挥大学生在国家建设中的作用，我们按照科学性、先进性、适用性的原则，编写了本节。

本书融"创新、创业"于一体，旨在培养大学生的创新创业意识、创新精神、创新思维，帮助大学生养成善于观察、勤于思考、勇于创新的习惯，使他们拥有丰富的想象力，对未来事物的发展趋势具有一定的敏感度和辨识能力。同时，培养大学生创新创业的非智力因素，如理想、信念、意志、毅力、团队合作精神等，使他们对创业有初步的认识，能够辨识创业机会、熟悉创办企业的基本流程和相关的财经知识，能够独立撰写创业计划书。

本书设有案例导读、拓展阅读、推荐视频、推荐阅读、课堂活动等模块，具有较强的针对性、指导性和实用性。此外，本书的编写力求行文流畅、简洁明快、易读易记。

本书由赵红妍、李真、刘浩担任主编。在编写过程中，编者参考了大量的文献资料。在此，我们向文献的作者表示诚挚的谢意。

由于编写时间仓促，编者水平有限，书中疏漏与不当之处在所难免，敬请广大读者批评指正。

编　者
2021年12月

目　　录

第一模块　创新创业导航
案例导读 …………………………………………………………………… 1
知 识 一　创新与创业 ……………………………………………………… 3
知 识 二　创新创业大赛概览 ……………………………………………… 6
知 识 三　认识创业计划书 ………………………………………………… 7

第二模块　创新创业概述
案例导读 …………………………………………………………………… 10
知 识 一　创新创业的要素与类型 ………………………………………… 11
知 识 二　创业精神 ………………………………………………………… 14
知 识 三　创业与就业 ……………………………………………………… 16

第三模块　创新模式
案例导读 …………………………………………………………………… 19
知 识 一　从无到有 ………………………………………………………… 21
知 识 二　从有到优 ………………………………………………………… 22
知 识 三　重新组合 ………………………………………………………… 23
知 识 四　重新定义 ………………………………………………………… 25

第四模块　创新思维训练
案例导读 …………………………………………………………………… 30
知 识 一　思维与创新思维 ………………………………………………… 31
知 识 二　创新思维养成 …………………………………………………… 35
知 识 三　创新思维工具与方法 …………………………………………… 39

第五模块　创新能力培养
案例导读 …………………………………………………………………… 46
知 识 一　创新能力的内涵 ………………………………………………… 47
知 识 二　创新能力的特征 ………………………………………………… 48
知 识 三　创新能力的培养与训练 ………………………………………… 50

第六模块　创新机遇把握
案例导读 …………………………………………………………………… 58
知 识 一　创新机遇的来源 ………………………………………………… 59
知 识 二　创新机遇的识别 ………………………………………………… 61

知识三　创新机遇的评价 …………………………………………… 62

第七模块　创业市场开发
案例导读
知识一　创业市场的类型 ……………………………………………… 66
知识二　创业市场的调研 ……………………………………………… 69
知识三　制定市场营销计划 …………………………………………… 76

第八模块　创业团队组建
案例导读 …………………………………………………………………… 84
知识一　创业者概述 …………………………………………………… 85
知识二　创业团队的概念和类型 ……………………………………… 86
知识三　创业团队的组建和管理 ……………………………………… 88

第九模块　商业模式设计
案例导读 …………………………………………………………………… 92
知识一　商业模式基础知识 …………………………………………… 93
知识二　商业模式构建 ………………………………………………… 96

第十模块　财经知识储备
案例导读 …………………………………………………………………… 102
知识一　创业必备的会计知识 ………………………………………… 104
知识二　创业必备的财务管理知识 …………………………………… 110

第十一模块　创业计划书编写
案例导读 …………………………………………………………………… 115
知识一　创业计划书的构成要素 ……………………………………… 116
知识二　编写创业计划书的准备工作 ………………………………… 119
知识三　创业计划书的检测与评价标准 ……………………………… 120
知识四　创业计划书的路演展示 ……………………………………… 123

第十二模块　企业的初创办
案例导读 …………………………………………………………………… 126
知识一　选择合适的企业组织形式 …………………………………… 127
知识二　企业起名及注册 ……………………………………………… 129

第十三模块　初创企业管理
案例导读 …………………………………………………………………… 136
知识一　企业的组织结构 ……………………………………………… 137
知识二　企业的人员管理 ……………………………………………… 141
知识三　企业的薪酬管理 ……………………………………………… 142

附录一　"云共享"远程智慧农业控制管理系统股份有限公司商业计划书 …………………………………………………………… 147

附录二　固染科技——织物固色领域的奔跑者 ………………… 180

参考文献 ……………………………………………………………………… 207

第一模块　创新创业导航

 案例导读

从创业者到创建创业生态圈

黑框眼镜、素色衣服,和人交流时双手背在身后,脸上挂着家长式笑容,作为楼友会·丹徒众创空间(以下简称"楼友会")负责人,27岁的靳俊有意装扮得比同龄人更显老成稳重。

但骨子里,他却是个不安分的年轻人:从镇江折腾到北京,又从北京折腾回镇江;从创立一家公司,到创建起一个创业生态圈,他总是有了想法就要去实现、去突破,努力活出自己想要的人生。

有"野心"的工科男

车辆工程专业是江苏大学(江大)的特色专业。当初给靳俊选这个专业时,父亲希望他学业有成后,能找到一个"铁饭碗"。

可靳俊偏偏要追求那种挑战未知、和自己较量的生活。大学开始,他就用从小存的压岁钱,不断穿梭在北京、上海、青岛等城市,通过参加论坛峰会、创业训练营等活动,积累足够的创业理论知识。

2013年,靳俊率先创建了镇江市首家生鲜O2O网站。该网站一经推出就颇受欢迎,日最高销售额达8 000元。随后,他带着团队又开发出一款专供江大学生使用的软件App,从学习社交等各方面提供综合性服务。

大三下学期,他带上"大学生旅游社交"这一创业项目及筹集来的300多万资金,和3个同样还未毕业的同学前往北京闯荡。在北京创业3年,虽然公司每月业绩成倍增长,可靳俊还是感受到事业陷入瓶颈期。恰逢杭州楼友会创客商务有限公司聘请他主要负责集团在江苏省镇江市丹徒区的众创社区的整体运营工作。经过几番权衡和挣扎,他决定遵从内心的渴望,从北京回到家乡,向高难度的"二次创业"发起挑战。

从零开始想办法干起来

刚"上任"时,靳俊唯一的资源是政府在郊区提供的一栋闲置大楼。"那里除了荒地,周边什么都没有,就是吃个饭也得开车找20分钟,90后哪里受得了"。

在这样一穷二白的条件下，靳俊要用最穷的办法，快速打造出一个吸引年轻人入驻的创客集聚地。举办大学生创业大赛是提高知名度的第一步。第一届比赛的最高奖金仅为5 000元，只有5支队伍参加。靳俊还会"蹭"别人的项目四处参加创业比赛，借此招引人才。他会全程站着看完比赛，认真聆听每位路演选手的演讲，生怕错过一个有潜质的项目。"比赛结束后，他还要和获奖选手逐个进行深入交流，为日后招引打下基础"。

渐渐地，也会有初创企业主动找上门。

江苏灵眸自动化科技有限公司CEO张政是个创业新手。但他拿着产品找客户时，接连被10家企业拒绝，走投无路之下，他找到靳俊帮忙。没有现成的客户资源，靳俊就带着张政一家家企业去跑。有次两人冒着大雨来到一家化工单位，接待人员一直冷脸相对，但靳俊始终微笑着尝试沟通，最终得以与公司负责人见面洽谈。

在靳俊的不懈"张罗"下，张政的公司拿到了第一笔30万元的订单。现在公司已经有了稳定客户源，年营业额达到400万元左右。

实现1到N快速裂变

在对创业者的帮扶方式上，他另辟蹊径，着力在业务模块打造、团队架构梳理以及初创期财务、法务、人事等储备建设方面进行孵化帮扶。他通过各种途径，从全国聘请创业"大咖"和行业专家，组建了200多人的专业导师库，以"创客咖啡吧""创客路演吧"等多种形式，每周举办讲学问答、情景模拟、案例分析等创业辅导培训，提供全方位的创业指导服务。

与此同时，靳俊将园区企业联合起来组建"双创联盟"，共同提高抗风险能力，并以此为基础不断延伸服务触角，先后牵头成立了"镇江物联网协会"、镇江大学生"青创联盟"，成为"苏港澳青创空间联盟"创始成员单位，实现对驻镇高校系统化、一站式的创业服务体系全覆盖。

3年来，楼友会服务创业企业超过100家，成功孵化企业16家。当前有11家科技类创客团队正在入孵，年销售总额为3 000多万元。

"现学现卖"闯出一条新路

随着园区内企业复产复工模式的开启，靳俊想到利用直播搭建服务企业平台。一开始，团队里一群门外汉光是直播平台就试了五六个，为了选设备，靳俊跑遍了镇江的数码店，"现学现卖"地购置了一个简易"直播间"。

丹徒双创联盟的"云课堂"，首秀邀请了来自科技、人社、税务等部门的领导专家进行最新政策解读，有近千人在直播间里互动问答。

首秀成功让靳俊信心大增，再次与区人社局、团区委联手举办"校政企面对面——驻镇高校专场"网络直播招聘会。靳俊重点通过团区委这条"线"，全面对接江苏大学、江苏科技大学等4所驻镇高校，与招聘岗位专业相符的班级辅导员实时保持在线交流，确保没有遗漏。招聘当天，直播间邀请了当地5家知名企业，有针对性地为毕业生提供了百余个就业岗位，在线解答各类求职问题，吸引1万多人次在线参与，最终有55名本地应届毕业生达成就业意向。

团丹徒区委副书记李颖极力肯定靳俊的工作，"靳俊作为团区委兼职副书记，始终以创业的形态开展青年发展工作，积极协助团区委链接更多社会资源，助力企业跑出复工复产'加速度'，为产业强区贡献了青春力量"。

【资料来源：《中国青年报》，2020年，有删改】

知识一 创新与创业

一、创新的内涵及基本特性

（一）创新的内涵

一个民族和国家的发展离不开创新，创新是人类社会不断进步、不断探索、不断前行的动力，是一个不断发展向前的过程，是新思想、新思维、新方法不断突破旧思想、旧体制、旧方法的创造过程，是打破常规、另立新规、推陈出新的发展过程。

创新的内涵层次多，内容深，覆盖广。就层次而言，创新就包含实践创新、思想创新、方式创新等多层次，新事物的产生需建立在旧事物的基础之上，对其自身、外部进行革新，才能得以创新；就内容而言，创新就包含科技创新、生产创新、内容创新等多角度，旧事物自身的内涵在不断丰富和拓展，对自身的要求在不断提高，进而促进新事物的衍生；创新就覆盖而言，包含社会、国家各个方面，大到科学技术、国家制度、经济政策，小到生活方式、学习方法等。

由此，我们认为，创新是指以现有的思维模式提出有别于常规或常人思路的见解，利用现有的知识和物质，在特定的环境中，本着理想化需要或为满足社会需求，而改进或创造新的事物、方法、元素、路径、环境，并能获得一定有益效果的行为。

具体来说，创新主要包括如下几种含义。

（1）创新的目的是解决实践问题，是一项活动。

（2）创新的本质是突破传统、打破常规。

（3）创新是一个相对的概念，其价值与时间、空间有关。同样的事物在今天看来是创新，明天可能是追随，后天大多数人都接受了，可能就是传统了。创新必须在一定范围内具有领先性，有的是世界领先，有的是地区领先。

（4）创新可以在解决技术问题、经济问题和社会问题的广泛范围内发挥作用，它是每个人都可以参与的事业。

（5）创新以取得的成效为评价尺度。有成效才能认为是创新，根据成效，创新可以分成若干等级：有的是划时代的创新，例如，北大方正的汉字激光照排系统，淘汰了铅字，使全国印刷业告别了依赖铅与火的时代；有的不过是时尚创新，例如，电子宠物曾为厂商带来丰厚利润，但不久就失宠了。

总之，创新是人类特有的认识能力和实践能力，是人类主观能动性的高级表现，是推动民族进步和社会发展的不竭动力。一个民族想要走在时代前列，就一刻也不能没有创新思维，一刻也不能停止各种创新。

（二）创新的基本特性

创新的基本特性如下。

(1) 目的性：任何创新活动都有一定的目的，这个特性贯彻于创新过程的始终。
(2) 变革性：创新是对已有事物的改革和革新，是一种深刻的变革。
(3) 新颖性：创新是对现有的不合理事物的扬弃，革除过时的内容，确立新事物。
(4) 超前性：创新以求新为灵魂，具有超前性。这种超前是从实际出发、实事求是的超前。
(5) 价值性：创新有明显、具体的价值，对经济社会具有一定的效益。

二、创业的内涵、特点及功能

（一）创业的内涵

创业的产生来源于人类社会不断演进和发展的历史，随着人类社会阶段的不断发展，创业所展现的形式和状态都不尽相同，普罗大众对创业的认识和理解也不尽相同。现代社会对于创业的理解，最早来自于1934年经济学家熊彼特的阐释："执行一些新的组合，我们称之为创业"。创业是一种以创新为基础，运用各种社会资源创造社会价值，提高社会生产力水平的过程。

创业，不应仅仅理解成为创办自己的企业，进行社会经济活动，而应更为深层次地理解为，是一种人对于自身全面发展、自身品质和意志不断磨炼、思想和思维方式不断磨砺的行为过程，期间通过捕捉机会、运用资源创造社会价值、贡献个人价值。

由此，我们认为，创业是指承担风险的创业者通过寻找和把握创业机会，投入已有的技能知识，配置相关资源，创建新企业，为消费者提供产品和服务、为个人和社会创造价值和财富的过程。这个概念包括以下几层含义。

(1) 创业是一个创造的过程，即创业者要付出努力和代价。
(2) 创业的本质在于对机会的商业价值的发掘与利用，即要创造或认识到事物的商业用途。
(3) 创业的潜在价值需要通过市场来体现，即市场是实现财富的渠道。
(4) 创业以追求回报为目的，包括个人价值的满足与实现、知识与财富的积累等。

（二）创业的特点

创业具有如下特点。
(1) 创业是主动进行的创造活动。
(2) 创业是对社会资源的重新组合、配置和利用。
(3) 创业带有一定的风险，创业成功需要经历艰辛的过程。

大学生创业具有如下特点。
(1) 大学生创业更有激情，敢于挑战。
(2) 大学生创业更注重知识性。大学生通过在学校的专业学习，掌握了一定专业技能，可以以专业知识作为创业的基础。
(3) 大学生创业具有创新性。大学生思维活跃，接受新事物较快，创意新、点子多。
(4) 大学生经验不足。大学生意气风发，对创业满怀希望，但难免经验不足，缺乏对社会和市场的了解，对风险和困难的抵抗力薄弱。

（三）创业的功能

1. 缓解就业压力

大学生创业有利于解决大学生就业难的问题。创业能力是一个人在创业实践活动中的自我生存、自我发展的能力。一个创业能力很强的大学生不但不用担心找不到工作，相反还能通过自主创业活动来增加就业岗位，进而缓解社会的就业压力。为此，国家各级党政部门，纷纷把"鼓励和支持高校毕业生自主创业"作为化解当前社会就业难的主要政策之一。

2. 帮助大学生实现自我价值

大学生通过自主创业，可以把自己的兴趣与职业紧密结合，做自己最感兴趣、最愿意做和自己认为最值得做的事情，在五彩缤纷的社会舞台中大显身手，最大限度地发挥自己的才能，并获得合理的报酬。当前社会鼓励大学生创业，虽然是为了缓解大学生就业压力，但从大学生自身来说，创业的主要原动力则在于谋求自我价值的实现。只有提高大学生创业的比例，整个社会才能形成创业的风气，才能建立"价值回报"的社会新秩序。

3. 提高大学生自身素质

我国高校扩招以后，伴随着就业压力，大学生素质与我国高等教育的水平一直为人所诟病。在提高大学生教育管理水平与大学生素质的各类探索实践中，大学生创业无疑是最经济、最有效的办法之一。通过创业与创业实践，大学生可以充分调动自己的主观能动性，改变自身就业心态，自主学习，独立思考，并学会自我调节与控制。

4. 培养大学生创新精神

大学生的创业活动有利于培养其勇于开拓创新的精神，把就业压力转化为创业动力，培养出越来越多的各行各业的创业者。中国的未来在于大学生，中华民族的创新精神则在于大学生旺盛的创造力与创新追求。

三、创新创业的内涵

创新创业是随着整个社会经济发展和科学水平的不断提升与发展，而逐步完善起来的一种创造社会财富的活动。单纯看创新创业，回归本源，究其内涵，其实质指的是创新创业者凭借自身的创新创业意识，通过自身的创新创业实践能力，运用所拥有的社会资源、关系，进行创新创业的实践活动。究其根本，就是人们从事社会生产实践劳动进行创新创造的实践过程。

创新创业涵盖了多个层次、多个方面，是一个不断变化和自我完善的过程，是建立在破除旧的体制、打破思维定式、树立新的发展机制、革新思考方式的基础之上，并进一步提升发展空间、创造新的事物、提出新的规范、开拓新的领域的过程。而这样的创新创业，不是我们一以贯之理解的打破一切旧的事物关系，建立新的事物关系，而是超越以往一切的，更高层次、更大范围、更全领域的超越。

创新创业的实践活动离不开实践的主体——创新创业实践者，其是一切实践活动的主观发起者和实践者。创新创业实践者是创新创业实践的实际主导者，而随着创新创业实践活动的不断开展，创新创业者自身也在发生着变化，大学生创新创业者是其中的一个阶段，关系着是否能够最终成为创新创业的真正实践者。

知识二 创新创业大赛概览

一、中国创新创业大赛

（一）中国创新创业大赛概述

中国创新创业大赛是由科技部、财政部、教育部、中央网信办和中华全国工商业联合会共同指导举办的国内规格最高的创新创业赛事。大赛采用"政府主导、公益支持、市场机制"的模式，旨在进一步提高我国创新创业水平，紧密加强科技和金融的结合，创新科技投入方式，大力弘扬创新创业文化，营造良好的创新创业氛围。同时，大赛统筹发挥政府引导作用和市场在资源配置中的基础性作用，集聚社会力量，整合各种资源，搭建服务平台，为参赛企业提供创业辅导、创业投资、银行授信、股改上市及并购培训等政策支持，促进科技型中小企业创新发展。

首届大赛于2012年7月5日在北京正式启动，此后每年举办一次，至2020年共举办了九次大赛。历届大赛设立了高端装备制造、新材料、生物医药、节能环保、新能源、新能源汽车、新一代信息技术等七大战略性新兴产业赛。第九届大赛力图通过创新创业大赛使关键核心技术、前沿技术内容实现转化和产业化，解决"卡脖子"问题。

二、"创青春"全国大学生创业大赛

创青春全国大学生创业大赛的前身为"挑战杯"中国大学生创业计划竞赛，由共青团中央、中国科协、教育部、全国学联和地方省级人民政府共同主办。"挑战杯"诞生于1989年，"挑战杯"竞赛在中国共有两个并列项目，一个是"挑战杯"全国大学生课外学术科技作品竞赛（"大挑"）；另一个则是"挑战杯"中国大学生创业计划竞赛（"小挑"）。这两个项目的全国竞赛交叉轮流开展，每个项目每两年举办一届。"挑战杯"系列竞赛被誉为中国大学生科技创新创业的"奥林匹克"盛会，是目前国内大学生最关注、最热门的全国性竞赛，也是全国最具代表性、权威性、示范性、导向性的大学生竞赛。

三、"汇新杯"新兴科技+互联网创新大赛

"汇新杯"新兴科技+互联网创新大赛诞生于2018年，是以扶持初创企业、创业团体为主的创新竞赛；同时也是响应国家政策，大力发展新兴科技，用科技创新和产业模式的革新来促进行业领域的产业升级；推动大数据、人工智能、科技文化艺术、科技公益慈善等前沿新兴科技与"互联网+"实体经济的深度融合；同时，通过大赛激发大学生、社会进步青年、科技人员、科研团体和中小微企业的创新创业热情，提升社会创业就业质量，构建公共文化新格局，传递社会公益力量，推动现代化经济体系建设。此项大赛还设立了高校毕业生创业就业公益体系，利用大赛所融合的社会资源培养新时代大学生的创业就业能力。

四、"创青春"中国青年创新创业大赛

首届"创青春"中国青年创新创业大赛于2014年举办。大赛以"创新引领未来 创业改变生活 奋斗成就梦想"为主题,目的是搭建创业者展示成长平台、投融资对接平台,建立青年创新创业项目库、人才库、导师库,优化青年创业环境,提高青年创业成功率,激发全社会关心青年创业的热情,促进青年创业就业服务体系建设。"创青春"中国青年创新创业大赛自2014年起已连续举办七届,共吸引47.5万支创业团队、逾207万名创业青年参与。

五、"中国创翼"青年创业创新大赛

"中国创翼"青年创业创新大赛诞生于2015年。大赛由中国宋庆龄基金会、人力资源社会保障部联合主办,以"共圆中国梦·青春创未来"为主题。大赛坚持公益原则,其目的是通过比赛,发现和选拔一批优秀青年创业创新项目,建立青年创业创新项目库;合理运用政府公共资源并充分动员社会其他资源,为优秀青年创业创新项目提供创业培训、创业指导、风险投资、园区孵化等对接服务,加速项目的落地和发展壮大;营造政府鼓励创业、社会支持创业、青年奋发创业的良好环境,推动以创新引领创业,以创业带动就业。

六、中国"互联网+"大学生创新创业大赛

中国"互联网+"大学生创新创业大赛诞生于2015年,由教育部与各级政府、各高校共同主办。大赛旨在深化高等教育综合改革,激发大学生的创造力,培养造就"大众创业、万众创新"的主力军;推动赛事成果转化,促进"互联网+"新业态形成,服务经济提质增效升级;以创新引领创业、创业带动就业,推动高校毕业生更高质量创业就业。

参赛项目要求能够将移动互联网、云计算、大数据、物联网等新一代信息技术与行业产业紧密结合,培育基于互联网的新产品、新服务、新业态、新模式,以及推动互联网与教育、医疗、社区等深度融合的公共服务创新。

知识三 认识创业计划书

一、创业计划书的含义

创业计划书,是指创业者在创业初期所编写的一份书面创业计划,它是创业者在正式启动创业项目之前,基于前期对整个项目的调研、策划的成果,对创业项目进行全面说明的一份可行性商业报告。其作用是向潜在投资者、风险投资公司、合作伙伴等"游说"以取得合作、支持或风险投资。

"云共享"远程智慧农业控制管理系统股份有限公司的创新创业计划在第七届中国创新创业大赛(河北赛区)暨河北省第六届创新创业大赛中荣获三等奖,详见附录一。

二、创业计划书的作用

一份优秀的创业计划书不仅能够吸引投资者的眼球,更能够有效地指导企业经营,帮助创业者理清未来的发展思路。因此,在具体的创业实践中,创业者一定要重视创业计划书的价值与作用。具体来讲,创业计划书具有以下作用。

(一)创业计划书是创业者把握企业发展的总纲领

创业者通过制作创业计划书明确创业方向、理清创业思路。创业计划书的写作是一个长期的过程,创业者需要根据企业的实际情况进行不断的调整和完善。在这一过程中,创业者或者改变销售策略,或者更新经营思路,或者认识到某一方面的错误与不足,甚至改变了总目标下的某一分目标,这些都有利于企业的良性发展。总之,对创业者来说,创业计划书无异于总纲领和总路线。

(二)创业计划书是创业团队及合作者共同奋斗的动力和期望

创业计划书是创业者对理想的现实阐述,是理想与现实连接的桥梁。创业企业的预期目标、战略、进度安排、团队管理等方面都是创业者理想的具体化图景,是创业团队奋斗的动力。明细的创业计划有助于统一思想和路线,有助于创业团队成员步调一致、有的放矢。创业计划书是合作者的"兴奋剂",能让创业者及其合作者紧密团结在一起,同甘共苦,打拼未来;创业计划书还是亲缘纽带的"黏合剂",因为优秀的创业计划书可以让创业者赢得亲友的信任与支持,坚定创业者在艰难的创业路上的信心。

(三)创业计划书是投资者决定是否投资的重要参考

从融资角度看,创业计划书通常被喻为"敲门砖"。一份详细完备的创业计划书,往往包含了投资者所需要的信息:创业企业的现实业绩和发展远景,市场竞争力和优劣势,企业资金需求现状和偿还能力,以及创业者及其团队的能力和阵容等。这些都是投资者关心的重点,是他们衡量创业企业实力和潜力的依据,并以此作为是否对创业企业进行投资的重要参考。

(四)创业计划书为企业经营活动提供依据与支撑

创业计划书是为企业发展所做的规划,企业的创立与成长需要由创业计划书引领。创业计划书的主要构思围绕企业,主要内容更是离不开企业,诸如资金规划、财务预算、产品开发、投资回收、风险评估等,步步都与实现目标及企业发展休戚相关。因此,创业计划书是企业经营活动的有力依据和有效支撑,对创业行动具有指导意义。

推荐视频

纪录片《创新中国》第一集《信息》、第二集《能源》。

课堂活动

1. 讨论创新在生活中有哪些具体的表现。
2. 你认为系统书写创业计划书的必要性是什么?

第二模块　创新创业概述

案例导读

山村大学生返乡创业：从"反面教材"到"正面典型"

11年前，杜赢是福建省福鼎市赤溪村第一个走出山村的大学生。令乡亲们费解的是，他大学毕业后没有留在城市工作，而是选择回乡从事白茶生产工作。

对杜赢来说，回乡创业并非一时冲动，而是深思熟虑的结果。他说，2013年以前，福鼎当地以产绿茶为主。白茶与绿茶的制作工艺不同，虽然赤溪村家家户户都有几亩茶园，但村里没有白茶加工厂，茶叶没法就地消化，村民得肩挑手提到外地出售。加工成白茶，不仅售价高，而且经得起长期存放，即使当年卖不掉也不用担心变质。

当时，亲朋好友都劝杜赢找个安稳的工作。但他下决心赌一把，"穷怕了，反正一无所有"。小时候，父母外出打工供他和妹妹念书，"条件非常艰苦"。杜赢心想，如果按父母的建议去当教师、领一份工资，在短时间内根本没法改变家里贫穷的状况；如果创业成功，或许五六年就能大变样。

父母东拼西凑了10万元，再加上由村干部担保向银行贷款的10万元，杜赢靠着这些本钱开了家小茶厂，向附近一位小有名气的师傅学习制作白茶的工艺。

尽管杜赢开厂后提高了当地茶叶的收购价格，但他还是被村民视为"反面教材"。创业之初的窘迫被大家看在眼里，老人们私下议论："读了大学还回来干农活，那何必上大学呢？"

杜赢说，为了推销白茶，"除了新疆、西藏，其他省份都去过，但大多数时候都'吃了闭门羹'"。他不死心，依然挨家挨户递名片。

正是由于他不怕苦累、坚持不懈的努力，在创业两年后的2015年，他的茶厂迎来了转机。此后，茶厂的营业额以每年100万元的速度递增。2019年，茶厂纯利润达四五十万元。在杜赢看来，这是他长期在外跑客户、频繁参加专业茶博会对接客商的结果。白茶产业步入正轨后，家里便还清了债务。

杜赢的白茶事业也给村民带来了甜头。2013年，当地一亩茶园收入4 000元左右，现在多了一倍以上。如今村民们改口称赞杜赢，"以后读大学，就要读成他这样的"。

这个90后青年逆袭的故事不仅改变了村里老人的观念,也吸引了一些年轻人返乡创业。杜赢认为,自己之所以成功,是赶上了国家支持大学生返乡创业的好政策,也恰好在白茶的快速发展期介入了这一行业。

2015年,高等级公路开通后,赤溪村到高速公路口只需20分钟,赤溪村的生态旅游业红火起来,将近三分之一的白茶销量是由游客撑起来的。

杜赢准备扩建厂房,一方面代客户仓储,节省对方的储存成本,同时可以容纳更多的客人到现场体验制茶。"赤溪白茶要走出去,品牌得更响亮,让客商对我们更有信心。"

【资料来源:《经济日报》,2020年,有删改】

知识一　创新创业的要素与类型

一、创新创业的要素

(一)创新的要素

1. 自由思考的空间

创新是要创造新的东西,所以头脑里面不能有太多的条条框框,不能拘泥于旧的东西,得敢想。

2. 全球化的知识流动

创新需要有新的产品、新的思想,这些都源于大家相互交流、相互碰撞、相互激发。互联网的普及和应用使我们能够很快地了解各领域最前沿迸发出的火花,知识的流动性对于创新的意义不言而喻。

3. 对基础研究的重视

越是高深的技术、越是影响长远的技术越需要基础研究的支持,但是基础研究短期内又不能看到成果,所以没有雄厚的资金支持基础研究,创新就无法开展,更遑论成功。

4. 敢于质疑的科学传统

要想有所发现、有所创新,就必须勇于质疑权威。因为对未知世界的认识正是在不断的"否定"中向前推进的。

(二)创业的要素

创业的要素包括创业机会、创业团队和创业资源。

创业机会就是创业者可以利用的商业机会。从创业过程的角度来说,创业机会是创业的起点,创业过程就是围绕着创业机会进行识别、开发、利用的过程。

创业团队是指在创业初期(包括企业成立前和成立早期),由一群才能互补、责任共担、愿为共同的创业目标奋斗的人所组成的特殊群体。

创业资源是指创业企业在创造价值的过程中需要的特定资产,包括有形资产与无形资产。它是企业创立和运营的必要条件,主要表现为创业人才、创业资本、创业技术和创业管理等。

二、创新创业的类型

(一)创新的类型

根据表现形式进行分类,创新可分为知识创新、技术创新、产品创新、服务创新、制度创新和管理创新。

1. 知识创新

知识创新是指通过科学研究,包括基础研究和应用研究,获得新的基础科学和技术科学知识的过程。知识创新为人类认识世界、改造世界提供新理论和新方法,为人类文明进步和社会发展提供不竭动力。

2. 技术创新

技术创新是以创造新技术为目的的创新或以科学技术知识及其创造的资源为基础的创新。科学是技术之源,技术是产业之源,技术创新建立在科学道理发现的基础之上,而产业创新主要建立在技术创新基础之上。

3. 产品创新

产品创新是指改善或创造产品,进一步满足顾客需求或开辟新的市场。产品创新可分为全新产品创新和改进产品创新。全新产品创新是指产品用途及其原理有显著的变化。改进产品创新是指在技术原理没有重大变化的情况下,基于市场需要对现有产品所做的功能上的扩展和技术上的改进。

4. 服务创新

服务创新就是使潜在用户感受到不同于从前的崭新服务内容。服务创新为用户提供以前未能实现的新颖服务,这种服务在以前由于技术等限制因素不能提供,现在因突破了限制而能提供。

5. 制度创新

制度创新是指在人们现有的生产和生活环境条件下,通过创设新的、更能有效激励人们行为的制度、规范体系来实现社会的持续发展和变革的创新。

6. 管理创新

管理创新是指在特定的时空条件下,通过计划、组织、指挥、协调、控制、反馈等手段,对系统所拥有的生物、非生物、资本、信息、能量等资源要素进行再优化配置并实现人们新诉求的生物流、非生物流、资本流、信息流、能量流目标的活动。

(二)创业的类型

1. 按照创业的特点划分

(1)生存型创业。

生存型创业就是为了自己的生存而进行的创业活动,这种创业活动可以与自己的专业毫无联系,如开奶茶店、开餐馆。生存型创业的群体是创业的最大群体,这类型创业的起点都比较低,选择余地比较小,创业的条件比较艰苦,创业领域往往局限于商业、饮食业等,也有少量的人选择小型加工业。

选择这种创业方式的大学生往往存在如下所述的情况:第一,自己的专业不太适合创业;第二,短时间内找不到较为理想的工作;第三,创业资金不足,需要先通过这种创业方式来积累资金,再图发展。

一般而言,生存型创业都是迫于无奈而创业,因此又叫被动型创业。

(2)知识型创业。

知识型创业又称智慧型创业,是与智慧、知识相关联的创业,尤其是与自己的专业知识相关联,这是大学生创业最具优势的地方。有的高校在指导大学生创业时,会特别鼓励大学生选择与自己专业相关的创业活动,对这种创业方式,学校会给予一定的支持,如免费提供办公场所或者提供一定的周转资金等。

(3)关系型创业。

关系型创业是对少数有一定人脉资源的大学生而言的创业。这些人脉资源一部分是自己建立的,但大部分是通过亲朋好友获取的。关系型创业就是用己的人脉来创业。

(4)机会型创业。

机会型创业就是创业者发现了某种适合创业的机会而主动把握这个机会并进行创业的一种创业形式。机会对创业者而言是无处不在的,在每个人面前也是绝对平等的。机会型创业的特点是创业者以已发现或遇到的机会为判断或选择的标准来决定是否创业。很显然,这种创业能否成功主要取决于创业者对机会及自身能力的判断和把握,创业者在创业过程中自主空间很大,时间充裕,在许多方面比较主动。

2. 按照创业的创新性划分

(1)复制型创业。

复制型创业是指复制原有公司的经营模式,延续创业者在原公司时的流程。虽然这类复制型创业在社会中出现的比率较高,但科技创新贡献太低,缺乏创业精神的内涵,不是创业管理主要研究的对象。这种类型只能称为"如何开办新公司"。

(2)模仿型创业。

模仿型创业指的是创业者看到他人创业成功后,通过模仿和学习而进行的创业活动。模仿型创业具有投资少,见效快,迅速进入市场等特点。这种创业方式与复制型创业相比,都无法为市场创造新价值,创新的成分也很低,且创业过程还具有很大的冒险成分。

(3)安定型创业。

企业内部创业即属于这一类型。例如研发单位的某小组在开发完成一项新产品后,继续在该企业部门开发另一项新产品。这种类型的创业,虽然具有一定的创造价值,但对创业者而言,本身并没有面临太大风险和改变,做的也是比较熟悉的工作。这种创业类型强调的是创新意识和创业精神,而不是新组织的创造。

(4)冒险型创业。

冒险型创业是一种难度很高,有较高的失败率,但成功所得的报酬也很惊人的创业类型。这种类型的创业如果想要获得成功,必须在创业者能力、创业时机、创业精神发挥、创业策略研究拟定、经营模式设计、创业过程管理等各方面,都有很好的搭配。冒险型创业比较典型的就是高科技创新创业,对社会来说,该类型创业能够带来较高的科技创新贡献。

知识二 创业精神

什么是真正的创业精神?哈佛大学商学院对其的定义是:"创业精神就是一个人不以当前有限的资源为基础而追求商机的精神。"从这个角度上来讲,创业精神代表着一种突破资源限制,通过创新来创造机会、创造资源的行为,而不是简单地体现在创造新企业,或体现在创新上。因此,创业精神可以简洁地概括为:"没有资源创造资源,没有条件创造条件,用有限的资源去创造更大的资源。"

一、创业精神的主要内容

创业精神作为一种积极进取、奋发向上、建功立业、追求进步的精神状态,充分表现了一个民族生生不息的意志,展现了一个社会飞速发展的强劲势头。创业精神的主要内容包括创造精神、自主精神和创新精神。

(一)创造精神

创造精神是一种善于发现和运用机会,敢于冒险,为创造出新的价值,竭尽智慧、全力以赴的文化与心理过程。创业精神的强弱主要取决于创业者的创造意愿。创业者创造意愿越强烈,向未来前进动力越明确,信念越坚定,创业精神越切合实际,持续越持久,创业实践活动越能长期发展。因此,创业精神的首要内容体现在创业者的创造精神。

(二)自主精神

创业实践活动,主要强调了创业者的主观能动性,特别突出的是创业者的自主精神,即自由创造、自强不息的精神。这种自主精神是创业精神的基础,也是创业精神的本质之一。自主精神有利于实现创业精神的最终目标,是创业精神的本质所在。

(三)创新精神

创业实践活动是对现实的超越与变革,本身就是一种创新与开拓。创新精神作为创业精神的核心内容,既是一种意识又是一种过程,是与时俱进的民族精神。创业精神需要植根于传统,是对旧思想、观念和方式的演变与更新,它必须立足于当下时代,与现实时代进行互动、发展。因此,创新精神给予了创业精神一定的时代特征,能够对时代发展进行积极响应。

对于创业者来说,寻找机遇、追求机遇是创业开始的一个显著标志,这也正是创新精神对时代机遇把握的积极体现。紧追时代步伐,使创业精神更好地发挥在时代精神中,推动新技术、新产品、新市场的开发,成就创业的新蓝图,是创新精神需要不断实现的目标。

二、创业精神的特征

(一)严谨的科学性

创业精神首先表现为科学性。创业者从事创新活动时,从本质上来说并非凭空创造,而要遵循一定的规律。这些创新活动是由创业者运用科学的思维、方法,对以往积累的知识进行创新性再造。随着社会的发展,单单依靠蛮力以及不怕苦的精神是难以获得最终的成功的,还需要系统的科学知识以及工作方法作为支撑。因此,严谨的科学性要求创业者在创新活动中运用科学知识,这样才能乘风破浪,在经济大潮中到达胜利的彼岸。

(二)超越历史的先进性

创业精神的最终体现就是开创前无古人的事业,创业精神本身必然具有超越历史的先进性,做前人之不敢做、想前人之不敢想。创业活动的根源及价值核心在于创新,如何在创业过程中开拓进取,创造出超越历史的先进的资源组合方式,是创业精神的本源。创业者应该抓住不断变化中的机遇,在变化中寻找创新的灵感,随着经济社会的不断发展创造出所追求的价值。

(三)鲜明的时代性

创业精神是对当下时代发展潮流的反映,体现了创业精神的时代性。创业精神在原有的历史继承基础上,进一步演变、更新、前进,不同时代的人们面对着不同的物质生活和精神生活条件,创业精神的物质基础和精神营养也就各不相同,创业精神的具体内涵自然也不同。创业精神对创业实践有重要意义,它是创业理想产生的原动力,是创业成功的重要保证。

(四)高度的综合性

创业精神的构成不是单一的,而是由多种精神特质综合组成的。创新精神、自主精神、创造精神、合作精神等都是构成创业精神的重要精神特质。在创业过程中,创业者只有具备坚定的自我信念,强烈的自我控制能力以及不断挑战的勇气,才能在遇到困难、与人合作、短期成功等各种阶段,保持清醒的头脑,把控自己前进的方向,获得最终的成功。

(五)整体的普遍性

无论是创业精神的确立、形成和内化,还是创业精神的外显、展现和外化,都是由哲学层次的创业思想和创业观念,心理学层次的创业个性和创业意志,行为学层次的创业作风和创业品质三个层面所构成的整体,是人类改变世界、创造更好未来的普遍愿望和理想。创业精神是一种普遍的精神状态,体现在各个历史阶段,体现为各个阶层的愿望和情感。同时,创业精神又是一种普遍的实践环节,体现在各行各业、不同层次个体的社会生活的方方面面。

因此,创业精神是人类社会发展的普遍、一致的要求和趋势。

三、创业精神的培育

培育创业精神,通常从培育创业人格、培养创新能力和强化创业实践等方面进行。

(一)培养创业人格

个性特征对创业者个人来说非常重要,尤其是独立性、坚持性、敢为性等,所以,人格塑造与创业精神培育相辅相成。大学生要树立心理健康意识,提高心理素质,增强适应能力,自觉培养坚忍不拔的意志品质和艰苦奋斗的精神。此外,还可以通过创业案例剖析创业者的人格特征等,掌握形成良好心理素质与人格特征的途径和方法。

(二)培养创新能力

创新是创业精神的核心。大学生要通过保持个性发展和好奇心、求知欲,勇于突破前人、突破书本、突破难题,自觉培养科学精神,训练创新思维,提高创新能力。

(三)强化创业实践

"纸上得来终觉浅,绝知此事要躬行。"大学生应该利用课余时间参加一定的创业模拟和社会实践活动,增强对企业的了解和对社会的认知。通过在校内外参加创业竞赛活动和实习见习等,在实践中磨炼自己,培育创业精神。

知识三 创业与就业

一、创业与就业区别

创业不同于就业,但二者的关系是很紧密的,不能把两者对立起来,也不能当成一回事儿。表2.3.1是就业的好处与不足,表2.3.2是创业的好处与不足。

表2.3.1 就业的好处与不足

就业的好处与不足	
就业的好处	就业的不足
1.职责范围有限	1.每天服从命令
2.稳定的收入	2.能力难以认可
3.可以休息	3.收入有限
4.固定的工作时间	4.责任、权力有限
5.确定的未来	5.难以实现个人想法
6.承担的风险较小	6.依赖于雇主

表 2.3.2　创业的好处与不足

创业的好处与不足	
创业的好处	创业的挑战
1. 可以自己决定很多事	1. 工作时间长,没有固定时间
2. 能够实现自己的梦想	2. 责任重大
3. 能发挥自己的创造力	3. 必须承担很大的压力
4. 有无限收益的潜力	4. 收益不稳定,甚至没有保障
5. 独立	5. 没有额外的福利

二、创业与就业的关联

第一,基于职业积累的创业成功。先就业再创业是许多创业过来人和创业导师的观点,调查显示:多数人也更倾向于先工作几年再创业,特别是在校学生。工作经历可以使创业者积累行业知识、积累资金、积累人脉等。

第二,基于创业发展的职业成功。创业也是一种职业,国外把创业叫作自我雇佣,就是聘用自己。创业者也是有岗位的,CEO、技术总监、副总经理等都是岗位。一位成功的创业者一定是优秀的职业经理,如马云所说,创业者需要有职业经理人的素质。创业成功本身会是非常大的职业成功。即使失败了,创业经历对后期的求职、职业发展都是非常有利的。

当选择辞职创业那一刻起,人生就走上"冒险"之路。创业可能意味着你放弃了平衡的人生、稳定的工作、固定的节奏。这期间损失的可能是:多年寒窗求学的成果、多年工作的积累、晋升的机会等。

有研究表明:985、211学校的学生创业意愿要低于普通本科,而本科又高于高职高专,其中一个重要的原因就是名牌大学的学生就业更加有保障。

三、创业与就业的认识误区

创业与就业并没有特别严格的排他性的好处与不足,下面这些可能成为误区。

第一,创业不需要看老板脸色。因为自己就是老板,所以不存在看老板脸色一说。但这并不意味着拥有了绝对的自由,例如要顾及合伙人的意愿、员工的情绪等。

第二,创业时间更加自由。其实,创业者除了上班时间不能娱乐外,娱乐的时间都要用来上班。

第三,创业太难压力太大。工作的压力实际上也很大,并不比创业少多少。随着年龄增长,收入增长跟不上年龄增长,家庭经济压力更是大。当然不排除某些工作确实可以刷刷手机,但这个前提是十年后你依然没有生存压力。

第四,创业可以赚大钱,工作不能。一个普通的小超市、烧烤摊等小生意,里外工作一个人全包,凌晨4点起,晚上12点收,全年无休,月纯利润可能在2 000~8 000之间,大概的意思就是相当于当地一个普通工薪族的月工资。而如果在热门行业,如IT等收入可能是平均工薪族的3~4倍,晋升为高管,特别是大企业高管,年薪可能达到百万千万级,远远胜过一个中等企业的大股东分红。

第五,创业可以实现梦想,工作不可。有一种创业叫内部创业,就是指在某企业某岗位上开拓新的业务,从而实现同样的目标。

我们可以看到,大部分人不是失败在事业上,而是失败在什么也没做,换句话说,如果做了什么才会有失败,那么大部人根本没有失败的资格。在学习上、职场上,更多的人是被安排做事,一直被安排直到他们毕业、结婚、退休。因为被动,所以容易不满,大学时不喜欢某课或老师,却还要坐在教室里,为了2学分与学业对立起来;公司里,太多人把自己跟公司作为敌我双方对立起来的,却还要坚持天天来上班。重新思考选择创业还是就业的目的,是为了不再让自己今后依然生活在对立的日子里。

1. 纪录片《创新中国》第三集《制造》。
2. 方励演讲《感谢你给我机会上场》。

如何把梳子卖给和尚?

第三模块 创新模式

 案例导读

储亮:创业者要找三个圈

安徽科瑞特模塑有限公司创始人储亮对创业有自己的感悟。他认为创业者在寻找创业项目时,要找三个圈。第一个圈是自己爱做的事,第二个圈是自己能做的事,第三个圈是有市场需求的事。这三个圈的交集,就是适合自己的项目方向。

储亮是合肥工业大学的硕士研究生,在校时学的是汽车相关专业。在参与设计一款新型汽车电子仪表之后,他产生了创业的想法,选择的领域是与自己学科背景相关联的汽车零部件领域。

创业初期是艰难的,虽然有研究汽车电子技术的学校老师的技术帮助,以及启动资金,但还是遭遇了很大困难:产品不被市场认可。

怎么才能打开市场?经过一番市场调研,他们认识到,初创型小微企业应该避开竞争激烈的主流市场,去选择门槛较低的二级市场,先将产品销售出去,公司存活下来最重要。

随后的日子里,他们改变了公司战略,调整了产品的市场策略,以门槛较低的二级汽车配套产品市场和汽车配件市场为主攻方向,这个战略的调整很快就有了成效。没过多久,开发出的产品便开始有了市场销路,公司终于度过了市场危机。

产品有了市场并不等于万事大吉,在汽车零部件这个领域,竞争对手非常多,稍有不慎就会被淘汰出局,何况他们还是根底很浅的小微企业。要想活着站稳市场,就必须提升企业的软实力,通过提升产品品质和建设管理体系来提升企业的核心竞争力,保证企业在市场中的生命力。为此,储亮和他的团队一项项攻关,逐步在公司中建立起了完善的质保体系,先后通过了 ISO 9001 体系认证和 ISO/TS 16949 体系认证;并且按照标准化、程序化、规范化、职业化和科学化的原则加强和完善公司的管理体系建设,先后完善了产能管理系统、成本管控系统、质量管理系统、绩效管理系统和创新改善管理系统等方面的管理体系建设,同时推进了 6S 管理、TPM 管理、ISO/TS 16949 五大工具等管理工具的运用,大大地提升了企业的软实力和市场竞争力。

在这个过程中,他们不仅建立起了一支高素质的人才队伍和科学的经营管理模式,同时也提升了公司的市场竞争力,获得了客户的认可,成功地成为汽车主机厂的一级配套生产企业,开发了多种汽车零部件产品,储亮被教育部评选为"全国高校毕业生就业创业之星"。

为了提升公司的技术实力,储亮在创业初期就与合肥工业大学建立了紧密的产学研合作关系,校企合作实现了高校和企业资源的有效整合。通过合作,实现了高校和企业的技术对接,使公司的技术能力得到了支撑。高校里优质的技术资源解决了公司在生产经营过程中出现的一些技术问题,同时公司也成为高校的实习基地,承担了高校师生的实习工作安排。

创业首先就是创新,只有通过不断创新才能有核心竞争力。储亮当时创办公司取名科瑞特,是来自英文create的音译,就是创新、创造的意思。在他们公司,每个人都可以成为创新者,从产品技术创新、生产工艺创新到管理模式创新,只要有了创新方面的想法,都可以提出来,公司会给予每一个合理的想法进行试错的机会,只有不断去创新、不断去试错,团队才能始终保持创业的激情和前进的动力,企业才能在竞争激烈的红海市场中寻找到自己的一片蓝海。

储亮开发的纯电动汽车安全预警产品,填补了国内新能源汽车市场安全预警系统产品的空白,创业事迹以"创新与创造"为主题,入选全国"值得大学生创业借鉴的50个创业优秀案例",并收录于由高等教育出版社出版的《大学生创业优秀案例》。

【资料来源:中国青年报,2018年,有删改】

我们很多时候会把创新想象得很高大上,其实创新模式很简单,就像摆乐高积木,一会儿可以是房子,一会儿变成了汽车。我们可以形象地绘制创新的金字塔模型,如图3.1所示:最高层次的创新是原始创新,可以理解为从无到有;其次称为改进创新,可以理解为从有到优,即在他人创新基础上进行的改进和优化;重新组合可以理解为在集成他人经验的基础上,重新规划设计而实现一种新的组合创新;最基础的创新模式是推广创新,是跟踪、模仿、学习、拷贝、复制和仿制、反向工程等。对于技术创新来说,前三种形式的创新都具有新颖性,可申请获得专利,最后面一种创新无新颖性,不可获得专利。

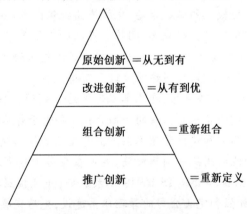

图3.1 创新的金字塔模型

创新的金字塔模型使我们更加理解了创新模式。大多数人在工作中遇到的主要是推广创新或组合创新,从某种意义上讲,只要你对待工作有一个追求卓越、追求完美的态度,创新无时不在身边。在我们开始接受一项新任务的时候,往往最先做的事情就去调研和学习,可以说拿来主义是我们追求创新的一个基本手段,集他人之长,这就是组合创新。当然最难的是原始创新了,这是做前所未有的事情,往往需要经过周密思考和长远策划,并制定各阶段的工作目标。

知识一　从无到有

瓦特发明了蒸汽机,推进了工业文明;爱迪生发明了电灯,点亮了黑夜;莱特兄弟发明了飞机,缩短了世界的距离。这些都是伟大的发明,然而更伟大的发明,却连发明者的姓名都没有留下。轮子,它大大提升了人类移动的速度,并把沉重的物品变得易于搬动。在建造古埃及金字塔的时候,工匠们把圆木头放在大石块底下推着石头向前走,据说这就是轮子的雏形。另一个了不起的发明是螺丝,用于固定一切我们熟知的物件,小到电脑里的线路板,大到固定长约五十米的风力发电机叶轮,乃至绵延数万里的铁轨。很难想象没有轮子和螺丝,世界将会怎那样。没有螺丝和轮子,就不可能有伟大的蒸汽机、飞机和电灯的诞生,我们的世界将不是现在的模样。"二进制"同样改变了世界,今天的人们已经无法离开计算机,这都是二进制的功劳。一个企业如果能独家开发出一项革命性的技术成果并且广受市场欢迎,那么其竞争力可想而知。正是基于此,很多企业致力于做技术开发,并且申请专利。但不是所有技术专利都有资格叫作创新。另外有些发明虽然无害,也没有带来太大的益处。所以很多的企业专利只停留在公司内部,并没有广为人知,更无法引爆市场的需求。

企业原始创新是指企业依靠自身的努力来完成创新的全过程,包括研发、试制、商品化等,同时企业自己管理创新的整个过程。企业进行自主创新需要经历四个步骤,如图3.2所示。

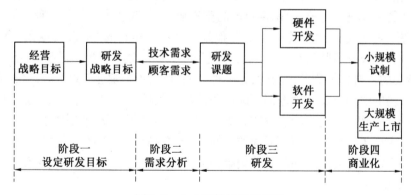

图3.2　企业原始创新的步骤

第一阶段,在经营战略目标的导向下,企业根据市场的需求来制定研发战略目标,这是自主创新战略的目标设定阶段。

第二阶段,一方面是分析技术可行性,一方面是分析顾客需求并转化为技术概念,最终设立研发课题。

第三个阶段,就是对技术概念或课题进行研发,把技术概念转化为可以实际操作的技术,这一阶段包括硬件开发和软件开发。

第四阶段,就是将研发出来的技术进行商业化,企业的创新成果最终要在商业化之后才能获取经济利益,这一阶段包括小规模试制和大规模生产与上市。

这种从无到有的创新模式,往往需要耗费较多的资源和经历较长的时间,企业自身必须有一定的实力才能采用。原始创新有很强的主动性和独立性,不像改进创新处于被动的地位,也不需要与谁分享创新的成果。

知识二 从有到优

"从无到有"毕竟不易,而且"从无到有"的创新有个问题,就是不容易很快被接受。比如蒸汽机需要一系列的配套设施来支持其应用。二进制的数理模式能够应用于计算机领域,也需要先做大量的人员培训。第一款智能手机要培养用户比较困难,而后面陆续推出的则很容易就被消费者竞相采购。

有两个基本原因:第一是 N 的力量;第二是从有到优的创新,因此他们都是我称作的"从 1 到 N 的创新"。首先,小 n 和大 N 是不一样的,尽管在哲学上和在数学上没有区别。在中国,$N>13$ 亿。这里蕴藏了中国的 N 的力量。特别是在互联网时代,市场和社会效益与 N 的平方成正比。N 的平方的力量比 N 的一次方的力量大得多。如果看到了中国的 N 的力量,谁都不会轻视从 1 到 N 的作用。

企业改进创新模式就是指企业通过学习和模仿其他原始创新者的创新思路和创新行为,吸取率先者的成功经验和失败教训,引进、购买或破译率先者的核心技术和技术秘密,并在此基础上进行改进和改善,在工艺设计、质量控制、成本控制、生产管理和市场营销等创新链的中后期阶段,投入主要力量并生产出性能、质量和价格等方面富有竞争力的产品,从而与原始创新的企业进行竞争,以确定自己的竞争地位,获取经济利益的一种行为。

改进并不是一成不变的"拿来主义",而是一种不断超越的"拿来",是在"拿来"的基础上进行改进和升级,达到"青出于蓝而胜于蓝"的效果。改进创新相对于原始创新而言,风险要小,所需的人财物等资源也较少,是一种"站在巨人的肩膀上"的做法,这种做法特别适合于实力较弱的中小企业。改进创新改进和升级的领域可以是技术本身,也可以是在商业化阶段,如更好的性能、更高的质量或者更好的营销渠道等。从定义中可以看出,改进创新的资源投入主要集中在整个创新活动的中间,例如产品设计、生产工艺的改进、产品性能的提升、质量的改进等,而原始创新企业则集中力量于创新的整个阶段。改进创新的三个子过程,如图 3.3 所示。

不难看出,"优化"比原创创新更受欢迎。线下的购买变成了电商送货到家;下馆子变成了外卖到家;手机 App 喜马拉雅更是把阅读变成了收听。

无论是汽车住房还是服饰餐饮,无论是工业设备还是化工医疗,无不在持续优化中。就单独某个事物而言,优化的工作会逐渐接近天花板。凡事越接近完美,优化的成本越大,而进步却越不明显。

值得注意的是,企业在改进创新中,要注重对原始创新能力的培养,跟着别人走始终是在别人主导的市场中竞争,应该逐步将自己转变为原始创新的主体。二战之后的日本主要

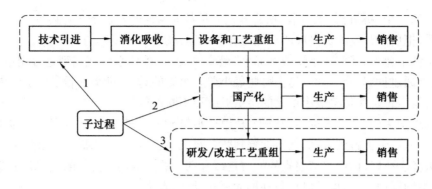

图 3.3 企业改进创新的三个子过程

是依靠改进创新,首先对改进后的技术进行不断地吸收和消化,当模仿超过竞争对手时,日本成功地向原始创新转型。

知识三 重新组合

当铅笔遇上橡皮,橡皮头铅笔就诞生了,铅笔和橡皮都值钱了;
当茶叶遇上礼盒,礼品就产生了,茶叶和礼盒都值钱了;
当刘备遇上诸葛亮,蜀国就产生了,他们互相成就了对方;
当几十家奢侈品专卖店集中在一起,香榭丽舍大街就挤满了世界各地的人们;
当海量的数据集中的时候,就形成了大数据产业的兴盛。
这些新价值,都来自于不同的组合。

组合创新的概念来自于"创新理论之父"约瑟夫·熊彼特(Joseph Alois Schumpeter)的创新理论。熊彼特在《经济发展理论》一书中指出,所谓创新,就是建立一种新的生产函数,把一种从来没有的关于生产要素和生产条件的新组合引入生产体系,以实现生产要素或生产条件的新组合。

一、组合创新特征:拆解基本要素

首先要去找基本要素,找到了基本要素才有可能对它进行重新组合。就好像熊彼特一样,他能找到组成任何经济结构最小的那五个基本要素。这个找到的过程,称之为拆解。

举个简单的例子来理解下什么是拆解?

比如,产品经理设计了一款新的产品,很复杂。程序员要进行开发,但是,大家拿到需求的时候都很懵,整体产品功能很不清晰,也不知道要干什么。

那我们一般会怎么做?

首先,拿到产品需求的时候,先拆分,哪些是前端人员的需求,哪些是后端人员的需求,哪些要借助第三方的需求。

其次,比如前端人员的需求,再拆分成 N 个模块,每个模块再拆分成子模块,每个子模块再分给不同的开发人员,开发人员针对自己的子模块再去细化为能开发的"最小单元"。

经过这样的一个"拆拆拆"的过程,所有开发人员都非常清楚自己的工作内容了。

最后,把所有开发人员完成的功能组合在一起,就变成了最终的新产品。

拆解基本要素,其实就是要找到那个"最小单元"。整体系统往往都是含糊不清和无从下手的,但通过拆解,当看到它是由哪些最小单元组成的时候,就会一目了然了。事实上,各个学科的发展也是伴随着最小单元的层层拆解而不断前行的。

以物理学为例,从分子拆解到原子,从原子拆解到原子核和电子,从原子核拆解到质子和中子,又从质子拆解到夸克,甚至拆解到弦。每向下拆解一个层级,人类的文明就会向前迈进一大步。所以,拆解基本要素的能力是组合创新的基本功。拆解的方式有很多种,可以从时间、空间层面入手,也可以从各种尺度、角度层面入手。

比如上面提到的把产品需求拆解为最小的开发功能单元,就是从大功能、小功能、更小功能模块的这个尺度层面去进行拆解的。比如我们当下的状态,可能是根据过去的经验判断的,也可以换个角度从未知的将来判断、思考当下要怎么改变以适应未知的将来,这又是从过去和将来的不同角度层面去进行拆解的。

二、组合创新特征:重新组合基本要素

将要素拆解到最小单元之后,还需要重新组合这些要素,才能实现创新。

我们再回到熊彼特提出的经济结构五要素,"产品、技术、市场、资源和组织",可以通过五要素模型进行重新组合。要进一步拆解出一家企业对应的五要素的更小单元,然后进行重新组合。

在"供需连组合法"模型看来,五要素模型略显复杂。"供需连组合法"模型,来自美国学者克莱顿·克里斯坦森(Clayton M. Christensen)的颠覆性创新理论。克里斯坦森说:"技术无所谓颠覆,市场也无所谓颠覆,技术和市场的组合才具备颠覆性。"

这里的技术代表供给侧,市场代表需求侧,而供给和需求之间天然存在一个连接,所以克里斯坦森的颠覆性创新,其实就是供给侧、需求侧、连接端三种基本要素的重新组合,我们将这种方法命名为"供需连组合法"。

其实,现代社会的任何经济结构,都离不开供给、需求和连接三个层面。任何企业都可以套用这套模型,从这三个层面去重新组合基本要素,从而达到创新的效果。

比如电商领域我们常说的人、货、场,"货"就是卖家,即供给侧,"人"就是买家,即需求侧,而"场"提供的是平台的连接。人、货、场,重新组合之后都是机会,可以分析下拼多多的成功之处,它是怎么从人、货、场里面去逆袭的。通过"供需连组合法"等模型对基本要素进行重新组合的能力,也是组合创新的基本特征。

所以,垃圾放对了地方就是资源,资源放错了地方就是垃圾。每个人总有些闲置资源,放在自己手里价值不大,如果彼此进行置换就极大地提高了投入产出比。甚至用零成本获取了高回报。

组织间的战略合作就体现了这种精神,国家与地区之间的贸易伙伴关系也是如此。这还仅仅是双边的合作,如果把一百家企业放在一起自由组合呢?

重新组合创造价值的机会可以用"无限"来形容。理论上你可以和任何有意愿的企业双边甚至多边组合产生价值,只不过可能产生的价值未必是双方想要的,或者产出太小引不起双方的兴趣。中小企业的创新之道特别符合这种模式,这类企业首先是资金有限、资源匮

乏,交叉互换资源的意愿强烈;其次是数量众多,遍地都是,产生组合的数量庞大。

知识四 重新定义

"从有到优"的原理是在同一条路上越走越优秀,"重新定义"则是换了一条路,避开了与优秀者的直面竞争,独辟蹊径。

凉茶王老吉早在数百年前就有了,技术上没有太大的创新空间。然而在营销定位上,一句"怕上火喝王老吉"奠定了消费者认知;直接避开了和其他饮品的竞争;而在奔驰、宝马、大众、奥迪等品牌大行其道的汽车市场,沃尔沃把自己定义为"最安全",同样在中高端市场获得了一席之地。这就是定义的力量。

在个人消费品领域以外,企业所用的办公设备如复印机从购买变成了租用,复印机商家把自己重新定义为解决企业复印需求的一站式服务提供者,而不是设备销售商。还有一个必须说的案例就是淘宝,竞争对手 eBay 易趣的盈利模式是在买家和卖家之间收取佣金,淘宝则开发了阿里旺旺,供买卖双方直接交流,淘宝不收交易佣金而是通过广告收入盈利,这样就重新定义了自己和利益相关者的关系。

重新定义能取得差异化的效果,避免了直接的竞争。但重新定义带来的差异化,通常不具有技术含量,那么随之而来的模仿就不可避免地发生了。

苹果:不要发明,要再创造

"革命性"是乔布斯最喜欢的单词之一。在 iPhone、iPad 等多项产品的发布会上,他都用了这个词。乔布斯认为,苹果的每个发明都具有独特和原创的特性。而批评者却坚持认为,这些产品不过是自由地使用了早已存在的技术。毕竟在 iPad 诞生前,音乐播放器就已存在,智能手机的诞生也早于 iPhone。部分批评比如诺基亚和 HTC,甚至让苹果面临着专利侵权诉讼,iPad 和 iPhone 都曾经遭遇过这种问题。

与简单的侵权相比,苹果更为狡猾,利润率也更高。它搜集科技行业的最佳创意并将其变成自己的东西。苹果还是一个伟大的修理师,它可以改进现有产品的缺点。iPad 就是一个绝佳的例子,很多功能以前都出现过,比尔·盖茨曾于 2001 年展示过一款基于 Windows 的平板电脑,并预言 5 年内将成为一款主导产品。但微软的平板电脑很快就失败了,为什么?微软没有完全改革台式机的界面,需要使用蹩脚的触控笔来完成所有任务,盖茨也不鼓励开发者开发专门针对平板电脑的应用程序。

乔布斯和盖茨不同。论操作系统,iPhone 已经解决了这一问题,而且赢得了满堂彩;论界面,iPhone 的多点触控完全不需要使用触控笔;论应用,网上商店已经让众多开发者乐此不疲。所有这一切,再加上对设计和营销的大量思考造就了这款全世界都想要的平板电脑。至于 iPad 是否真的是一款"新"设备,这真的有关系吗?该产品上市 60 天就售出了 200 万台。

【资料来源:*Fast Company*,2010 年,节选】

▶▶ 推荐视频

纪录片《创新中国》第四集《生命》、第五集《空海》。

▶▶ 课堂活动

创造性思维能力测评

您好,此问卷主要用于调查在校大学生创造性思维能力及其影响因素,答案无对错之分,请按照真实情况作答。

第一部分:基本信息

1. 您的性别为(　　)。
   A. 男　　　　　　　　　B. 女
2. 您是否为独生子女?(　　)
   A. 是　　　　　　　　　B. 否
3. 您在家里孩子中的排行为(　　)。
   A. 老大　　　　　　　　B. 老二
   C. 老三　　　　　　　　D. 老四及以后
4. 您的家庭所在地为(　　)。
   A. 农村　　　　　　　　B. 乡镇或县城
   C. 城市
5. 您的家庭月收入为(　　)。
   A. 5 000 元以下　　　　B. 5 000~9 999 元
   C. 10 000 元以上
6. 您父母的文化程度为(以最高的为准)(　　)。
   A. 小学及以下　　　　　B. 初中
   C. 高中(中专)　　　　　D. 大专
   E. 本科及以上
7. 您的家庭教育模式为(　　)。
   A. 专制型　　　　　　　B. 溺爱型
   C. 放任型　　　　　　　D. 民主型

8. 您所在的年级为( )。
   A. 大一				B. 大二
   C. 大三				D. 大四

9. 您所学的专业类别为( )。
   A. 文科类				B. 理科类
   C. 工科类				D. 艺术类
   E. 其他类

10. 您所在的学校为( )。
    A. 大专院校				B. 三本院校
    C. 二本院校				D. 一本院校

第二部分：问卷主体

11. 我遇到问题总是喜欢刨根问底。( )
    A. 完全不符合				B. 不符合
    C. 比较符合				D. 符合
    E. 非常符合

12. 我喜欢试着对事情或问题做猜测，即使猜不对也无所谓。( )
    A. 完全不符合				B. 不符合
    C. 比较符合				D. 符合
    E. 非常符合

13. 我经常发现同样的东西可以有许多种不同的用法。( )
    A. 完全不符合				B. 不符合
    C. 比较符合				D. 符合
    E. 非常符合

14. 我喜欢利用废弃物来做成各种好玩的新东西。( )
    A. 完全不符合				B. 不符合
    C. 比较符合				D. 符合
    E. 非常符合

15. 一旦我在思考过程中受阻，我能迅速改变思路。( )
    A. 完全不符合				B. 不符合
    C. 比较符合				D. 符合
    E. 非常符合

16. 我喜欢另找新方法做事情，不喜欢用相同的或老的方法。( )
    A. 完全不符合				B. 不符合
    C. 比较符合				D. 符合
    E. 非常符合

17. 我很容易从一件事情联想到很多与之相关的其他事。( )
    A. 完全不符合				B. 不符合
    C. 比较符合				D. 符合
    E. 非常符合

18. 我更喜欢留白的故事结尾,因为这样有更多的想象空间。(　　)
    A. 完全不符合　　　　　　　B. 不符合
    C. 比较符合　　　　　　　　D. 符合
    E. 非常符合

19. 我能根据不同的分类标准将一堆东西整理归类。(　　)
    A. 完全不符合　　　　　　　B. 不符合
    C. 比较符合　　　　　　　　D. 符合
    E. 非常符合

20. 我喜欢看推理小说,因为我想要知道过程和结果究竟如何。(　　)
    A. 完全不符合　　　　　　　B. 不符合
    C. 比较符合　　　　　　　　D. 符合
    E. 非常符合

21. 我的举一反三能力不错。(　　)
    A. 完全不符合　　　　　　　B. 不符合
    C. 比较符合　　　　　　　　D. 符合
    E. 非常符合

22. 我总是能从所犯的错误中得到启迪或感悟。(　　)
    A. 完全不符合　　　　　　　B. 不符合
    C. 比较符合　　　　　　　　D. 符合
    E. 非常符合

23. 我曾想象过要做一个艺术家、诗人或者设计师。(　　)
    A. 完全不符合　　　　　　　B. 不符合
    C. 比较符合　　　　　　　　D. 符合
    E. 非常符合

24. 我在学习或工作中经常会冒出一些灵感。(　　)
    A. 完全不符合　　　　　　　B. 不符合
    C. 比较符合　　　　　　　　D. 符合
    E. 非常符合

25. 我会尽量要求自己的想法更加新颖。(　　)
    A. 完全不符合　　　　　　　B. 不符合
    C. 比较符合　　　　　　　　D. 符合
    E. 非常符合

26. 我会认为自己与众不同。(　　)
    A. 完全不符合　　　　　　　B. 不符合
    C. 比较符合　　　　　　　　D. 符合
    E. 非常符合

27. 您认为什么样的家庭教育模式最有利于孩子创造性思维的发挥?(　　)
    A. 专制型　　　　　　　　　B. 溺爱型
    C. 放任型　　　　　　　　　D. 民主型

28. 您认为大学生的哪些自身条件对创造性思维影响较大?(　　)

　　A. 先天智商　　　　　　　B. 变通能力

　　C. 想象力　　　　　　　　D. 好奇心

　　E. 灵感　　　　　　　　　F. 其他

29. 您认为高校在哪些制度方面做出改变有利于激发学生的创造性思维?(　　)

　　A. 教育理念　　　　　　　B. 课程设置

　　C. 教师教学方法　　　　　D. 学生评价标准

　　E. 创新激励体系　　　　　F. 其他

30. 您认为哪些因素对大学生创造性思维发挥的影响较大?(　　)

　　A. 个人天赋　　　　　　　B. 家庭环境

　　C. 学校层次　　　　　　　D. 学习氛围

　　E. 教育制度　　　　　　　F. 其他

第四模块　创新思维训练

案例导读

江明山：多思考、多实践、多逆向

江明山自幼就有经商的梦想，刚上大学就开始了创业之旅。然而经历了一番周折，他发现只有创业与学业更好地结合，才能赢得未来。

刚上大学时，他当过画室老师、做过美术培训、当过批发商销售材料、炒过股，因为做的事多而杂，以致精力分散，大一的成绩不理想。连一名合格的班长都没有做到，何谈做一番事业？

冷静下来，他发现做小生意虽然能改变生活，但改变不了命运。学业要与梦想兼得，只有把专业所学与创业相结合，才能实现个人价值最大化。在不断的努力下，他不仅每年成绩综合量化排名都是前两名且连续四年得到奖学金，在创业与公益事业上他与联合创始人邹晟宇、裴文仟携手共进多次获奖。

2014年初，他开始市场调研工作，2015年创办明仟原创艺术工作室，2016年注册沈阳明仟文化艺术有限公司，2017年6月增资为辽宁明成文化艺术有限公司。2017年7月，以辽宁明成文化艺术有限公司为主体的明成文化（500145）在股交中心正式挂牌。

江明山分析全球几大拍卖行的年终数据发现，国内中端艺术品市场互动率低，许多消费者找不到消费渠道；好不容易找到渠道又买不到心仪的作品；找到了心仪的作品却没有衡量价值的标准。

于是他提出了"重新定义艺术商品市场，让价格等于价值，打造最高性价比，打击市场泡沫，让艺术来源生活回归生活"的想法。他认为中端市场难以切入和对接，是因为每个地域的文化不同、消费者喜好不同。文创产品不像药物，一个品类可以满足不同地域和人群的需求。

但他觉得，大家都认为文创没有衡量标准，就更应该逆向思考。明成文化应该做的是价格标准化，把没有标准的事情找出规律做成标准，建立信任。为此，他从多维度逆向思考布局、规划、实践，由此公司迎来了发展，也给客户带来更好的价值体验。

一些大学生拿创业当儿戏，认为失败了也没什么，或者从一开始也没想过成功，又或者是成功了一小步就沾沾自喜导致全盘皆输。江明山认为,不管你是真正创业还是想融入其中学习和丰富自己,都要严肃对待这件事,因为从那一刻起,大学生们不只是对自己负责,更要为团队、为社会负责。

大众创业、万众创新,是态度,是责任,更是未来!

【资料来源:中国青年报,2018年,有删改】

知识一　思维与创新思维

一、思维概述

思维是人脑对客观事物概括的、间接的反映过程。思维过程是我们认识活动的高级阶段;也是人们对客观事物的反映,来源于客观世界;反映出客观事物的一般性和规律性的联系。

(一)思维的特征

思维具有以下三种特征。

(1)思维的概括性。

思维的概括性是指在大量的感性材料基础上把一类事物共同的、本质的特征和规律抽取出来。其中,概括是人形成概念的前提,是思维活动能迅速迁移的基础。同时,概括是会随人们认识水平的提高而不断提高的。事实上,人们对客观事物认识水平提高的同时,对事物的概括水平也会有所提高。

(2)思维的间接性。

思维的间接性是指人们借助于一定的媒介和知识经验对客观事物进行间接认识。例如,读万卷书,在阅读中即使你没有作者的经历也可以在头脑中进行加工,感受作者所表达的喜怒哀乐。正因如此,思维的间接性能使人们超越提供的信息,认识那些没有直接作用于人的感官的事物和属性。

(3)思维是对经验、信息的再加工。

思维活动往往与场景密不可分,经常由一定的问题情境引起,大脑试图通过对已有的知识经验进行重建、改组和更新,试图解决当下情境所面临的问题。

(二)思维的基本过程

思维是人类所具有的高级认识活动。按照信息论的观点,思维是对新输入信息与脑内储存知识经验进行一系列复杂的心智操作的过程。

1. 分析与综合

分析与综合是最基本的思维活动。分析是指在头脑中把事物的整体分解为各个组成部分的过程,或者把整体中的个别特性、个别方面分解出来的过程;综合是指在头脑中把对象的各个组成部分联系起来,或把事物的个别特性、个别方面结合成整体的过程。分析和综合是相反而又紧密联系的同一思维过程不可分割的两个方面。没有分析,人们就不能清楚地认识客观事物,各种对象就会变得笼统模糊;离开综合,人们就会对客观事物的各个部分、个别特征等有机成分产生片面认识,无法从对象的有机组成因素中完整地认识事物。

2. 比较与分类

比较是在头脑中确定对象之间差异点和共同点的思维过程。分类是根据对象的共同点和差异点,把它们区分为不同类别的思维方式。比较是分类的基础。比较在认识客观事物中具有重要的意义。只有通过比较才能确认事物的主要和次要特征、共同点和不同点,进而把事物分类,揭示出事物之间的从属关系使知识系统化。

3. 抽象和概括

抽象是在分析、综合、比较的基础上,抽取同类事物共同的、本质的特征而舍弃非本质特征的思维过程。概括是把事物的共同点、本质特征综合起来的思维过程。抽象是形成概念的必要过程和前提。

二、创新思维概述

(一) 创新思维的含义

创新思维又称创造性思维,与其相对应的是常规思维。常规思维是指人们运用已获得的知识经验,按已有的方案和程序直接解决问题。

许多心理学家认为,创新性思维是多种思维的综合表现形式。它既是发散性思维与复合性思维的结合,同时也是直觉思维与分析思维的结合。广义的创新思维是指人们在提出问题和解决问题的过程中,一切对创新成果起作用的思维活动。狭义的创新思维是指人们在创新活动中直接形成创新成果的思维活动,常常是非逻辑思维的一种形式。

普遍认为,创新思维不受传统经验所束缚,能把过去的知识经验部分抽取,重新组织已有的知识经验,提出新颖的解决方案或程序并创造出新的思维成果。

一个人如果具有创新思维就能打破常规、突破传统,就具有丰富的想象力、敏锐的洞察力、预测能力和超强的感知力,从而使思维具有一种超前性、变通性。对于人而言,创新思维是可以通过学习与刻意练习改变与提高的。大学生接受外界事物与适应变化的能力要高于普通群体,完全可以通过坚持不断的培养和刻意练习提升其创新思维能力。爱因斯坦指出:"想象力比知识更重要,因为知识是有限的,而想象力概括着世界上的一切,推动着进步,并且是知识进化的源泉。严格地说,想象力是科学研究中的实在因素。"

创新思维的本质在于将创新意识的感性愿望提升至理性层面并进行探索,实现创新活动由感性认识到理性思考的飞跃。

(二) 创新思维的特征

1. 概括性

概括性是创新思维最显著的特征,是人们形成或掌握概念的前提,是一切科学研究的出发点。

2. 新颖性

创新思维不受传统习惯和先例的禁锢,超出常规。大学生的创新思维主要体现于在学习过程中对所学定义定理、公式、法则、解题思路、解题方法、解题策略等提出自己的观点、想法,提出科学的怀疑以及合情合理的"挑剔"。

3. 问题性

思维在概念的形成与问题的解决中产生,指向于解决任务或问题。通常由发现问题(提出问题)、明确问题、提出假设和检验假设四部分构成。

4. 综合性

思维调节局部和整体、直接和间接、简单和复杂的关系,在信息中进行概括、整理、组合和再加工,把抽象内容具体化、繁杂内容简单化,从中提炼出较系统的经验。

5. 联想性

面临某一种情境时,思维可立即向纵深方向发展;觉察某一现象后,思维立即设想它的反面。这实质上是一种由此及彼、由表及里、举一反三、融会贯通的思维的连贯性和发散性。

6. 灵活性

在学习过程中,大学生应突破"定向""系统""规范""模式"的束缚,不局限于老师所教以及常规模式,遇到具体问题应灵活多变、活学活用。

(三)创新思维的类型

创新思维与创造性活动密不可分,是多种思维的统一。人类社会最大的特点就是能够不断创新,即构建想象共同体;对于个人而言,创新思维是一种习惯,尤其是在社会中,即使只是作为一个工作者都应具备改变旧的、固有的思维习惯,建立新的思维习惯的能力。创新思维有很多种,以下是几种常见的类型。

1. 发散思维

发散思维又称求异思维或扩散思维,是指人们沿着不同的方向思考,重新组织当前的信息和记忆系统中储存的信息,产出大量的、独特的新思想,表现为思维视野广阔,呈现出多维发散状。这种思维的主要功能是求异。发散思维作为一种创新方法,被广泛用于科学研究、科技发明以及企业的经营活动中。事实上,发散思维是创新思维最主要的特征,同时也是测定创造力的主要标志之一。

发散思维具有流畅性、变通性、独特性、多感官性等特点。常见的发散思维的表现形式有平面思维、立体思维、逆向思维、横向思维、纵向思维和组合思维等。

2. 集中思维

集中思维是与发散思维相对而言的,又称为求同思维或聚敛思维。集中思维是一种有方向、有范围、有条理的收敛性思维方式。这种思维方式与求异思维相互依存、相互补充,结合形成完整缜密的思维体系和程序。从多种不同角度、不同信息源中引出一种结论,有助于对思维对象的把握和思维层次的发掘。

集中思维与思维定式完全不同。思维定式是由传统性和习惯性思路引向僵化、重复模拟、狭隘片面的惰性歧途;求同思维则要求既求真、求变、求新,又不唯"异"独尊,把求异当成一种追求。

在创新活动中,通过发散思维提出种种假设,然后能使用集中思维挑出好的设想。发散思维体现了"由此及彼"和"由表及里"的思维过程,集中思维体现了"去粗取精"和"去伪存真"的思维过程。

3. 联想思维

联想思维是指人脑记忆表象系统中,由于某种诱因导致不同表象之间发生联系的一种没有固定思维方向的自由思维活动。事实上,联想思维是以事物的普遍联系为基础的,主要的思维形式包括幻想、空想、玄想。其中,幻想尤其是科学幻想在人们的创新活动中具有重要作用。联想思维具有连续性、形象性和概括性的特征,其突出特征是悖逆性、挑战性、批判性。联想思维可以使人们扩展思路、升华认识、把握规律。常见的联想思维的类型有相似联想、对比联想、接近联想和关系联想四种。

（1）相似联想是指由某一事物联想到另一个与其在性质上接近或类同近似的事物。

（2）对比联想是指由某一事物联想到与其具有相反特点或特征的另一事物。

（3）接近联想是指由某一事物联想到时间或空间上相接近的另一事物。

（4）关系联想是指由事物所具有的各种关系而形成的联想思维。

4. 综合思维

综合思维又称复合性思维,是把某一事物的某些要素分离出来,组建到另一事物或事物的某些要素上的创造性思维过程。综合思维是掌握系统、整体及其结构层次上的综合,有着高层次的、全局的认识水平。综合思维中的分析是综合的分析,是以综合为认识起点并以综合为认识归宿的,是"综合—综合分析—新的综合"的思维过程。这种由"综合而综合"的思维方式体现了对已有智慧、知识的交杂和升华,绝不是简单的相加或拼凑。

5. 逻辑思维

逻辑思维常称为"抽象思维",是符合某种人为制定的思维规则和思维形式的思维方式。逻辑思维是确定的、前后一致的、有条理和根据的,不是自相矛盾的。逻辑思维一般会用到概念、判断、推理等思维形式和比较、分析、综合、抽象、概括等方法,而掌握和运用相关形式与方法的程度形成了逻辑思维能力。逻辑思维具有规范、严密、确定进而可重复的特点。常见的逻辑思维类型有经验型和理论型两种,其中经验型常局限于经验,思维水平较低;理论型以理论为依据,运用科学的概念、原理等方式进行判断推理,思维水平较高。

（四）创新思维的本质

创新思维的本质就是功能性、结构性和过程性本质的统一。

1. 功能性本质

从功能层面看,创新思维的本质在于——出新,在于产生前所未有的认识成果。所谓创新思维,是与习常思维相对应的一种思维。习常思维是人们针对常规性问题进行的思维。这种思维重复和模仿以往的思维活动。它有现成的程序、模式,是在现有的经验范围内进行思维。创新思维与此不同。它超出已有的经验范围,面对新的领域,采用新的认识方法,开创新的认识成果。

创新思维能够产生出前所未有的、有价值的认识成果。这是区分创新思维与非创新思维的根本标准,是之所以成为创新思维的最根本的依据,是千差万别的创新思维中共同的、本质的规定性。

2. 结构性本质

从结构层面看,创新思维的本质在于——超越,在于突破原有的思维结构。思维结构是在学习和实践中被逐步建构起来的。在学习和实践中,人们把获得的知识、经验和形成的观念、方法积淀在头脑中,逐步建构起一定的思维结构。因此,形成思维结构的要素有知识、经验、观念和方法等。

思维结构具有相对的稳固性。一种思维方式一旦被建立起来,就不会被轻易改变,人们通常称之为思维定式。在思维定式的作用下,主体往往会因循守旧、墨守成规,习惯用老眼光、旧思路、原办法去对待新问题。因此,按照已有的思维结构形成的思维定式是创新思维的主要障碍。创新,从根本上说,就是突破思维定式的阻碍,超越既定的思维结构。从结构层面上,创新思维的本质就在于主体根据解决问题的需要,通过调整与顺应,使自己的思维突破和超越原有的思维结构。

3. 过程性本质

从机制层面看,创新思维的本质在于——逻辑与非逻辑的统一。这种逻辑与非逻辑的统一,决定了有两种思维介入创新思维过程。一种是集中思维,一种是发散思维。集中思维使思维素材按照一定的逻辑联系,集中指向所要解决的问题。而发散思维使思维素材按照非逻辑的方式,由一点向四面八方扩散开去,以求获取尽可能多的答案。创新思维就是对集中思维和发散思维的交互运用,是这两种思维的统一、结合和互补。由此,在认知事物的时候,要去超越逻辑的限制,实现思维的跃迁或飞跃,寻找某种奇特的、令人意想不到的联结,生成创造性的思路和设想。

综上所述,创新思维的本质是一个完整的系统,出新是它的功能性本质;超越是它的结构性本质;逻辑与非逻辑统一是它的过程性本质,是这三个层面的本质的统一。

知识二 创新思维养成

一、影响创新思维的因素

从客观上看,影响创新思维的因素有:惯性思维、线性思维、惰性思维、群体思维等。

(一)惯性思维

惯性思维又称思维定式,是由先前的活动而形成的一种对活动的特殊的心理准备状态,或活动的倾向性。思维定式一般与个人的世界观形成存在着内在的、必然的联系。思维定式具有社会性、阶段性以及知识经验的局限性,在一定的历史时期能够指导个人的行为方式,然而,当时代需要变更创新、新旧交替时又成为其发展的主要障碍。消极的思维定式是束缚创造性思维的枷锁。

从思维过程的大脑皮层活动情况看,定式的影响是一种习惯性的神经联系,即前次的思维活动对后次的思维活动有指引性的影响。所以,当两次思维活动属于同类性质时,前次思维活动会对后次思维活动起正确的引导作用;当两次思维活动属于异类性质时,前次思维活动会对后次思维活动形成错误的引导作用。大量事例表明,思维定式确实对问题解决具有较大的负面影响。当一个问题的条件发生质变时,思维定式会使其墨守成规,难以涌现出新思维、做出新决策,造成知识和经验的负迁移。

（二）线性思维

线性思维,是把认识停留在对事物表面的抽象,而不是本质的抽象,并以这样的抽象为认识出发点的、片面的、直观的思维方式,是一种直线的、单向的、单维的、缺乏变化的思维方式。非线性思维则是相互连接的、非平面、立体化无中心、无边缘的网状结构。线性思维如传统的写作和阅读,受稿纸和书本的空间影响,必须以时空和逻辑顺序进行。

线性思维有两个基本特点。

(1)把多元问题变为一元问题。

事物之间的复杂联系往往是多元的,线性思维模式要求把其中一个问题突出,把其余问题撇开予以处理。

(2)用一维直线思维来处理一元问题,使之成为具有非此即彼的答案。

在漆黑的夜晚,一辆老爷车抛锚。车主初步判断油烧光了,便下车检查油箱。没有手电筒就顺手掏出打火机照亮,结果"轰"的一声巨响。事后,他躺在病床上自悔引火烧身:"当时只想借打火机的光,看看油箱里还有多少油,根本不曾想打火机的火会引爆油箱。"这是典型的线性思维惹的祸。

线性思维是高等生物认知事物的基础之石,但也是负重之石。人类走进这扇智慧之门,却又困于其中。从单纯地用黑和白看待世界,到加入灰色改良,依然没有摆脱线性思维的纠缠。要摆脱线性思维的束缚,是一道难题,也是一种智慧。颠覆一种习惯需要的是勇气和毅力,甚至需要涅槃的精神。

（三）惰性思维

惰性思维是指人类思维深处存在的一种保守的力量,总是习惯用老眼光来看新问题,用曾经被反复证明有效的旧概念去解释变化世界的新现象。惰性思维普遍存在于人们的现实生活中。比如,当碰到某件事的时候,人们总是想当然地以为它就应该是某个样子,或者它就应该朝着某个方向发展,并常以此为借口,惰于进一步思考。

惰性思维可分为两种:一种是缺少积极主动的思维意识;另一种是缺少积极主动的思维心态。无论是提出一个好的创意,或是发现问题都需要有创新的意识和积极主动的心态。一个思维懒惰者,可以被动应付解决问题,却不可能主动地去发现一些新问题,所以最多只能麻木地做事,像机器人一样,只懂得按照某个指令做事。

生活中,人总是经年累月地按照一种既定的模式运行,从未尝试走别的路,容易出现消极厌世的情绪。换个位置、换个角度、换个思路也许将会发现新的天地。在当今社会,人们更应克服惰性思维,积极应对社会的日新月异。

(四)群体思维

群体思维是指高内聚力的群体认为他们的决策一定没有错误,为了维持群体表面上的一致性,所有成员都必须坚定不移地支持该群体的决定,与此不一致的信息则被忽视,即群体决策时的倾向性思维方式。

群体思维是群体决策中的一种现象,是群体决策研究文献中一个非常普遍的概念。当人们寻求一致的需要超过了合理评价备选方案、个人观点和想法时就容易产生群体思维。事实上群体思维是伤害许多群体的一种疾病,它会严重损害群体利益。群体思维通常是组织内部那些拥有权威、说话自信、喜欢发表意见的主要成员的想法,但其实大多数人并不赞成这一提议。这种情形下做出的群体决策往往都是不合理的、失败的决策。当一个组织过分注重整体性,而不能持一种批评的态度来评价其决策及假设时,群体思维就会发生。

预防或减少群体思维的一个有效的方法就是在群体决策时指定一位成员专门对其他人的论点提出质疑,对其他人的主张提出挑战并提供具有建设性的批评意见。这种方法保证了群体决策时决策的参加人员能保持理性、全面、客观、清晰的思路。

二、创新思维训练

(一)批判性思维训练

1998 年,联合国教科文组织把"培养批判性和独立态度"视为高等教育、培训和从事研究的使命之一。批判性思维能够带来工作和生活中的创新,有助于发现问题、构想解决方案、全面思考改变和调整;培养自身的创造力;形成公共说理的理性社会。

常见的批判性思维训练方法主要有以下四点。

(1)发现和质疑基础假设,是批判性思维的基础。

(2)检查事实的准确性和逻辑一致性。

(3)关注特殊背景和具体情况。

(4)寻找其他可能性。

(二)正向思维训练

正向思维是从因到果的思维,强调从已知预测未知的能力。踢一脚足球,我预测它就会飞起;按下开关,我预测灯就会灭掉。擅长正向思维的人,都是"因果逻辑收集者",平常在大脑中收集、整理、存放了大量的因果逻辑,以备随时调用。

破案,看上去像是在进行"一个"逆向思维,由果到因,但其实在侦探脑海中,快速发生着"成千上万个"正向思维,无数的由因到果。这些因果逻辑的数量和质量直接决定着侦探的破案能力。

正向思维训练的常见方法有以下两种。

(1)做一个"因果逻辑收集者"。

看到有人愿意买 1 000 万的车,却不愿买 50 元的矿泉水,就收集一个叫"心理账户"的因果逻辑,放在人性区;看到太多管理错位的问题,就收集一个叫"责权利心法"的因果逻辑,放在管理区。

(2) 多读侦探小说,多读科幻小说。

收集了大量"因果逻辑"后,调用这些因果逻辑还要依靠归因和预测两种方法。正向思维回溯过去就是归因;正向思维期待未来就是预测。要训练归因和预测的能力,可以多读侦探小说,多读科幻小说。

侦探小说有助于训练个人的归因能力。福尔摩斯第一次见到华生时说:"你从阿富汗来?"华生大吃一惊"你怎么知道?"福尔摩斯是这么回答的:"由于长久以来的习惯,一系列的思索飞一样掠过我的脑际,因此在我得出结论时,竟未觉察得出结论所经的步骤。但是,这中间是有着一定的步骤的。"福尔摩斯说的这个"步骤"就是"归因"。阅读科幻小说,则有助于训练个人的预测能力。

(三)全局之眼的思维训练

世界上的所有东西,都是以一种叫作"系统"的方式存在着。要素是系统中你看得见的东西;关系是系统中你看不见的、要素之间相互作用的规律。要看到要素,还要看到要素之间的关系,更要看到这些关系背后的规律,就叫作"全局之眼"。

经商者都知道旺铺的重要。可是,旺铺为什么重要呢?是因为更好的地段能够带来更多的人流。所以,人流其实才是"旺"和"铺"这两个要素之间的关系,是这关系背后的规律。

从"系统论"的角度学习用关联的、整体的、动态的方法,提升全局性看问题的能力。

1. 关联之眼

事物之间都不是孤立存在的,它们彼此之间相互作用,这就叫作关联性。

首先要练习用关联之眼看清事物。比如,"旺"和"铺"之间是什么关系?引爆点和网络效应之间是什么关系?企业文化和人性之间是什么关系?个体理性与群体感性之间是什么关系?

2. 整体之眼

要素,加上若干要素之间的关联,构成了系统,并形成"输入、黑盒、输出"三个物体。这个黑盒子内部就是在用人们理解或者不理解的方式进行精密的运作。拥有全局之眼,需练习用整体之眼看透黑盒。例如,价格策略会如何影响消费者的购买冲动?引入风险投资会如何刺激公司的创新意识?

3. 动态之眼

一个系统的要素和要素之间的关联不是恒久不变的,增加时间的变量后就可以看见不同的场景。拥有全局之眼,需要练习用动态之眼看穿时间。例如,10年之后人类的生活方式是怎样的?今天最强大的公司还会强大多久?

在商业环境变化不快的时候,思维容易懒惰。在一些人的脑海中,复杂、多维的"系统论",会退化为简单、单向的"因果论":你只要做好这个,就可以得到那个。甚至在一些人的脑海中,"因果论"会进一步退化为"经验论"。

(四)思维导图训练

思维导图又称脑图、树状图或思维地图,是表达发射性思维的有效的图形思维工具,也是一种利用图像式思考的辅助工具。

思维导图是使用一个中央关键词或想法引起形象化的构造和分类的想法,是用一个中央关键词或想法以辐射线形连接所有的代表字词、想法、任务或其他关联项目的图解方式。它虽简单却又极其有效,是一种革命性的思维工具。

思维导图充分运用左右脑的机能,利用记忆、阅读、思维的规律,协助人们在科学与艺术、逻辑与想象之间平衡发展,从而开启人类大脑的无限潜能。因此思维导图具有训练人类思维的强大功能。

思维导图是一种将放射性思考具体化的方法。我们知道,放射性思考是人类大脑的自然思考方式,每一种进入大脑的资料,不论是感觉、记忆或是想法,包括文字、数字、符码、香气、食物、线条、颜色、意象、节奏、音符等,都可以成为一个思考中心,并由此中心向外发散出成千上万的关节,每一个关节代表与中心主题的一个连接,而每一个连接又可以成为另一个中心主题,再向外发散出成千上万的关节,呈现出放射性立体结构,而这些关节的连接可以视为记忆,也就是个人数据库。

常见的思维导图软件有如下几种。

1. MindMaster 思维导图软件

MindMaster 是一款由深圳市亿图软件有限公司研发的基于云的跨端思维导图软件。软件可同时在 Windows、macOS、Linux、iOS、安卓等系统上使用。软件提供了智能布局、多样性的幻灯片展示模式、精美的设计元素、预置的主题样式、手绘效果思维导图、甘特图视图等功能。

2. MindManager 思维导图软件

MindManager 是一款由美国 Mindjet 公司开发的思维导图软件。MindManager 与同类思维导图软件相比最大的优势是它与 Microsoft 软件无缝集成,能够快速地将数据导入或导出到 Microsoft Word、PowerPoint、Excel、Outlook、Project 和 Visio 中,使之在职场中有广泛的使用人群。MindManager 是很多思维导图培训机构的首选软件。

3. XMind 思维导图软件

XMind 是一款实用性很强的软件,通过 XMind 可以随时开展头脑风暴,帮助人们快速理清思路。XMind 绘制的思维导图、鱼骨图、二维图、树形图、逻辑图、组织结构图等以结构化的方式来展示具体的内容。

除了上述三种思维导图软件之外,常用的还有 IMindMap 思维导图软件、FreeMind 思维导图软件、MindMapper 思维导图软件、NovaMind 思维导图软件、百度脑图思维导图编辑器等。

知识三 创新思维工具与方法

一、六顶思考帽

六顶思考帽是英国学者爱德华·德·博诺教授开发的一种思维训练模式。它提供了"平行思维"的工具,强调的是"能够成为什么",而非"本身是什么",是寻求一条向前发展的路,而不是争论谁对谁错。

(一) 六顶思考帽分类

所谓六顶思考帽,是指使用六种不同颜色的帽子代表六种不同的思维模式。任何人都有能力使用以下六种基本思维模式。

(1) 白色思考帽。

白色是中立而客观的,代表着事实和资讯,具有处理信息的功能。戴白色思考帽的人,往往把注意力放在信息和数据上,拒绝个人情感的参与,使评估更客观和高效。

(2) 红色思考帽。

红色是情感的色彩,代表感觉、直觉和预感,具有形成观点和感觉的功能。戴红色思考帽的人,可毫无顾忌地表达情感甚至直觉。情感宣泄时,直觉或预感便有可能发挥出来,但不要只凭预感做决定。

(3) 黄色思考帽。

黄色是乐观的象征,代表正面观点,具有识别事物积极因素的功能。戴上黄色思考帽的人,表现出阳光和乐观,用积极的态度进行"正面考虑",寻找事物的闪光点。

(4) 绿色思考帽。

绿色是芳草的颜色,代表创造性的想法,具有创造性解决问题的功能。戴上绿色思考帽的人,经常提出各种可能性,发挥想象力,容易产生创造欲。

(5) 黑色思考帽。

黑色是阴沉的颜色,意味着警示与批判,具有发现事物的消极因素的功能。戴上黑色思考帽的人,考虑问题的负面因素,用怀疑、否定的态度进行评估和判断,重在对事实和数据提出质疑,对已有的经验进行检验。

(6) 蓝色思考帽。

蓝色是天空的颜色,意味着笼罩四野,具有控制着事物整个过程的功能。戴上蓝色思考帽的人,负责控制各种思考帽的使用顺序,规划和管理整个思考过程,并负责做出结论。

(二) 应用步骤

下面以使用"六项思考帽"来考虑我们工作中存在的问题为例,简要介绍一下"六项思考帽"的应用步骤。

(1) 运用"白色思考帽"来思考、搜集各环节的信息,收取各个部门存在的问题,获得基础数据。

(2) 戴上"绿色思考帽",用创新思维来考虑这些问题,不是一个人思考,而是各层次管理人员都用创新的思维去思考,大家各自提出解决问题的办法、好的建议、好的措施。也许这些方法不对,甚至无法实施,但是,运用创新思考方式就是要跳出一般的思考模式。

(3) 分别戴上"黄色思考帽"和"黑色思考帽",对所有的想法从"正面因素"和"负面因素"逐个进行分析,对每一种想法的危险性和隐患进行分析,找出最佳契合点。

(4) 戴上"红色思考帽",从经验、直觉上对已经过滤的问题进行分析、筛选,做出决定。

在思考过程中,还应随时运用"蓝色思考帽"对思考的顺序进行调整和控制,甚至有时还要刹车。

二、头脑风暴法

头脑风暴法又称自由思考法、智力激励法。它是由美国创造学家奥斯本提出的一种激发性思维的方法。此法经各国创造学研究者的实践和发展,至今已经形成了一个发明技法群,如奥斯本智力激励法、默写式智力激励法、卡片式智力激励法等。

在群体决策中,由于群体成员心理相互作用影响,易屈于权威或大多数人意见,形成所谓的"群体思维"。群体思维削弱了群体的批判精神和创造力,损害了决策的质量。为了保证群体决策的创造性,提高决策质量,管理上发展了一系列改善群体决策的方法,头脑风暴法是较为典型的一个。

头脑风暴法又可分为直接头脑风暴法和质疑头脑风暴法。前者是在专家群体决策中尽可能激发其创造性,产生尽可能多的设想;后者则是对前者提出的设想、方案逐一质疑,分析其现实可行性。

(一)头脑风暴法成功的关键

头脑风暴法成功的关键是探讨方式,即群体能进行充分、非评价性和无偏见的交流,具体可归纳为以下几点。

1. 自由畅谈

参与者不应该受到任何限制,要放松思想,让思维自由驰骋,从不同角度、不同层次、不同方位,大胆地展开想象,尽可能地标新立异,与众不同,提出独创性的想法。

2. 延迟评判

头脑风暴必须坚持当场不对任何设想做出评价的原则,既不能肯定某个设想,也不能否定某个设想,一切评价和判断都要在会议结束后进行。这样做的目的有以下两点:第一,防止评判约束参与者的积极思维,破坏自由畅谈的有利气氛;第二,为了集中精力先开发设想,避免把应该在后阶段做的工作提前进行,影响创造性设想的大量产生。

3. 禁止批评

绝对禁止批评是头脑风暴法应该遵循的一个重要原则。每个参与者都不得对别人的设想提出批评意见,因为批评会对创造性思维产生抑制作用。即使自己认为是幼稚的、错误的,甚至是荒诞离奇的设想,也不能予以驳斥。同时,发言人也不能进行自我批评。

4. 追求数量

头脑风暴会议的目标是获得尽可能多的设想,追求数量是其首要任务。每个参与者都要抓紧时间多思考,多提设想。至于设想的质量问题,自可留到会后的设想处理阶段去解决。在某种意义上,设想的质量和数量密切相关,产生的设想越多,其中的创造性设想就可能越多。

(二)头脑风暴法的操作程序

1. 准备阶段

头脑风暴法的主持工作最好由对决策问题的背景比较了解并熟悉头脑风暴法的处理程

序和处理方法的人担任。头脑风暴主持者的发言应能激起参与者的思维"灵感",促使参与者感到急需回答会议提出的问题。

主持人应事先对所议问题进行一定的研究,弄清问题的实质,找到问题的关键,设定解决问题所要达到的目标。同时选定参与者,一般以5~10人为宜,不宜太多。然后将会议的时间、地点、所要解决的问题、可供参考的资料和设想、需要达到的目标等事宜一并提前通知与会人员,让大家做好充分的准备。

通常,可按照如下原则选取参与者。

(1)如果参与者相互认识,要从同一职位(职称或级别)人员中选取。如果领导人员参加,可能会对其他参与者造成一定的压力。

(2)如果参与者互不认识,可从不同职位(职称或级别)人员中选取。注意,不要宣布参与者的职位,应对所有参与者一视同仁。

(3)参与者的专业应力求与所论及的决策问题相一致。此外,头脑风暴法的所有参与者都应具备较高的联想思维能力。

2. 热身阶段

热身阶段的目的是创造一种自由、宽松、祥和的氛围,使大家得以放松,进入一种无拘无束的状态。主持人宣布开会后,先说明会议的规则,然后选择一些与会议主题有关的、有趣的问题互动,让大家的思维处于轻松和活跃的状态,时间控制在5~10分钟。

3. 明确问题

热身阶段过后,主持人要简明扼要地介绍有待解决的问题。介绍不可过分详细,否则,过多的信息会限制参与者的思维,干扰他们思维创新的想象力。

4. 重新表述问题

经过一段讨论后,大家对问题已经有了较深程度的理解。这时,为了使大家对问题的表述能够具有新角度、新思维,主持人要记录大家的发言,并对记录进行整理。通过记录的整理和归纳,找出富有创意的见解,以及具有启发性的表述,供下一步畅谈参考。

5. 畅谈阶段

畅谈阶段是头脑风暴法的创意阶段。为了使大家能够畅所欲言,主持人应向大家宣布以下规则:第一,不要私下交谈,以免分散注意力;第二,不能妨碍他人发言,不去评论他人发言,每人只谈自己的想法;第三,发表见解时要简单明了,一次发言只谈一种见解。

6. 筛选阶段

会议结束后的两天内,主持人应向参与者了解大家会后的新想法和新思路,以此补充会议记录。然后将大家的想法整理成若干方案,再根据相关标准进行筛选。经过多次反复比较和优中择优,最后确定1~3个最佳方案。这些最佳方案往往是多种创意的优势组合,是大家集体智慧的结晶。

(三)质疑头脑风暴法简介

在决策过程中,对上述直接头脑风暴法提出的系统化的方案和设想,还经常采用质疑头脑风暴法进行质疑和完善。这是头脑风暴法中对设想或方案的现实可行性进行估价的一个专门程序。这一程序的过程如下。

第一阶段就是要求参与者对每一个提出的设想都要提出质疑,并进行全面评论。评论的重点是研究有碍设想实现的所有限制性因素。在质疑过程中,可能产生一些可行的新设想。这些新设想包括对已提出的设想无法实现的原因的论证、存在的限制因素,以及排除限制因素的建议。其结构通常是:"××设想是不可行的,因为……如要使其可行,必须……"

第二阶段是对每一组或每一个设想编制一个评论意见一览表,以及可行设想一览表。质疑头脑风暴法应遵守的原则与直接头脑风暴法一样,禁止对已有的设想提出肯定意见,而鼓励提出批评和新的可行设想。在进行质疑头脑风暴法时,主持者应首先简明介绍所讨论问题的内容,扼要介绍各种系统化的设想和方案,以便把参与者的注意力集中于对所讨论问题进行全面评价上。质疑过程一直进行到没有问题可以质疑为止。质疑中抽出的所有评价意见和可行设想,应专门记录或录在磁带上。

第三个阶段是对质疑过程中抽出的评价意见进行估价,以便形成一个对解决所讨论问题实际可行的最终设想一览表。对于评价意见的估价,与对所讨论设想质疑一样重要。因为在质疑阶段,重点是研究有碍设想实施的所有限制因素,而这些限制因素即使在设想产生阶段也是放在重要地位予以考虑的。

由分析组负责处理和分析质疑结果。分析组要吸收一些有能力对设想实施做出较准确判断的专家参加。如果须在很短时间就重大问题做出决策,则吸收这些专家参加尤为重要。

头脑风暴法可以排除折中方案,对所讨论问题通过客观、连续的分析,找到一组切实可行的方案,因而头脑风暴法在军事决策和民用决策中得到了较广泛的应用。但是,头脑风暴法实施的成本(时间、费用等)以及对参与者的素质要求都很高。这些因素是否满足会直接影响头脑风暴法实施的效果。

三、奥斯本检核表法

奥斯本检核表法是指根据需要研究的对象的特点列出有关问题,形成检核表,然后一个一个地来核对讨论,从而发掘出解决问题的大量设想。

(一)奥斯本检核表法的定义

奥斯本检核表法是由美国创新技法和创新过程之父亚历克斯·奥斯本提出的。奥斯本的检核表是针对某种特定要求制定的检核表,主要用于新产品的研制开发。奥斯本检核表法引导主体在创造过程中对照九组问题进行思考,以便启迪思路、开拓思维想象的空间,促进人们产生新设想、新方案。这九组问题包括:有无其他用途、能否借用、能否改变、能否扩大、能否缩小、能否代用、能否重新调整、能否颠倒、能否组合。

(二)奥斯本检核表法的过程

奥斯本检核表法的核心或关键词是改进。其基本做法是:首先选定一个要改进的产品或方案;然后,面对一个需要改进的产品或方案,或者面对一个问题,从不同角度提出一系列的问题,并由此产生大量的思路;第三,将第二步提出的思路进行筛选和进一步思考、完善。

1. 实施步骤

(1)根据创新对象明确需要解决的问题。

(2)根据需要解决的问题,参照表中列出的问题,运用丰富的想象力,强制性地一个个核对讨论,写出新设想。

(3)对新设想进行筛选,将最有价值和创新性的设想筛选出来。

2. 注意事项

(1)要联系实际一条一条地进行核检,不能有遗漏。

(2)要多核检几遍,这样或许能更准确地选择出所需创新、发明的方面。

(3)在检核每项内容时,要尽可能地发挥自己的想象力和联想力,产生更多的创造性设想。进行检索思考时,可以将每大类问题作为一种单独的创新方法来运用。

(4)核检方式可根据需要,一人核检也可以,三至八人共同核检也可以。集体核检可以互相激励,产生头脑风暴,增加创新的可能性。

(三)奥斯本检核表法的九组问题

下述九组问题对于任何领域创造性地解决问题都是适用的,这些问题不是奥斯本凭空想象的,而是他在研究和总结大量近、现代科学发现、发明、创造事例的基础上归纳出来的。

(1)现有的东西(如发明、材料、方法等)有无其他用途?保持原状不变能否扩大用途?稍加改变,有无别的用途?

(2)能否从别处得到启发?能否借用别处的经验或发明?外界有无相似的想法,能否借鉴?过去有无类似的东西,有什么东西可供模仿?谁的东西可供模仿?现有的发明能否引入其他的创造性设想之中?

(3)现有的东西是否可以做某些改变?改变一下会怎么样?可否改变一下形状、颜色、音响、味道?是否可改变一下意义、型号、模具、运动形式?……改变之后,效果又将如何?

(4)放大、扩大。现有的东西能否扩大使用范围?能不能增加一些东西?能否添加部件,拉长时间,增加长度,提高强度,延长使用寿命,提高价值,加快转速?

(5)缩小、省略。缩小一些怎么样?现在的东西能否缩小体积,减轻重量,降低高度,压缩、变薄?……能否省略,能否进一步细分?

(6)能否代用。可否由别的东西代替,由别人代替?用别的材料、零件代替,用别的方法、工艺代替,用别的能源代替?可否选取其他地点?

(7)从调换的角度思考问题。能否更换一下先后顺序?可否调换元件、部件?是否可用其他型号?可否改成另一种安排方式?原因与结果能否对换位置?能否变换一下日程?……更换一下,会怎么样?

(8)从相反方向思考问题。对比也能成为萌发想象的宝贵源泉,可以启发人的思路。倒过来会怎么样?上下是否可以倒过来?左右、前后是否可以对换位置?里外可否倒换?正反是否可以倒换?可否用否定代替肯定?

(9)从综合的角度分析问题。组合起来怎么样?能否装配成一个系统?能否把目的进行组合?能否将各种想法进行综合?能否把各种部件进行组合?

▶ 推荐视频

纪录片《创新中国》第六集《潮起》。

▶ 推荐阅读

卡介苗的发明简史。

▶ 课堂活动

绘制思维导图。

第五模块　创新能力培养

 案例导读

陈熠舟:梦想一点点"花开"

"梦想是生命的灵魂,是心灵的灯塔,是引导人走向未来的信仰。"这是陈熠舟最喜欢的一句话。这位95后创业者,从大二开始组建创业团队,也亲眼见证梦想一点点"花开"。

陈熠舟的梦想起航于一段叫《七十三封信》的视频。这段视频讲述了留守儿童葵花写给外出父母的七十三封信的故事,故事里孩子无助的呼唤深深刺痛了她的心。由此,她开始投身教育公益活动。其间,她常常思考一个问题:如何既能节省时间又能给孩子更多陪伴?渐渐地,一个在线教育创业的想法在她脑海中萌生了。

陈熠舟创业的初衷是研发智慧教育平台,让更多的孩子享受到优质教育资源,这一想法也得到了学校老师的认可。从带头组建创业团队,到参与研发和引进平台技术,再到创业梦想落地,一步步走来,每一次遇到瓶颈时,她都告诉自己:再坚持一下,说不定就有希望。

2016年2月,在学校支持下她注册成立了学校首个教育创业公司,注册资金100万元,凭借自主研发的智慧教育双师技术3项国家专利,开始了教育创业。现在她已拥有两家教育创业公司,平台拥有2 000多个学生用户,她也晋级2016年国际青年科技创业大赛全球总决赛,获得2016年中国教育信息化大学生创新创业大赛一等奖(全国第二名)、浙江省"挑战杯"创业计划大赛银奖。与此同时,她还在校内建立在线勤工助学基地,为师大的贫困学子提供勤工助学岗位。

陈熠舟认为,教育公益,不是简单的物质资助,而是通过教育与精神的双重陪伴,用一个灵魂唤醒一个灵魂,让更多的孩子拥有更好的未来。

在原先专利平台基础上,她又主持研发了"智慧云"公益平台。2016年7月,她带领团队远赴广西中越边境的希望小学,开展为期1个月的支教;同年8月,又带领团队前往贵州遵义继续开拓,探索建立"智慧双师型"在线支教模式。2017年2月和3月,团队分别赴青海可可西里、青海果洛以及南海三沙的学校搭建在线支教基地。

为了到青海支教,他们辗转6次火车,跨越3 000多公里,历经三天两夜到达海拔4 500米的青藏高原。严重缺氧、强烈高原反应、连续一周高烧不退,她的身体接近极限。当时很多人劝她放弃,但她咬牙坚持下来,最后在那边待了18天。从教不会说汉语的藏族孩子第一首汉语歌,到离开时,100多个孩子用不太标准的汉语喊着"老师,您别走"。一个个渴望的眼神让她看到了儿时的自己,因为这句话,她更加坚守初心:要为更多的孩子带去更优质的教育。

目前,团队已搭建了包括广西首个"在线希望小学"在内的4个实践基地,相隔几千公里的在线支教成为现实。她坚持每周都参与在线支教,已累计为边区孩子上课200余节。她还通过书信交流、电话沟通、社会实践等多种形式,帮助那里的孩子。

如今她已加入中国青少年儿童发展基金会专项行动,和社会公益团队合作搭建"中国乡村儿童联合公益平台"。此次公益行动已募集善款500余万元,致力于解决偏远山区孩子上学问题,通过在线授课形式,为路途遥远的中小学生提供可移动、智能化的教室。

截至2017年10月,他们已在贵州、新疆、湖北等共5个试点地区开展项目工作,其中湖北的基地初步落成,每个教室可容纳80~100人。接下来,她的公益行动将惠及四川大凉山、云南红河在内的11所中西部小学,帮扶偏远山区儿童免于异常遥远的上学路途奔波。

"学习+创业+公益",让她的教育公益创业梦想一步步走进现实。她说:"创业是为了我的一份梦想,公益也是源于我的初心。凝心聚力,终成江河,我们的梦虽然遥远,但是脚踏实地,终有一天会到达梦想的彼岸。"

【资料来源:中国青年报,2018年,有删改】

知识一 创新能力的内涵

一、创新能力的思想渊源

早在两千多年前,老子在《道德经》中提出"天下万物生于有,有生于无"的创造思想;1919年,我国著名教育家陶行知先生在其《第一流的教育家》一文中提出要培养具有"创造精神"和"开辟精神"的人才,培养学生的创新能力对国家富强和民族兴亡有重要意义。

创新能力是在具备了一定的基础知识、创新思维能力、发现问题的能力、独立的创新能力等创新能力要素,在继承前人的知识、经验等成果的基础上,提出新的见解、新的方法、新的技术理论等而应用于实践的一种能力。

创新能力的研究成果颇丰,国内学者对创新能力的理解各不相同,但对创新能力内涵的解释基本上有以下几种:第一种观点以赵卿敏教授、彭旭教授等为代表,认为创新能力是个人、团体运用一切已有的知识信息,主要是已有知识和经验等,注入某种独特、新颖、有社会或个人价值的新元素,创造出新的产品的能力。也就是说,大学生创新能力是指大学生在已有知识、技能、经验的基础上创造出"新的"知识、思维、技能,即大学生学习、运用、创造知识的创新能力。第二种观点以张洪烈教授、傅进军教授等为代表,认为创新能力表现为两个事物相互关联的方面,一方面是大学生对已有知识的获取、改组和运用的能力;另一方面是对新思想、新技术、新产品的研究与发明。即大学生创新能力是大学生在具备学习、运用、创造知识的创新能力的基础上,运用创新知识解决实际问题的创新能力。第三种观点从创新能力应具备的知识结构入手,以宋彬教授、彭宗祥教授等为代表,认为创新能力应具备的知识结构有基础知识、专业知识、方法论知识及综合性知识等。即大学生创新能力是大学生具备综合知识创新的能力。

创新能力不一定要求能够为人类社会发展做出重大贡献,只要是在知识学习过程中,对前人和已有知识及经验做出新的转变和更新的学习能力;在运用知识的过程中,能够运用新的方式去解决问题的运用知识的能力;在知识发展过程中,运用新的学习知识方法、新的知识运用方式去提高个人对知识新的理解,对知识新的运用能力,去培养自身新的创造知识的能力,都可以称之为创新能力。

二、创新能力的意义

创新能力是一个民族兴亡、进步,立足于世界之林的灵魂,是增强国家核心竞争力的不竭动力。当今社会、国家的竞争,说到底就是人才创新能力的竞争。如果我们的世界没有创新,人类社会就无法进步,也不会有今日的文明存在。没有创新能力的人可以说是庸才。没有创新能力的民族,将是一个落后的民族。

三、培养大学生创新能力的重要性

培养大学生创新能力的重要性主要体现在以下三个方面:

第一,随着现代科学技术发展,富有创新能力的大学生是推动科学技术更为快速发展的主力军。

第二,未来社会生产力的发展,要求培养大学生的创新能力。

第三,培养大学生的创新能力,是培养国家、民族未来优秀接班者的方式之一。

第四,培养大学生的创新能力,是大学生自身发展和完善的需求。

知识二　创新能力的特征

一、创新能力的自主性

创新能力的自主性实质上是指自主创新能力,即创新者自觉能动地沿着确立的创新方向从事创新活动并努力实现创新目标的创新能力。自主创新能力包括个体自主创新能力和群体自主创新能力。

所谓个体自主创新能力是指个体在创新活动中为创造新价值逐渐高度发展起来的、超越个体的前所未有的智力和非智力整合能力。个体自主创新能力对社会发展起着重要的推动作用。正如爱因斯坦所说:"只有个人独立思考,从而能为社会创造新的价值……,要是没有独立思考和独立判断的有创造能力的个人,社会的向上发展就不可想象,正如没有供给养料的社会土壤,人的个性发展也是不可想象的一样。"因此,培养和发展个体自主创新能力,是人的素质发展的重点。

所谓群体自主创新能力是指群体在创新活动中为社会创造新价值而逐渐高度发展起来

的、超越群体的前所未有的智力和非智力的整合能力。群体自主创新能力对社会的发展发挥越来越重要的作用。

二、创新能力的心智性

创新能力的心智性是指创新主体的创新能力整合于心力智力。从这种意义上说,创新能力是创新主体的个性心理力量和智力的结晶或整合。创造能力=抽象思维力+形象思维力+想象力。为了促进创新,在充分发挥想象力作用的前提下,应该把左脑的抽象思维能力和右脑的形象思维能力结合起来,形成全脑思维能力。创新能力的心智性是创新能力最核心的品质。这就告诉我们,开发人的创新能力,最本质、最核心的是开发人的心智力量。

三、创新能力的首创性

创新能力是创新主体在创新活动中形成的前所未有的推动文明发展的能力,具有首创性的特点。

首先,逻辑思维活动中形成首创性的创新能力。逻辑思维是按照一定思维规律和思维规则认识事物的有序思维。在运用分析和综合的辩证逻辑思维方法进行辩证逻辑思维时,把整体分解为部分的认识是分析,把部分概括为整体的认识是综合。分析和综合辩证逻辑思想方法是开发创新能力和进行创新认识的思想工具。

其次,形象思维活动中形成首创性的创新能力。形象思维是把问题或理论转化为典型形象认识事物的思维形式。在运用形象思维方法进行形象思维时,关键是把求解的问题或认识的理论转化为典型形象从而把握事物的本质和规律。

再次,创造思维中形成首创性的创新能力。创造思维是一种在一定触媒激发下引发灵感进而形成以灵感、直觉和顿悟为思维形式的非逻辑思维。灵感、直觉和顿悟的创造思维过程是"有序—无序—有序,意识—无意识—意识,即为逻辑—非逻辑—逻辑的辩证发展过程"。比如说,认识未知领域中复杂多样的事物时,运用灵感思维方法、直觉思维方法和顿悟思维方法的功能,探究和揭示事物的本质和规律,破解难题。

最后,从逻辑思维、形象思维和创造思维的整合思维活动中,形成首创性的创新能力。逻辑思维、形象思维和创造思维的整合思维活动,是一种全脑思维活动,能形成和发展为更为高级的首创的创新能力。由于逻辑思维是左脑的功能,非逻辑性是右脑的功能,因此,逻辑思维与非逻辑思维的统一是全脑思维的统一,是逻辑思维、形象思维和创造思维的统一。这三种统一的整合思维,必然形成和发展为更高级的首创性创新能力。由此,得出一个深刻的启示:在由逻辑思维、形象思维和创造思维形成的全脑思维活动中,整合的思维创新能力是具有首创性的。

四、创新能力的超越性

创新能力的超越性是指创新主体在创新活动中突破思维定式而引导思维能力的飞跃。创新能力的超越性表现在两个方面:

第一方面,对已有知识成果的综合或重新组合引导着创新能力的超越性。"阿波罗"登月计划的成功是人类航天创新史上的壮举,展示出人类非凡的创新能力的超越性。人们知道,"阿波罗"登月工程所用的数万个零件没有一个零件是新发明的,都是对原有知识、成果的综合或重新组合的结果。可见,对已有知识、成果的综合或重新组合引导着思维能力的超越。

第二方面,对思维定式的突破引导着创新能力的超越性。牛顿创立的牛顿力学是牛顿创新能力的超越性的成就。牛顿力学是从对静力学的超越而发展为动力学的。牛顿力学统治了科学界200多年,以至人们把牛顿力学绝对化,以牛顿力学为依据解释和说明一切科学。爱因斯坦创立相对论力学和量子论力学,突破了把牛顿力学教条化的思维定式,以创立的"直觉-演绎"思维方法开发的"直觉-演绎"思维能力,就是爱因斯坦创新能力对牛顿创新能力的新飞跃,就是创新能力的超越性。可见,创新主体在创新实践中突破思维定式必然引导创新能力的超越性。

五、创新能力的整合性

一般说来,创新能力整合效应是由整合思维创新能力与整合创新思维关系交互作用决定的。如果创新主体的整合思维创新能力与整合创新思维关系沿着"灵活有序"的方向发展,那么就会发展为创新能力整合正效应。否则,就会形成创新能力整合负效应。

知识三 创新能力的培养与训练

创新能力的培养与训练包括学习能力、记忆能力、分析能力、想象能力、实践能力等方面的培养与训练。

一、学习能力的培养与训练

只有在敏锐的感知、清晰的记忆、丰富的想象、灵活的思维、热烈的情绪、坚韧的毅力共同作用下,学习才能取得良好的效果。而这是以具备正确的学习动机为前提的。学习动机是一种能对学习起极大推动作用的心理因素,它能促使人们把全部精力集聚起来进行学习。所以必须要有正确的学习动机,才能提高学习的成效。正确的学习动机应以正确的价值观为指导,以社会责任感为前提,通过学习提高自身素质,以此服务社会,报效祖国。

(一)树立坚定的学习信心

坚定的信心是学习成功的关键。一些人认为,有的人之所以能成才,原因在于他们本来就是人才,否认人人都可通过学习成才。实际上,学习能力是人人皆有的一种自然属性,只是发展的程度不同而已。学习能力是在实践中逐渐培养、逐渐提高的,每个人都有可能在正确方法的指导下,经过锻炼使自己的学习能力提高,所以应该树立坚定的信心,在学习成才的道路上阔步前进。

(二)锻炼顽强的学习毅力

学习的过程就是一个探索的过程,充满困难和挫折,只有那些学习毅力强的人,才能克服学习途中的重重险阻,将学习活动坚持到底。而顽强的学习毅力是在实践过程中逐步培养起来的,不可能一蹴而就。创新者应该将锻炼顽强的学习毅力视为学习成才的重要任务,在学习活动中,自觉磨炼、持之以恒。

(三)善于独立思考的学习习惯

创新者必须养成勇于探索、善于独立思考的良好习惯。独立思考是学习的重要途径,也是学习的关键因素。在学习过程中,要特别注意自己提出问题、自己分析问题、自己解决问题的能力强弱情况。遇到难题时,首先要尽力开动脑筋,独立思考,不要回避困难、轻易放弃。

(四)掌握科学的学习方法

在学习过程中,掌握科学的学习方法可以使人们少走弯路、节省时间、提高效率,达到事半功倍的效果。创新者应该努力探索科学的学习方法,善于吸取他人的先进学习经验和成功做法,并用于指导自己的学习活动。

(五)培养稳定的学习情绪

稳定的情绪和平静的心境是具备良好学习能力的表现形式之一。有些人虽有强烈的求知欲和好奇心,但是学习情绪不稳定,心血来潮时,情绪高涨,学习劲头十足;遇到挫折时,容易心灰意冷、情绪低落,丧失学习动力。创新者必须保持稳定的情绪和愉快的心态,使自己始终能精力充沛地开展学习活动。

二、记忆能力的培养与训练

人们的记忆力可以通过后天的培养和训练得以改善和加强。在这个过程中,为了满足创新活动需要的突出记忆力,人们必须锻炼记忆能力、讲究记忆卫生、掌握记忆技巧,这样才能有所作为。

(一)锻炼记忆能力

(1)目标明确:记忆在很大程度上取决于识记任务,有了明确的识记任务,才知道应该识记什么和记到什么程度。否则,就会不分主次,企图识记一切,白费精力,而且效果也不好。

(2)集中注意力:注意是学习的门户,没有注意也就没有记忆过程。注意力集中时,大脑皮层的兴奋中心强烈,暂时神经联系易于形成,从而对事物记忆深刻、持久牢固。

(3)培养浓厚的兴趣:兴趣和记忆的关系也是十分密切的。有兴趣的事物,人们就容易记住,记忆保持的时间也就长久;反之,不但不容易记住,记忆保持的时间也不长。所以,为了锻炼记忆能力,应该从培养兴趣入手,使记忆活动朝着良性循环进行。

(4)力求理解:通俗地说,理解就是对某一事物不仅要"知其然",而且要"知其所以然"。已经理解了的事物更容易记忆,记忆保持的时间也比较长,记忆效果较好。

(5)重复训练:重复是记忆之母。这句话说明了复习对增强记忆、防止遗忘的重要性。重复和复习是巩固记忆的基本途径。

(二)讲究记忆卫生

为了培养突出的记忆能力,人们还要讲究记忆卫生,为此应该做到以下几点。

1. 勤用脑,善用脑

首先,要勤用脑。脑科学的研究结果表明,人脑接收、储存和处理的信息越多,越有利于脑细胞的分化和发育。生理学家们认为,人脑使用的频率越高,脑细胞老化的程度越慢。由此可见,勤于用脑不仅不会给大脑造成负担和伤害,反而能促进大脑功能的加强。其次,要合理用脑。合理使用大脑会使大脑皮层的不同部位轮流兴奋和抑制,有助于增强记忆效果,取得事半功倍的效果。

2. 选择记忆的最佳时间

一般说来,时间不同,人的记忆效果也不一样,也就是说大脑功能每天都有最佳工作时区。科学实验证明,人的记忆每天有四个高潮点:第一个高潮点是清晨六点至七点,此时大脑已在睡眠过程中做完了对一天输入信息的整理编码工作,加上没有前面识记材料的干扰,识记印象清晰,记忆效率高;第二个高潮点是上午八点至十点,经过几个小时轻微活动的恢复,这时精力上升到旺盛期,处理识记材料的效率较高,记忆量大;第三个高潮点是傍晚六点至八点,这是一天中记忆最佳期;第四个高潮点是临睡前两个小时以内,即晚间十点至十一点左右,在这段时间里,发生记忆后立即入睡,不再输入信息,因而不存在"倒摄抑制"影响,并且在睡眠中,大脑无意识地进行信息编码整理工作,使记忆材料条理化、系统化,这既有利于保持记忆,也有利于提取记忆。因此,我们可以根据个人实际情况选择最佳的记忆时间,从而提高记忆的效率。

3. 劳逸结合,身心放松

大脑如同一部精密的仪器,也需要保养和维护。充足的睡眠时间、适当的文体活动都有利于大脑的休息和保护。只有在劳逸结合、身心放松的前提下,大脑才能保持良好的记忆能力。

4. 增强对记忆材料的兴趣

记忆既是大脑的生理过程,又是心理过程,因而受人对记忆材料的兴趣的影响。当人产生兴趣时,大脑兴奋,组织活跃,对记忆材料的印象较深,整个大脑抑制的情况较弱。

5. 合理饮食

据科学家们分析,人的记忆能力与脑细胞的结构和传递信息的神经递质——乙酰胆碱有关,脑细胞的营养通过血糖获得,葡萄糖是脑细胞工作的"燃料",而制造乙酰胆碱的原生物质存在于肉、蛋之类的食品之中,如蛋黄中就含有大量的卵磷脂和甘油三酯,卵磷脂进入肠道后,经过消化作用,释放出乙酰胆碱,随血液进入大脑,生成能改善促进记忆能力的乙酰胆碱。所以,为了提高记忆能力,应该加强营养、注意饮食。

(三)掌握记忆方法

科学的记忆方法,能使记忆效果事半功倍,所以创新者应该掌握行之有效的记忆方法,同时根据个人的特点形成自己独具特色的记忆习惯。

1. 理解记忆法

理解记忆法是在积极思考、达到深刻理解的基础上记忆材料的方法。理解记忆的基本条件是对材料的理解和进行思维加工。有些材料,如科学要领、范畴、定理、法则和规律、历史事件、文艺作品等,都是有意义的。人们记忆这类材料时,一般都不采取逐字逐句强记硬背的方式,而是首先理解其基本含义,即借助已有的知识经验,通过思维进行分析综合,把握材料各部分的特点和内在的逻辑联系,使之纳入已有的知识结构,以便保持在记忆中。理解记忆的全面性、牢固性、精确性及迅速有效性,依赖于学习者对材料理解的程度。

2. 协同记忆法

要记忆外部信息,必先接收这些信息,而接收信息的"通道"不止一条,有视觉、听觉、动觉、触觉等。有多种感知觉参与的记忆叫作协同记忆。在记忆过程中,看、读、听、写应该多渠道同时进行,交叉协调发展,这样记忆效果才有保证。

3. 口诀记忆法

口诀记忆法就是将记忆材料编成口诀或押韵的句子以提高记忆效果的方法。口诀大都押韵,朗朗上口,可以缩小记忆材料的绝对数量,把记忆材料分成组块来记忆,加大信息浓度,增强趣味性,这样不但可以减轻大脑负担,还能增强识记效果,避免遗漏。

4. 联想记忆法

联想记忆法就是利用联想来增强记忆效果的方法。例如,将互不相关的事物连成一个前因后果的小故事,能极大地提高记忆效果。

5. 规律记忆法

事物的发展都有一定的规律,找出事物发展的规律,然后按这种规律来记忆,比死记硬背的方法更科学、更轻松。对于需要记忆的内容,要及时复习巩固,强化记忆。

除了以上几种常见的记忆方法以外,还有对比记忆法、复述记忆法、推理记忆法等,都可供人们在记忆时灵活采用。

三、分析能力的培养与训练

采用正确的分析问题的方法能够提高分析问题的效率,从而提高分析能力。

1. 唯物辩证法

唯物辩证法是认识客观世界和改造客观世界的最正确、最完善的方法,因此也是对事物进行正确分析的方法依据和基础。要提高分析能力,首先应努力学习和掌握唯物辩证法。

2. 矛盾分析法

矛盾分析法是指观察和分析各种事物的矛盾运动,进而解决矛盾的一种方法。这是人们分析问题、解决问题的一种普遍的、根本的方法。

3. 数学分析法

数学分析法是指在抛开研究对象的其他一切特性的情况下,用数学工具对研究对象进行一系列量的处理,从而做出正确的说明和判断,得到以数字形式表述的成果。客观事物的任何一种物质形态和运动形式都有一定的空间形式和数量关系,而数学正是对客观世界的空间形式和数量关系进行研究的科学,因此,数学及其方法可以普遍应用于一切事物。特别是近代电子计算机的出现及其突飞猛进的发展,以及各种科学技术的日趋成熟,许多事物已由最初的定性认识深入到定量表达,为应用数学方法进行事物分析打下了良好的基础。

四、想象能力的培养与训练

(一)积累丰富的知识和经验

想象力是客观现象在人脑的反映。丰富的知识和经验是想象力发展的基础。如果创造者缺乏必要的科学知识与经验,其想象力就会贫乏、空洞、苍白,甚至会成为漫无边际的胡思乱想,无法发挥想象力在发明创造中的能动作用。创新者拥有丰富的知识与经验,就为其想象力奠定了雄厚的基础。知识越渊博,经验越丰富,发明创造者的想象力驰骋的范围就越大,其涉及的领域也就越广。要发展想象力,就要不断地积累知识和经验。此外,培养想象能力还需要具备独立思考的能力以及开拓进取的精神,不能满足于已有知识,故步自封。

(二)培养强烈的兴趣和好奇心

好奇心、求知欲以及兴趣等是想象的起点。强烈的兴趣和好奇心能够将人们的想象力充分地激发起来。一个好奇心强、求知欲旺盛的人往往勤奋自信、善于钻研、勇于创新。创新者应不断发展自己强烈的好奇心和求知欲,培养科学的怀疑精神,遇事常问"为什么",使大脑里的想象车轮常转不息,使大脑里的想象翅膀常振不止。

(三)激发饱满的热情和态度

由于想象是一种心理功能,因此人的情绪和想象密切相关,情绪可以激发想象,态度可以调节想象。积极的、乐观的情绪使人容易想象那些充满希望、令人兴奋的情景。而消极悲观的情绪则常常使人想象那些可怕的、令人失望的情景。人只有在饱满而热烈的激情下,想象力才能高度发挥。

在创新活动中,创新者乐观的情绪和积极的态度能够激发和丰富自己的创新性想象。因此,创新者应以饱满的热情和积极的态度投身于创新活动的实践中,使创新性想象得到充分发挥。

(四)提高敏捷的反应和思维

好的方法和主意有时就像一只狡兔,它在眼前一蹿而过。为了捕捉它,就必须具有敏捷的反应能力和快速的思维速度。在某些因素的激发之下产生的创新性想象会以新想法和新观念的形式表现出来,但是它们很不稳定,往往容易在别的因素的干扰之下稍纵即逝。因此应该迅速准确地将这些创新性想象或创新性思维的产物记录下来,并进行思维的深度加工和实践的具体检验,以获得具有实用价值的创新成果。

五、实践能力的培养与训练

(一)激发实践动机

激发实践动机是培养实践能力不可缺少的前提条件。实践动机是人们从事实践活动的原动力,它促使人们将对任务目标的认识从外部诱因转化为内部需要。实践动机发起并推动人们的实践活动,没有相应的实践动机就不可能产生实践活动。由于实践能力是人们在实践过程中产生和发展起来的,所以缺乏实践动机的实践活动的水平必定是有限的。因此,应当将培养实践动机作为培养实践能力不可缺少和必须首先启动的重要内容。

(二)掌握实践能力的专业知识和专门技能

实践活动以掌握一定的专业知识、了解一定的实践技能、遵循一定的活动规律为基础。如果没有掌握有关的基本知识和专门技能,实践过程就会由于缺少预见性、计划性、方向性、步骤性和安全性而半途而废,甚至引发事故。专业化水平越高的领域,要求实践者具备的专门技能的项目越多,水平和层次也越高。因此,为了提高实践能力和实践的成功率,在开展实践活动之前,应当认真学习与实践有关的专业知识,并制定详细规划,以确定实践步骤。

(三)强调增强实践能力的进取心态

操作活动的全过程是在人们大脑的指挥下进行的,离不开积极进取和认真思考。正确的心态有助于人们培养实践能力,它能促使人们积极思考有关操作的问题,对诸如实践目的是否明确、实践方法是否合理、实践步骤是否具体、实践过程是否完善、实践结果是否可靠等进行反复思索,以便发现问题、分析问题并解决问题。实践能力的高低和效果的好坏与人们开动脑筋的程度有关,与人们积极进取的程度有关。不动脑、不进取的实践永远难以提高实践能力。

(四)形成提高实践能力的良好习惯

实践能力只有在对知识进行理解的基础上经过反复训练才能形成。也就是说,对知识的理解并不等于实践能力的形成。例如,尽管掌握了笔画和笔顺的基本知识,了解了握笔和运笔的基本方法,却不一定能够掌握写字的技能。因为要掌握写字的技能,必须经过反复的,甚至是长期刻苦的练习。人的行动是由一系列动作组成的,行动的顺利完成有赖于对实现这些动作的熟练程度。通过练习可使实现动作的方式得到巩固,形成良好的习惯。

纪录片《创新之路》第二集《科学基石》、第三集《放飞好奇》。

心理测试——你适不适合创业?

本测试主要针对在校大学生,意在了解大学生是否适合创业。

1. 你的性别是( )。
  A. 男   B. 女
2. (单选)你的专业类型是( )。
  A. 理工科   B. 经管科

  C. 文史科   D. 其他

3. (单选)你的户籍类型是( )。
  A. 城镇   B. 农村

4. (单选)你身边有在创业的人吗?( )
  A. 有   B. 无
  C. 不清楚

5. (单选)你了解一些国家对创业团体的优惠政策吗?( )
  A. 不了解   B. 了解一点
  C. 很清楚   D. 想去了解

6. (单选)你上过创业指导课吗?( )
  A. 想上但是学校没有安排过相关的课程
  B. 上过相关的选修课但不够具体详细
  C. 上过相关的课程收获很大
  D. 没有想过,学校也没有开设相关的课程

7. (单选)如果给你10万元,大部分资金你想要用来做什么?( )
  A. 投资   B. 储蓄
  C. 消费   D. 创业

8. (多选)你为什么会有创业的冲动?(第7题选择了创业的选做)( )
  A. 没想过   B. 锻炼能力
  C. 赚钱   D. 积累经验
  E. 其他

9. (单选)你对大学生创业的看法是什么?( )
  A. 认同,是实现理想的一个途径
  B. 认同,应该会是一个不错的选择
  C. 反对,大学生应该是以学习为主
  D. 反对,大学生没有资金来源和社会经验

10. (单选)你在大学期间或毕业后有否打算自己创业?( )
  A. 完全没有
  B. 不知道
  C. 有,但是没有试过
  D. 有,而且尝试过,或正在进行中

11. (多选)你不打算创业的原因是什么?( )
  A. 没兴趣   B. 没有必要
  C. 没有时间   D. 没有想过
  E. 有很多困难   F. 其他

12. (多选)你认为是什么阻止你产生创业的欲望?( )
  A. 资金不足   B. 心态问题
  C. 知识或能力不足   D. 缺乏经验
  E. 父母不支持   F. 没有合作伙伴

G. 社会大环境　　　　　　　　　H. 其他

13. (多选)如果在大学阶段创业,你觉得存在哪些困难?(　　)
 A. 相关知识缺乏　　　　　　　B. 资金缺乏
 C. 经验不足　　　　　　　　　D. 政策落实不到位
 E. 其他

14. (单选)如果创业,你希望从什么渠道获得创业的启动金?(　　)
 A. 自己积累　　　　　　　　　B. 获得亲友资助
 C. 银行担保贷款　　　　　　　D. 向政府部门申请资金
 E. 获得风险投资

15. (多选)如果创业,你希望政府所能够给予的政策有哪些?(　　)
 A. 税收减免　　　　　　　　　B. 放宽新企业的审批及简化审批程序
 C. 扩宽融资渠道　　　　　　　D. 创业培训
 E. 其他

16. (多选)你认为学校应该做哪些工作来促进学生创业?(　　)
 A. 专家讲授理论　　　　　　　B. 请成功人士讲授经验
 C. 提供虚拟创业平台　　　　　D. 到创业成功企业实地参观考察
 E. 其他

17. (多选)你认为大学生创业对自己或他人有什么好处?(　　)
 A. 没什么好处　　　　　　　　B. 解决自身就业问题
 C. 为社会提供更多就业岗位　　D. 提高创新能力和综合素质
 E. 获得经验后好就业　　　　　F. 其他

18. (多选)你认为如何可以解决资金问题?(　　)
 A. 贷款　　　　　　　　　　　B. 求助于父母
 C. 向朋友借　　　　　　　　　D. 自己挣钱
 E. 合资　　　　　　　　　　　F. 其他

19. (多选)你觉得作为一个创业者,应具备什么样的素质(　　)。
 A. 具有较好的组织能力　　　　B. 具有专业知识背景
 C. 具有良好的社交能力　　　　D. 具有良好的心理素质和适应能力
 E. 其他

20. (多选)你认为创业需要具备哪些方面的知识或能力?(　　)
 A. 法律方面　　　　　　　　　B. 营销方面
 C. 管理方面　　　　　　　　　D. 计算机方面
 E. 外语方面　　　　　　　　　F. 交际沟通方面
 G. 创新方面　　　　　　　　　H. 其他

21. (多选)你认为这些知识或能力是如何获得的?(　　)
 A. 进行创业实践　　　　　　　B. 去相关企业实习
 C. 向有相关经验的人学习　　　D. 参加培训
 E. 参加社会实践活动　　　　　F. 在学校培养

第六模块　创新机遇把握

 案例导读

杨文：从"摆摊郎"到"总经理"　大学生终圆创业梦

杨文是互联网+工商管理学院2016级工商企业管理2班的学生，来自宁夏回族自治区固原市。悠久的历史，使固原市积淀了深厚的文化底蕴，荣享丝绸古镇、秀美六盘的美誉。杨文从小深受家乡传统文化的影响，让自己的事业规划与传统文化相结合，让创新创业的力量悄然萌芽。

2016年夏天，高考结束后，杨文报考了与家相隔数千公里远的江西工程学院。了解到互联网+工商管理学院人才培养因"综合素质高、敬业精神好、实践能力强、上岗适应快"而深受用人单位欢迎的时候，毅然选择了自己喜欢的工商企业管理专业。在那个燥热的夏天，一份红色的大学录取通知书从江西新余传送到宁夏固原杨文的手中。

开学伊始，杨文凭借踏实进取的态度得到了班主任的认可，任命其担任班主任助理，协助老师管理班级，关注学生动态。经过一段时间磨炼，杨文在班级管理上得心应手，经班主任举荐，杨文成功地被任命为院长助理，协助学院学生事务处理。杨文学习上刻苦努力、工作上认真严谨，得到了学院领导和老师一致的称赞和肯定。

2017年，杨文怀着"创业梦"，利用课余时间尝试创业。最初迷茫的杨文找到自己的辅导员，叙述了自己的创业想法，以及目前面临的困境。辅导员听后，对杨文的想法表示了极大的赞赏和鼓励，在给杨文关于如何开展创业的建议之余，辅导员也为他分析了在校大学生创业的艰难与风险。随之，杨文便和同学利用空闲时间做市场调查，并成立了一个小小公司，历经几个月的苦心经营，首次创业终以失败告终。

为了进一步提升自身在运营管理、智慧营销、互联网经济等方面的知识储备。2017~2018年的寒暑假，杨文为历练自己的口才和胆识，毅然说服朋友和他一起在公园、集市上摆地摊卖衣服、鞋子等日化用品。很多人对此不解，杨文笑笑说："我并不觉得摆地摊丢人，每份工作只要是靠自己勤劳双手去创造都值得被尊敬！在大学，每个人都有自己的选择，我有梦想，所以我要为我的梦想铺好路砖，一切都不算早！"努力总是有回报的，这一次历练，使他获得了不少的收益。

毕业后，在上海实习了六个月的杨文不放弃心中的创业梦想，带着伙伴回到新余，合伙创立了一家自媒体公司，主营文化艺术交流策划咨询服务，涵盖广告设计、制作、代理、发布及市场营销策划、企业形象策划、网络科技技术开发等业务。

创业前期，几位工作伙伴每天熬夜加班，废寝忘食，在这一方小小的工作室内，挥洒青春热血。可是，前期资本和精力的投入并没有给公司带来可观的营业额，几位青年口袋里一度连吃饭的钱都没有。彻夜难眠的日子里，杨文极力想探寻瓶颈的突破口。这时，杨文回到母校，与学院院长和书记有了一次恳切的交流。在交流过程中，两位学院领导对杨文一贯的学习和工作态度表示极大的赞赏，杨文也敞开心扉谈到自己创业的瓶颈与困惑，想要请他们指点一二。通过数小时的交谈，杨文终于发现了自己的问题所在，对学院领导提出的建议和方案进行剖析后，回公司进行规划与安排。

在学院领导的帮助下，结合公司现状，杨文有效化解了危机，并通过不懈努力，公司营业额有了大幅提升，公司员工也从原来的5人增加到了30余人。

回顾大学的学习生涯和自己的创业路，杨文感慨道，大学生从来就不应该是挥霍、迷茫、自私的代名词，大学也从来不应该是放纵、享受的舒适乐园。母校给予他的不仅是扎实的知识，更是足够的成长机会与发展自我的空间。是江西工程学院的各位恩师培育了他，教会他如何正确把握自己的人生机遇，教会他在困境中也要像母校一样，自强不息。

【资料来源：中国江西网，2020年，有删改】

知识一　创新机遇的来源

德鲁克在《创新与企业家精神》一书里根据许多成功的创新案例，归纳了创新的七个机遇来源。虽然国内外市场环境不断发生变化，但这些思想仍然具有普遍适用性。

一、意外事件

德鲁克说这是最容易利用、成本最低的创新机会。例如，万豪酒店最早成立的时候，是做连锁餐饮。有一年他们在华盛顿州开的一家餐馆，生意意外火爆。后来经过调查了解，这家餐馆的对面是机场，那时候飞机不提供餐点，很多乘客就会来餐馆买快餐带到飞机上。这么一来，万豪酒店经营者就意外地发现了新机会，开始和航空公司合作，做航空餐厅，取得了很大的成功。

所以说，要认真分析意外事件背后的原因，说不定就会发现创新机会。

二、不协调的事件

不协调的事件的意思是：这件事明明从逻辑上、道理上应该可行，但实际结果就是不行。这时候，就可能产生创新。

例如，集装箱的发明。20世纪50年代之前，航海公司都在购买好货船、招聘好船员，他们的想法是，只有船跑得更快、船员业务更熟练，航运效率才会更高，公司才能赚更多的钱。这听起来很有道理，但结果却是，成本居高不下，整个航运业都不好做。后来才发现，当时影响效率的最大因素不是船和船员,而是轮船在港口闲置、等待卸货再装货所耽误的时间,大大降低了工作效率。所以经营者们想办法来提高货物装卸的速度,于是就发明了集装箱。这使航运总成本下降了60%,整个航运业才起死回生。

三、程序需求

程序需求也就是寻找现有流程中的薄弱环节,从而发现创新。例如,巴西的阿苏尔航空公司,他们的机票价格很低,但乘客却不多。后来发现,这是因为乘客到机场很不方便,乘出租车很贵,而乘公交或者地铁又没有合适线路。也就是说,"从家到机场"是顾客出行流程的一部分,但没有得到有效的满足。于是,阿苏尔航空公司开通了到机场的免费大巴,乘客的流量提升了很多,使其成为当时巴西成长最快的航空公司。

四、产业和市场结构

行业和市场变化往往会带来创新的机会。比如,数码技术的出现,让影像行业发生了很大变化。柯达公司就因为没有重视这个变化,而没能追上时代的步伐,消失在大众的视野中。其实早在1975年,柯达就发明了第一台数码相机,但它只想着保护自己的传统优势,没有看到这个行业变化带来的创新机会。

五、人口统计数据

人口统计数据,即人口结构的变化,如人口数量、年龄结构、性别组合、就业情况、受教育状况、收入情况等方面的变化,都会带来创新的机会。例如,《世界知识产权组织2021年技术趋势报告:辅助技术》指出,中国、美国、德国、日本及韩国是辅助技术创新的五大来源。报告显示,帮助人们克服行动不便、视觉和其他残疾的创新技术近年来以两位数增长,这些"辅助技术"正越来越多地与消费品相结合。报告还指出,目前有超过10亿人需要辅助技术。随着人口老龄化发展,这一数字将在今后十年翻倍。同时,电子产品和辅助产品消费日趋融合,意味着这类技术将进一步商业化。这就是人口结构变化带来的创新机遇。

六、认知的变化

意料之外的成功和失败能产生创新,就是因为它能引起认知上的变化。例如,最早人们认为计算机对大企业才有用,后来意识到家庭也能用,这才有了家用电脑的创新。反过来,如果认知上没有变化,就可能失去创新。

七、新知识

德鲁克发现,在所有创新来源中,这个创新的利用时间最长。因为新知识创新往往需要好几个因素。例如,德鲁克提到,喷气式发动机早在1930年就发明出来了,但应用到商业航空上是在1958年,中间隔了28年。因为新飞机的研发不仅是发动机,还需要空气动力学、新材料以及航空燃料等多方面知识和技术的汇合。

德鲁克还特别提醒,上述七个创新来源的界线有时候很模糊。创业者要进行系统化的创新,大概需要每隔半年就审视一下自己内部和外部的情况,这时候就可以从这七个方面检查一下,看有没有新的创新机会。

知识二　创新机遇的识别

过去能做的事情,往往就不是现在的机遇;别人都能做的事情,往往就不是你的机遇。

创新机遇的识别大体上从两个方面分析:技术条件是不是具备、需求是不起强烈。这两个方面分别影响技术可行性和经济可行性。ICT技术的进步,给这个时代带来很多技术机遇。但是,如果现在做的是个老问题(老的需求),用到的技术(老的条件)也与十几二十年前无异,那么成功的机会就非常渺茫了。

优秀团队几乎总在条件不太成熟、需求不太强烈、难度很大的时候就开始行动,并持续坚持到成功为止。我们是幸运的一代,因为我们处在一个移动互联网时代,我们有机会可以和客户充分互动,了解客户的需求。我们可以通过对客户使用数据的关联性以及因果的分析,找到我们最准确的目标群体以及他们所处的位置、收入水平、消费水平等。然后再根据这类人群的需求以及潜在需求不断改进我们的产品,为他们的生活提供更多的便利。

哈佛商学院的工商管理硕士(MBA)唐海松创建了亿唐公司,其团队由5个哈佛MBA和2个芝加哥大学MBA组成,并从两家著名美国风险投资公司获得了两期共5 000万美元的融资,开始时光鲜亮丽,但最终却在众多期待中落魄退幕。这是什么原因呢? 首先,亿唐没有精准的市场定位。亿唐曾宣称自己不仅仅是互联网公司,更是一个"生活时尚集团",致力于通过网络、零售和无线服务创造和引进国际先进水平的生活时尚产品,全力服务18～35岁之间、定义中国经济和文化未来的年轻人。这样的定位看似全、广、受众多,但也可以说是没有定位,没有精准的受众目标,因此也不会形成其品牌效应。其次,亿唐网一夜之间横空出世、迅速在各大高校攻城略地,在全国范围快速"烧钱":除了在北京、广州、深圳三地建立分公司外,亿唐还广招人手,在各地进行规模浩大的宣传造势活动。这种商业模式,虽然类似于成功企业滴滴打车等的商业模式,并不是对所有的创业企业都适合,没有经过科学严谨的规划,是无法成功的。因此,2000年年底,互联网的寒冬突如其来,亿唐的钱烧了大半,仍然无法盈利。在2005年9月,亿唐决定全面推翻以前的发展模式,而向当时风靡一时的Web2.0看齐,推出一个个人虚拟社区网站。随后,除了亿唐邮箱等少数页面保留以外,亿唐将其他全部页面和流量都转向了新网站,风光一时的亿唐网站就这样转型成为一家新的web2.0网站。2006年,亿唐将其最优质的牌照资源贱卖给奇虎公司换得100万美元,试图做最后一次挣扎。不过,2008已经被关闭的亿唐公司也只剩下空壳,昔日的"梦幻团队"在公司烧光钱后纷纷选择出走。亿唐为中国互联网提供了一个失败的投资案例,这也是目前大部分互联网创业公司存在的问题。

知识三 创新机遇的评价

一、创新机遇的评估

(一)全面因素定性分析

定性分析要求全方位地、系统性地对机遇的各个方面进行评估,主要包括顾客需求、竞争和公司资源等方面。顾客需求决定机遇的潜力,包括目标客户的规模、目标客户对新产品或服务的接受程度、目标市场的成长性等。机会利用可能面临的竞争是机会价值的一个关键制约。创业者如果不能很好地保护新产品或服务不受竞争对手迅速模仿或改进的竞争,新产品或服务的持续获利能力就很难保证。最后,创业者需要建立与创新机遇利用相匹配的资源和能力,这包括技术、销售、管理和资金等方面。

(二)关键因素分析

成功利用机遇,开发新产品或服务存在一些机遇利用的关键因素。准确找到这些关键因素,并评估其与竞争对手在这些因素上的相对实力,是对机遇的深入探索,有助于判定机遇的价值。

首先,确认机遇利用的关键因素。通过对客户的属性、特征进行界定、分析,对产品或服务的属性进行说明,找出机遇利用的关键因素。以雪花啤酒公司推出的"小啤汽"碳酸果汁饮料为例,果汁饮料市场迅速增长,隐藏着巨大的机会。分析"小啤汽"碳酸果汁饮料的目标客户——时尚青少年,确定他们的消费心理和消费行为:他们正在成长中,追求时尚,虽尚未形成品牌忠诚,但易受品牌影响。分析"小啤汽"碳酸果汁饮料产品相关属性可以确定:果汁饮料属于快速消费品,国内果汁饮料市场成长迅速,"小啤汽"是后来者,想要建立强势品牌,需要强大的分销能力等。所以,"小啤汽"碳酸果汁饮料成功的关键可以概括为:①建立时尚的品牌形象;②打造强势品牌;③加强渠道建设;④产品设计新颖独特等。其次,判定各种关键因素的相对重要性并与竞争对手进行对比。

(三)定量财务分析

在机遇评估过程中,一些必要的财务分析必不可少。主要的分析方法包括盈亏平衡分析、敏感性分析、回收期分析等。

1. 盈亏平衡分析

盈亏平衡分析是通过盈亏平衡点分析项目成本与收益的平衡关系的一种方法。各种不确定因素(如投资、成本、销售量、产品价格、项目寿命期等)的变化都会影响投资方案的经济效果,当这些因素的变化达到某一临界值时,就会影响方案的取舍。盈亏平衡分析的目的就是找出这种临界值,即盈亏平衡点,判断投资方案对不确定因素变化的承受能力,为决策提供依据。

2. 敏感性分析

敏感性分析是投资项目的经济评估中常用的分析不确定性的方法之一。从多个不确定性因素中逐一找出对投资项目经济效益指标有重要影响的敏感性因素,并分析、测算其对项目经济效益指标的影响程度和敏感性程度,进而判断项目承受风险的能力。若某参数的小幅度变化能导致经济效益指标的较大变化,则称此参数为敏感性因素,反之则称其为非敏感性因素。这种分析方法的缺点是每次只允许一个因素发生变化而假定其他因素不变,这与实际情况可能不符。敏感性因素一般可选择主要参数(如销售收入、经营成本、生产能力、初始投资、寿命期、建设期等)进行分析。

3. 回收期分析

投资回收期亦称"投资回收年限",即投资项目投产后获得的收益总额达到该投资项目投入的投资总额所需要的时间(年限)。投资回收期的计算有多种方法。按回收投资的起点时间不同,有从项目投产之日起计算和从投资开始使用之日起计算两种;按回收投资的主体不同,有社会投资回收期和企业投资回收期;按回收投资的收入构成不同,有盈利回收投资期和收益投资回收期。

二、创新机遇的利用

(一)机遇利用的时机选择

机遇利用是指建立有效业务系统并进行全面运作以获取新产品或服务收益的活动和投资。时机的选择是机遇利用的一个战略性决策。由于机遇从不属于特定的企业或个人,机遇利用面临着竞争对手的抢先或迅速跟进。从这个角度而言,机遇利用比竞争对手越早越好。但是,所有创新机遇的利用都面临着一定程度的风险,而这些风险可以通过信息收集加以降低,这就会花费一定的时间。

机遇利用时机的权衡是不可避免的。超越这个两难权衡的办法之一就是尽早地识别机遇。所以,创业者应该尽早识别机遇、评估机遇和利用机遇,但也绝不能为了抢先而甘冒草率的风险。

(二)将行动和分析结合起来

必要的机遇评估必不可少,但这绝不能成为创业者迁延等待的原因。利用创新机遇不能坐等收集到完备信息以后再着手进行,因为此时,机会之窗已经关闭。所以,创业者不必在行动之前弄清所有问题的答案,而应该将行动和分析结合起来。这就要求创业者随业务进展不断地进行分析,一旦发现问题,就立即着手寻找解决的办法。创业者要能够快速地发现问题,并有改变战略的勇气和机敏。

(三)关注机遇利用的关键因素

在机会评估部分已经确认了成功利用机遇的关键因素。这些关键因素是创业者需要重点关注的问题。它们在机会利用中需要得到更多的支持。创业者可以依据业务发展周期,在一些关键的时间点上,重点分析和评价这些关键因素的进展情况,并做出相应的改进,如果情况不利,甚至可以中止计划。只有在关键因素上取得突破,创业者才能离成功越来越近。

拓展阅读

"痛点"即机遇 大学生创业首先应挖掘痛点

"我们为徐工集团提供虚拟现实支撑的技术平台,在虚拟环境中对未来机械进行1:1仿真应用,之前的重工业工作流程完全被打破,帮助提高了一半以上的工作效率。"2020年11月15日上午,在以"找到痛点"为主题的2020年大学生东北微创营专题培训中,秦皇岛视翼科技有限公司创始人刘宇涵分享了他的创业经历。

他发现,在他所从事的虚拟现实科技研究领域,人们将更多关注投在了应用领域,但用这项技术改变工作方式和流程以提高效率的优势还没有被充分开发。"这是一大市场痛点。我们还在规划更多面向未来国产机械的设计与研发验证平台,如装载机、压路机和起重机等重型工程机械,从源头上帮助传统行业优化工作流程,用新的设计理念设计产品。"

黑龙江省普通高等学校创新创业教育指导委员会副秘书长史波多年从事创新创业工作,他在辅导学生创业项目时发现"创业方向比努力更重要"。在他看来,技术型创业项目最容易犯的错误是沉溺于技术逻辑里,"总是强调技术的先进性,却忽略了思考用户痛点,甚至忽略市场逻辑,这样创业不一定能走向成功。"

培训中,他告诉学员们,市场痛点可以被主动挖掘出来,找到市场痛点才能获得更多市场机会,了解更多市场需求,"找到痛点,就能慢慢明确创业方向。"不过他也提醒说,"区别于做公益,创业企业瞄准的痛点再痛也得有商业价值,这样才能持续发展。"

"痛点"的背后往往充满了机遇。金贤俊在韩国留学时发现,韩国消费者如果从中国购买物品,国际物流要长达十几天,"国际物流蕴含了广阔前景"。确定了方向,他在威海成立了荣成丝路通供应链管理有限公司。

今年年初,基于之前合作基础,他们决定开通全球防疫物资快速通道,并与境外合作伙伴们一起仅用了48小时,就解决了美国、新加坡、西班牙、法国和意大利等国的落地、清关、配送和时效问题。

后来,他们又开发了"华人华侨生活超市"的小程序,与威海当地一家大型超市合作,试点韩国"跨境云超市":华人华侨在韩国下单后,超市立即备货发货,仅3天便能送到。"我们抓住了痛点,也抓住了机遇,得以迅速扩大公司规模和业绩。"

据悉,本场专题培训为东北区微创营活动的一部分。在为期3天的活动中,23支来自哈尔滨工程大学、东北大学、吉林大学等18所学校的创业团队齐聚哈尔滨,与10余名创业教育专家、风投机构代表、创业新锐面对面交流。活动由共青团黑龙江省委员会、KAB全国推广办公室和广发证券社会公益基金会主办,共青团哈尔滨师范大学委员会承办,并得到了广发证券有限公司和中国青年报社等单位支持。

【资料来源:中国青年报,2020年,有删改】

1. 纪录片《创新之路》第一集《活力版图》。
2. 2014年李克强总理在达沃斯论坛开幕式的致辞。

讲讲你周围人的创业故事。

第七模块　创业市场开发

 案例导读

丸美：一瓶眼霜卖 30 亿的秘密 切准利基市场。

　　丸美创始人孙怀庆在进入化妆品行业的第五年，他发现，当时市场上出现的护肤品大都针对面部，保湿、美白、抗衰老等多种品类一应俱全，但专门改善眼部的产品还没有。他敏锐地意识到这是一个具有很大潜力的商业领域。在他看来，眼部肌肤是最难护理的部位，薄得只有 0.03 毫米的眼部皮肤，没有汗腺、皮脂腺，如果使用劣质的化妆品容易形成脂肪粒，眼部化妆品对技术要求极高，在国内做眼霜的化妆品企业可谓凤毛麟角，大企业不愿意搞，小企业搞不了。几乎没有人发现这个市场，孙怀庆决定研制眼霜。在当时，眼霜市场却是一个十足的"利基市场"。2000 年，孙怀庆辞去广州植美村销售总监的职位，只身走访日本化妆品企业。两年后，孙怀庆找到日本一家化妆品原料供应商，并与其旗下公司合资成立公司。

　　如今，作为唯一可以在高端眼霜领域与外资抗衡的本土品牌，丸美已经取得了眼霜"第一品牌"、国产化妆品"第一市值"及天猫小黑盒"第一"等多项成绩，其"眼部护理大师"的品牌形象也深入人心。丸美，正是基于当时创始人对市场的敏感，进入到眼霜市场这个"利基市场"，在主导了眼霜这个利基市场之后，才逐步打入其他相关市场，走出了一条"单品——品牌——系列"的商业开发模式。

【资料来源：腾讯网，2020】

知识一　创业市场的类型

一、利基市场

　　大多数成功的创业型企业一开始并不在大市场开展业务，而是通过识别较大市场中新兴的或未被发现的利基市场而发展业务。

1. 利基市场的含义

利基市场又称"缝隙市场""补缺市场""狭缝市场"。《现代汉英词典》对利基市场的定义是：利基市场指看准机会，提供因市场不大而其他企业不提供的产品或服务，从而获得较丰厚的利润。

利基概念从市场细分理论引出是1956年史密斯首先开始的，被其定义为"小的类似市场的集合而成的异类市场"。菲利普·科特勒给利基下的定义是：利基是更窄地确定某些群体，这是一个小市场但是它的需要没有被很好地满足，或者说这个小市场仍然"有企业获取利益的基础"，同时专业化是高效利基市场的关键。专业化有很多种形式，如客户规模专业化、垂直水平专业化、特殊客户专业化、地理位置专业化、产品或产品线专业化、产品功能专业化、质量与价格专业化。

日本著名经济学家长岛总一郎的"市场缝隙论"指出，在"有限的商品和无限的市场"的市场经济环境中，永远存在着其他企业没有占领的盲点，中小企业的产品或服务可以围绕着"寻找市场缝隙"而展开。企业利用自己资金投入少、企业规模小、管理人员少、经营灵活、市场进出成本低等优点，通过专业化经营来参与市场分工，精心服务于某个细小的市场，实现某一缝隙的有效供给。中小企业可充分发挥"产品差异化"形成的专业技术和经营管理能力，寻找市场的"缝隙"。

2. 利基市场的类型

（1）自然利基市场。

为了追求规模经济效应，很多大企业一般采用少品种、大批量的生产方式，这就自然为中小企业留下了很多大企业难以涉及的"狭缝地带"，这些"狭缝地带"即为自然利基市场。很多中小企业正是选择这些自然利基市场投入经营，在与大企业不发生竞争的情况下成长起来的。

（2）协作利基市场。

对于生产复杂产品的大企业来说，不可能使每一道工序都达到规模经济性的要求。大企业为了谋求利润最大化或节省成本，避免"大而全"生产体制的弊端，而去与外部企业进行协作，这种协作关系为中小企业提供了生存空间，即协作利基市场。

（3）专利利基市场。

拥有专利发明的中小企业，可以运用知识产权来防止大企业染指自己的专利技术向自己的产品市场渗透，从而在法律制度的保护下形成有利于中小企业成长的专利利基市场。

（4）潜在利基市场。

现实中，常有一些只得到局部满足或根本未得到充分满足或正在孕育即将形成的社会需求，这就构成了潜在的市场需求空间，即潜在利基市场。如在电脑行业，竞争可谓刀光剑影，新产品不断涌现，但对于人们常用的从几兆到几百兆之间的数据交换需求却被广大电脑厂商忽略。深圳市朗科科技有限公司总裁邓国顺看到了这一潜在的社会需求，发明了体积小（只有拇指大小）的移动存储器——优盘，在行业掀起了一场革命。

（5）替代利基市场。

有"竞争商业之父"之称的哈佛商学院教授迈克尔·波特在通过严密的竞争者分析后，得出结论："最好的战场是那些竞争对手尚未准备充分、尚未适应、竞争力较弱的细分市场。"对方的虚弱之点就是我方理想的攻击之点。如果企业有能力比竞争对手提供令消费者更满意的产品或服务,即能够有力地打击竞争者的弱点,那么,该市场就可以作为自己的目标市场,这正是"避实击虚"思想在市场竞争战略上的应用。

二、红海市场和蓝海市场

(一)红海市场

现存的市场由两种海洋组成:红海市场和蓝海市场。

红海市场代表现存已知的市场空间,相对成熟,产业边界清晰、确定,竞争规则是既定的,竞争者通常在价值与成本之间权衡取舍,根据价值-成本交换定律去制定策略,争夺现有需求,按差异化或低成本战略选择来协调公司的活动。

红海市场的公司在这个市场中不断竞争并寻找利润,他们会使用压低成本、抢占市场占率、倾销等传统竞争手法生存。比如说,美国西南航空在饱和的短途航班红海市场中竞争成功。他们的策略是提供低成本的廉价航班,通过多种方法去降低成本,包括使用一些离主机场较远的城市中的次级机场、仅允许乘客进行网上登记服务、要求客户支付各种额外费用等。由此可以看出,美国西南航空是以降低成本和顾客的体验而在红海市场中生存的。

(二)蓝海市场

蓝海市场代表全新的未知市场空间,存在还未被充分满足的顾客需求。开创者规避现有的竞争,打破现有产业边界以及价值与成本互替的定律,不断创造、获取新需求,制定新的竞争规则,同时追求差异化和低成本来协调公司的活动。

蓝海市场要求企业把视线从市场的供给一方移向需求一方,从关注并赶超竞争对手转向为买方提供更多产品价值。蓝海市场的企业,不以战胜竞争对手为目标,而是采用不同的战略逻辑,将价值创新作为基石,将重点全部放在为买方角度和企业自身创造价值上,同时追求"差异化"和"低成本"。开创蓝海也要降低成本,同时还需提升产品价值。

蓝海市场借助战略布局图,列出影响产品成本和销量的因素,然后站在买方的角度将这些因素加以变动,从而塑造出新的价值曲线。成功的蓝海战略应该具有三个互为补充的特点,即重点突出、另辟蹊径、主题令人信服。重点突出要求从一个恰当的视角将冗杂的、传统的、高成本低价值的元素剔除掉,从而做到"成本领先"。另辟蹊径就是转换思维,发掘创新价值,用添加新元素的方法推动产品差异化。主题令人信服是针对需求者而言的,要让顾客明白产品的主题,不需要过度的广告宣传就能使产品深入人心。

判断一个市场是否属于蓝海市场,可以通过以下几个方面:第一,鉴别潜在顾客需求的真伪性和规模。即具有某种独特诉求的顾客数量是否足够大,或者相对于自身企业规模足够大?是否稳定和可测?可以通过问卷调查、访谈和反馈来收集信息。第二,这个潜在的目标市场是否是企业可以接触和把握的?可以通过对市场先行者竞争状况、价值创新的"试错"结果进行分析、判断。第三,该市场的进入障碍和退出障碍如何?在此基础上分析、论证该市场潜在的收益和风险。

(三)红海市场与蓝海市场的区别

(1)红海市场代表现今存在的所有产业,是我们已知的市场空间;蓝海市场则代表当今还不存在的产业,是未知的市场空间。

(2)红海企业会在现有的市场上竞争;蓝海企业则拓展一些竞争少的市场和潜在的客户。

(3)红海企业会参与竞争;蓝海企业则规避正面竞争。

(4)红海企业会不断争夺现有的需求;蓝海企业创造新的需求。

(5)红海企业会遵循价值-成本交换定律;而蓝海企业则打破此定律。

(6)红海企业是通过竞争努力维持和扩大现有客户群;而蓝海企业从供给转向需求,从竞争转向发现新需求的价值创造。

知识二 创业市场的调研

一、市场调研的特征

市场调研是指运用科学的方法和合适的手段,系统地搜集整理、分析和报告有关营销信息,以帮助企业、政府和其他机构及时、准确地了解市场机遇,发现市场营销过程中的问题,正确制订、实施和评估市场营销策略和计划的活动。

作为重要的企业管理行为,市场调研有以下五个明显的特征。

1. 目的性

市场调研是一项有计划、有组织、有步骤的活动,具有很强的目的性。每次进行市场调研总要首先预订研究的范围和努力达到的目标,不能盲目进行。总的目的就是为企业营销决策服务,保证决策的正确、科学、可行和最后的成功。

2. 实践性

市场调研的实践性特点主要表现在:①研究工作人员需要深入实践才能搜集到具体、全面的研究资料;②企业管理部门或有关负责人根据研究人员所提供的情况进行决策时,原有一切决策无不与企业营销实践直接有关;③企业据此做出的决策是否得当,还必须通过多种实践活动进行信息"反馈",接受实践的检验。总之,市场调研不能脱离实践,否则将是空谈。

3. 普遍性

市场调研工作不能只停留在生产或经营活动以前的阶段,在生产和经营过程中,售前、售中和售后阶段都需要进行研究,搜集一切可以为企业所用的信息资料,以便随时调整对策,适应市场不断变化的形势。

4. 不确定性

市场调研的结果由于多种因素影响而具有不确定性特点。最明显的是,被调查者千变万化的心理状态有时会增加研究结果分析的难度;顾客身临购买现场时对商品的选择与被调查时有意识的回答问题的心理状态就有所不同,这必然导致研究结果与实际有所偏差。如有些研究人员发现,当他们向被调查者询问洗发液的问题时,得到的回答经常是,洗发液最重要的是能够把头发洗干净,但当研究人员把货样拿给人们看时,却有很多人总是闻一闻有无香味。这种不确定性有时会使研究人员无所适从,在工业品市场调研中,由于工业品的特殊用途,这种不确定性并不明显;而在日用消费品的研究中,这种不确定性有时会表现得很明显,因此研究结果只能是决策的一个依据。

5. 时效性

市场调研都是在一定时间范围内进行的,它所反映的只是特定时间内的信息和情况,在一定时期内研究结果是有效的,过一段时间会出现新情况和新问题,以前的研究结果就会滞后于形势的发展,变为无效。此时企业仍沿用过去的结论,只会使企业延误时机,甚至陷入困境。

二、市场调研的类型

(一)按调研功能分类

根据市场调研手段的不同,可以将市场调研分为探索性市场调研、描述性市场调研、因果性市场调研和预测性市场调研四类。

1. 探索性市场调研

探索性市场调研是指当研究的问题或范围不明确时所采用的一种调研,主要用来发现问题,收集一些相关资料,以确定经营管理需要研究的问题的症结所在。例如,某企业近几个月来销售量持续下降,但企业负责人弄不明白是什么原因所致。要找出问题的原因就应该采取探索性调研,如从中间商或从用户那里收集资料,找出主要原因,为解决问题打下基础。

2. 描述性市场调研

描述性市场调研是进行事实资料的收集、整理,把市场的客观情况如实地加以描述和反映。描述性市场调研用来解决诸如"是什么"的问题,它比探索性调研更深入、更细致。它假定调研者事先已对问题有相当的了解,是为进一步研究问题症结的事实而收集必要的资料,以说明其"是什么""何时""如何"等。例如,销售研究中,收集不同时间销售量、广告支出、广告效果的事实资料,经统计分析能说明广告支出什么时候增加了几个百分点,销售量有了多少个百分点的变化。至于二者哪一个为因,哪一个为果,可根据需要再做调研。

3. 因果性市场调研

因果性市场调研是收集研究对象在发展过程中的变化与影响因素的广泛资料,分清原因和结果,并找出决定性的变量。例如,销售研究中,收集不同时期说明销售水平的销售量、市场份额、利润等因变量资料,收集影响销售水平的不同时期本企业的价格和广告支出、竞争者的价格和广告支出、消费者的收入与偏好等自变量资料,在这些资料的基础上就可以了解这些自变量与某对因变量(如销售量)的关系,确定其中哪一个为决定性自变量。

4. 预测性市场调研

预测性市场调研是收集研究对象过去和现在的各种市场情报资料，掌握其发展变化的规律，运用一定方法估计未来一定时期内市场对某种商品的需求量及其变化趋势。由于市场情况复杂多变，经营管理问题多种多样，因而决策过程、决策主体对信息需要的目的也会不同。

（二）按调研内容分类

根据市场调研内容的不同，可以将市场调研分为专题性市场调研和综合性市场调研两类。

1. 专题性市场调研

专题性市场调研是指市场调研主体为解决某个具体问题而对市场的某个方面进行的调研。这种市场调研具有组织实施灵活方便、所需人力物力有限、对调研人员的要求相对较低等优点。但是，它也存在提供信息具有某种局限性、市场调研主体无法仅凭此种调研对市场全面了解的不足。在许多情况下，当企业或其他市场调研主体面临某些涉及面有限的具体问题而需要做出决策，只要所提供的信息能保证满足决策所需时，专题性调研就是合理的选择。事实上，大多数市场调研为专题性调研。

2. 综合性市场调研

综合性市场调研是指市场调研主体为全面了解市场的状况而对市场的各个方面进行的全面调研。相对于专题性调研而言，综合性调研涉及市场的各个方面，提供的信息能全面地反映市场的全貌，有助于市场调研主体正确了解和把握市场的基本状况。但是，由于这种市场调研涉及面广，组织实施比较困难，不但需要投入相当多的人力物力，费时费钱，对调研人员的要求也相对较高。一般而言，这种市场调研只有在必要时才组织实施，在实践中用得比较少。

三、市场调研的内容

市场调研的内容一般包括创业环境调研、竞争对手调研、消费者需求调研等。

（一）创业环境调研

创业环境调研包括宏观环境调研和行业环境调研两方面。

1. 宏观环境调研

宏观环境调研可以通过 PEST 调查展开，即要对创业项目面临的政治法律环境、经济环境、社会环境和科技环境进行调研。

P 即 Politics，政治要素，指一个国家或地区的政治制度、体制、方针政策、法律法规等方面的因素。政府管制、政府采购规模和政策、税法修改、劳动保护法修改、公司法和合同法修改、财政和货币政策等都会影响创业企业未来的经营状况。

E 即 Economics，经济要素，指一个国家的经济制度、经济结构、产业布局、资源状况、经济发展水平及未来经济走势等。其关键要素包括 GDP 增长率、利率水平、财政货币政策变化、通货膨胀率、失业率、居民可支配收入、能源供给成本、市场机制和市场需求等。这些因素不仅是企业经营环境的重要组成部分,而且直接影响企业未来的经营成本和销售收入,进而影响创业项目的可行性。

S 即 Society,社会要素,是组织所在社会中成员的民族特征、文化传统、价值观念、教育水平及风俗习惯等因素。其构成要素包括人口规模、年龄结构、种族结构、收入水平、消费结构、人口流动性等。其中,人口规模直接影响着一个国家或地区的市场容量,年龄结构决定消费品的种类及推广方式。

T 即 Technology,技术要素,是指社会技术总水平及变化趋势、技术变迁、技术突破对企业的影响,以及技术对政治、经济、社会环境之间的相互作用的表现等,包括与企业生产有关的新技术、新工艺、新材料的出现和发展趋势及应用前景。

2. 行业环境调研

行业环境调研常用的工具是迈克尔·波特于 20 世纪 80 年代提出来的"五力模型"。新竞争对手的入侵、替代品威胁、买方议价能力、卖方议价能力及现存竞争者间的竞争等因素,是决定企业盈利能力的首要因素,可以用来分析企业所在行业的竞争特征和产业的吸引力。这五种作用力综合起来会影响价格、成本和投资收益等因素,从而决定某产业中的企业获取超出资本成本的平均投资收益率的能力。例如,卖方议价能力会影响原材料成本和其他投入成本;竞争强度会影响价格及竞争成本。

(二)竞争对手调研

对竞争对手的调查从寻找分析竞争对手开始。创业团队必须首先能够判断出企业直接或潜在的竞争对手。一般来说,直接竞争对手是与创业企业提供类似产品的企业。这类竞争者相当重要,因为它们与企业争夺同一顾客群。间接竞争者是提供创业企业产品替代品的企业,与创业企业一样可以满足消费者的一些基本需求。另外,创业团队还要针对创业企业经营范围的变化情况将未来可能的竞争者也列入调查分析的范围。

识别出所有的直接或间接竞争者一般很难做到,但是通过列举一些自己能够意识到的竞争者类型,对其经营状况进行分析,将有助于创业者对竞争范围和强度做出基本估计。再通过对主要竞争者的战略和行为进行对比分析,创业者可以了解关键领域与竞争对手相比的优劣势所在,明确其存在竞争优势的领域。

(三)消费者需求状况调研

经营是"消费者需求洞察",销售是"消费者心理探寻及满足",消费者需求调研和分析是企业经营成败的焦点和核心之一。创业之前,创业团队应该对消费者的需求特征及影响消费者消费的关键因素等进行调查。

通过问卷、访谈、座谈、讨论、观察等调研形式和手段,创业团队可以对目标消费者进行全面研究,挖掘消费者的潜在需求,对不同群体消费者在某一类产品的消费心理、消费行为、消费需求、消费动机、消费决策过程及信息获取渠道等进行分析,帮助企业正确进行产品定位和目标市场定位,减少企业在产品选择和市场选择上的失误,并可在充分调研的基础上,进一步评估潜在市场的吸引力和企业在该市场的竞争力,制定相应的营销策略。

四、市场调研的方法

市场调研的方法主要有观察法、实验法、访问法和问卷法等。

（一）观察法

观察法是社会调查和市场调查研究的最基本方法。它是由调查人员根据调查研究的对象，利用眼睛、耳朵等感官以直接观察的方式对其进行考察并搜集资料。例如，市场调查人员到被访问者的销售场所去观察商品的品牌及包装情况。

（二）实验法

实验法是由调查人员根据调查的要求，用实验的方式将调查的对象控制在特定的环境条件下，对其进行观察以获得相应的信息。控制对象可以是产品的价格、品质、包装等，在可控制的条件下观察市场现象，揭示在自然条件下不易发生的市场规律。这种方法主要用于市场销售实验和消费者使用实验。

（三）访问法

访问法可以分为结构式访问、无结构式访问和集体访问。

结构式访问是事先设计好的、有一定结构的访问问卷的访问。调查人员要按照事先设计好的调查表或访问提纲进行访问，要以相同的提问方式和记录方式进行访问。提问的语气和态度也要尽可能地保持一致。

无结构式访问是指没有统一的问卷，由调查人员与被访问者自由交谈的访问。它可以根据调查的内容进行广泛交流，如对商品的价格进行交谈，以了解被调查者对价格的看法。

集体访问是指通过集体座谈的方式听取被访问者的想法来收集信息资料。

（四）问卷法

问卷法是通过设计调查问卷、让被调查者填写调查表的方式获得所调查对象的信息。在调查中，将调查的资料设计成问卷后，让接受调查的对象将自己的意见或答案填入问卷中。一般问卷法采用最广泛。

五、市场调研的步骤

市场调研一般可分为三个阶段，即调研准备阶段、正式调研阶段和调研结果处理阶段。

（一）调研准备阶段

调研准备阶段应明确调研主题，以及通过调研想了解的主要问题。创业者总会面临这样那样的问题，但一项调研的目标不能漫无边际，只有将每次调研所要解决的问题限定在一个确切的范围内，才便于有效制订计划和实施调研。

（二）正式调研阶段

正式调研阶段有两项工作。一是制订市场调研计划，市场调研计划应确定所需要的信息种类、明确信息来源、选择市场调研方法。二是组织实施计划,该环节包括根据调研任务和规模建立调研组织或外请专业调查公司、训练调研人员、准备调研工具、实地展开调研等。

(三)调研结果处理阶段

这一阶段包括分析调研资料和撰写市场调研报告两个环节。

(1)分析调研资料。

分析调研资料的过程中应检验资料是否齐全;对资料进行编辑加工,去粗取精,找出误差;对资料进行分类、制图、列表,以便于归档、查找、使用;运用统计模型和其他数学模型对数据进行处理,以充分发掘现有数据中可推出的结果,在看似无关的信息间建立起内在联系。

(2)撰写市场调研报告。

调研报告应包括以下内容:引言,说明市场调查的目的对象、范围、时间、地点等;摘要,简明概括整个研究的结论和建议,这也许是决策者有时间读的唯一部分;正文,详细说明市场调研目标、调研过程、结论和建议;附件,包括样本分配、数据图表、问卷附件、访问记录、参考文献资料等。

六、设计市场调查问卷

(一)调查问卷的设计原则

1. 合理性

合理性指的是问卷必须与调查主题紧密相关,违背了这一点,再漂亮或精美的问卷都是无益的。而所谓问卷体现调查主题,其实质是在问卷设计之初要找出"与调查主题相关的要素"。

2. 普遍性

普遍性,即问题的设置是否具有普遍意义。应该说,这是问卷设计的一个基本要求。如果我们仍然能够在问卷中发现一些常识性的错误,那么这一错误不仅不利于调查成果的整理分析,而且会使调查委托方怀疑调查者的专业水平。

3. 逻辑性

问卷的设计要有整体感,这种整体感即问题与问题之间要具有逻辑性,独立的问题本身也不能出现逻辑上的谬误。问题设置得紧密相关,能够使调查者获得比较完整的信息。调查对象也会感受到问题集中、提问有章法。相反,假如问题是发散的、带有意识流痕迹的,问卷就会给人以随意性的感觉。那么将市场调查作为经营决策依据的企业就会对调查失去信心。

4. 明确性

所谓明确性,事实上是问题设置的规范性。这一原则具体指命题是否准确,提问是否清晰明确、便于回答;被访者是否能够对问题做出明确的回答等。

5. 非诱导性

不成功的记者经常会在采访中使用诱导性的问题。这种提问方式如果不是刻意地要得出某种结论而甘愿放弃客观性的原则,那就是彻头彻尾地缺乏职业素质。在问卷调查中,因为有充足的时间做提前准备,这种错误大大地减少了。这一原则之所以成为必要,是因为高度竞争的市场对调查业的发展提出了更高的要求。

(二)调查问卷的结构

调查问卷的一般结构有标题、说明、主体、编码号、致谢语和实验记录等。

1. 标题

每份问卷都有一个研究主题。研究者应开宗明义定个题目,反映这个研究主题,使人一目了然,增强填答者的兴趣和责任感,如"大学生创业调查问卷表"。

2. 说明

问卷前面应有一个说明。这个说明可以是一封告调查对象的信,也可以是指导语,说明这个调查的目的和意义,填答问卷的要求和注意事项,下面同时注明调查单位名称和年月日。

问卷开头主要包括引言和注释,对问卷的情况进行说明。

引言应包括调查的目的、意义、主要内容、调查的组织单位、调查结果的使用者、保密措施等。其目的在于引起受访者对填答问卷的重视和兴趣,使其对调查给予积极的支持和合作。

引言一般放在问卷的开头,篇幅宜小不宜大。访问式问卷的开头一般非常简短;自填式问卷的开头可以长一些,但一般以不超过三百字为宜。

3. 主体

主体是研究主题的具体化,是问卷的核心部分。问题和答案是问卷的主体,从形式上看,可分为开放式和封闭式两种。从内容上看,可以分为事实性问题、意见性问题、断定性问题、假设性问题和敏感性问题等。

4. 编码号

并不是所有问卷都需要编码号。对于规模较大又需要运用计算机统计分析的调查,要求将所有的资料项目化,与此相适应的问卷就要增加编码号这项内容。也就是在问卷主题内容右边的空白顺序编上1,2,3……的号码(中间用一条竖线分开)。用以填写答案。问卷有多少种答案,就要有多少个编码号。如果一个问题有一个答案,就占用一个编码号;如果一个问题有三种答案,则需要占用三个编码号。

5. 致谢语

为了表示对调查对象真诚合作的谢意,研究者应当在问卷的末端写上感谢的话。如果前面的说明已经有表示感谢的话语,那么末端可不用再写。

6. 实验记录

实验记录是用以记录调查完成的情况和需要复查、校订的问题,其格式和要求都比较灵活。调查访问员和校查者均需在上面签名并标注日期。

(三)调查问卷设计的基本要求和步骤

1. 调查问卷设计的基本要求

一份完善的调查问卷应能从形式和内容方面同时取胜。

从形式上看,要求版面整齐美观,便于阅读和作答,这是总体上的要求。具体的版式设计、版面风格与版面要求要根据调查对象的知识层次、阅读习惯等要素综合考虑。

从内容上看,一份好的问卷调查表至少应该满足以下四个方面的要求:第一,调查问卷应该保持正确的政治方向,把握正确的舆论导向。第二,确保问卷能完成调查任务与目的。第三,问题具体,表述清楚,重点突出,整体结构好。第四,便于统计整理。

2. 调查问卷设计的步骤

问卷设计是由一系列相关的工作过程构成的。为使问卷具有科学性、规范性和可行性,一般有以下七个步骤。

步骤一:确定调查目的、调查对象。确定为什么要调查,通过这次调研创业者想获得什么样的信息,这些信息从哪里获得,调查对象有哪些特征等。

步骤二:确定数据收集方法。获得调查数据可以有多种方法,包括人员访问、电话调查、邮寄调查和自我管理访问等。每一种方法对问卷设计都有影响。

步骤三:确定问题提问形式。问题类型有开放式问题、封闭式问题、量表应答式问题等。

步骤四:提问和答案的设计。一旦确定了提问类型,下一步就是设计问题和答案选项。设计问题和答案时要遵循多方面要求,如要定义清楚所讨论的主题,用词要清楚、简单、通俗易懂,避免对应答者产生诱导,要考虑调查对象回答问题的能力,避免一问多答,避免所提出的问题与答案不一致,等等。

步骤五:优化问卷编排。在系统阐述问题后,下一步就是将其排序并形成编排的问卷。同样的问题,安排合理有利于有效获得信息。一般来说,问题的编排应具有逻辑性,符合人们的思维习惯;问题的编排应先易后难,有利于调查对象把问卷做完;敏感性问题、开放性问题和背景问题置于最后。

步骤六:预调查并修改。将编排好的问卷用于小规模的调查,及时发现问卷设计中存在的问题并加以修改,避免将来大规模的返工,以免浪费时间、精力和金钱。

步骤七:准备好最后的问卷。将预调查后删除、修改后的问卷进行整理,编制出付诸实施的问卷,将问卷印刷出来,准备实施调研。

知识三 制定市场营销计划

一、市场营销的相关概念

菲利普·科特勒对市场营销的核心概念进行了描述:市场营销是个人或群体通过创造、提供并同他人交换有价值的产品,以满足各自的需要和欲望的一种社会活动与管理过程。

这个核心概念包含了需要、欲望和需求,产品或提供物,价值和满意,交换和交易,关系和网络,市场,营销者等一系列的概念。

1. 需要、欲望和需求

市场交换活动的基本动因是满足人们的需要、欲望和需求。实际上"需要""欲望""需求"三个看来十分接近的词,其真正的含义是有很大差别的。"需要"是指人们生理上、精神上或社会活动中所产生的一种无明确指向性的满足欲,就如饥饿了想寻找食物但并未指明是面包、米饭还是馒头;而当这一指向一旦明确,"需要"就变成"欲望",有购买力的"欲望"才是有意义的,才能真正构成"需求"。

2. 产品或提供物

任何需要的满足都必须依靠适当的产品,好的产品将会在满足需要的程度上占很大比重,从而也就能在市场上具有较强的竞争力,实现交换的可能性也应该更大。然而产品不只是指那些看得见、摸得着的物质产品,还包括那些同样能使人们的需求得到满足的服务甚至是创意,我们把所有可通过交换以满足他人需要的事物称为提供物。

因此,如果仅仅把对产品的认识局限于物质产品,那就是经营者可悲的"营销近视症"。为顺利地实现市场交换,企业经营者不仅要十分重视在市场需要引导下的产品设计与开发,还应当从更广泛的意义上去认识产品(或提供物)的含义。

3. 价值和满意

人们是否购买产品不仅取决于产品的效用,还取决于人们获得产品效用的代价。人们在获得使其需要得以满足的产品效用的同时,必须支付相应的费用,这是市场交换的基本规律。市场交换是否能顺利实现,取决于人们对效用和代价的比较。如果人们认为效用大于代价,再贵的商品也愿意购买;反之,再便宜的东西也不会要。市场经济的客观规律告诉我们,人们只会去购买有价值的东西,并根据效用和代价的比较来认识价值的实现程度。

当人们以适当的代价获得适当的效用时,会有真正的满足,当感到以较小的代价获得较大的效用时,则会十分满意。而只有在交易中感到满意的顾客才可能成为企业的忠实顾客。因此,企业不仅要为顾客提供产品,更要使顾客在交换中感到价值的实现程度比较高,并且对产品感到满意,这样市场交易才能顺利实现。

4. 交换和交易

交换是市场营销活动的核心。人们实际上可以通过四种方式获得他所需要的东西:一是自行生产,获得自己的劳动所得;二是强行索取,不需要向对方支付任何代价;三是向人乞讨,同样无须付出任何代价;四是进行交换,以一定的利益让渡使对方获得相当价值的产品或满足。市场营销活动仅仅是围绕第四种方式进行的。从交换实现的必要条件来看,交换必须具备以下五个条件。

(1)交换必须在至少双方之间进行;
(2)双方都具有可用于交换的东西;
(3)双方有可能相互沟通并把自己的东西递交给对方;
(4)双方都有决定进行交换和拒绝交换的自由;
(5)双方都认为对方的东西对自己是有价值的。

交换不仅是一种现象,更是一种过程,只有当交换双方克服了各种交换障碍,达成了交换协议,才能称其为形成交易。交易是达成意向的交换,交易的最终实现需要双方对意向和承诺的完全履行。

5. 关系和网络

在现代市场营销活动中,企业希望同自己的顾客群体间的交易关系长期地保持下去,并得到不断的发展。要做到这一点,企业市场营销的目标就不能仅仅停留在一次交易的实现上,而应当通过营销的努力来发展与供应商、经销商和顾客之间的关系。从20世纪80年代开始,对顾客关系的重视终于使"关系营销"成为一种新的概念和理论充实到市场营销学的理论体系中。

生产者、中间商以及消费者之间的关系直接推动或阻碍着交易的实现和发展。企业同与其经营活动有关的各种群体所形成一系列长期稳定的交易关系就构成了企业的市场网络。在现代市场营销活动中,企业市场网络的规模和稳定性成为形成企业市场竞争力的重要方面,从而也就成为企业营销的重要目标。

6. 市场

从人类社会发展的历史来看,市场并不是从有人类社会开始就有的。市场是社会分工和商品交换的产物,是随着商品经济的发展而产生的,并且随着商品经济的不断发展,市场不断变化和发展,人们对市场的认识亦如此。对市场的定义,有各种不同的说法和解释,在理论上表述不一样。归纳起来,主要有以下三种。

(1)市场是商品交换的场所。

这是从地理位置、形式而言的,它是具体的、看得见的、找得着的,是指商品买与卖的地方,如某某市场、某某百货商场、某某商品市场等。这是人们对市场的一般认识,也是市场最早出现的形态。我国有云:"日中为市,致天下之民,聚天下之货,交易而退,各得其所。"此记载就鲜明地描述了具有时空概念的市场。

(2)市场是商品交换关系或供求关系的总和。

这是从经济关系、内容上而言的,是经济学家对市场的进一步抽象概括。市场从表面上看,是商品交换的场所;实质上,它体现了人与人之间的经济关系,反映了人们对商品的供求关系,反映了人们维持再生产而互相交换劳动的关系。人们有各种各样的需求,同时由于社会分工的存在,生产资料归不同所有者所有。各个生产者都是相对独立的商品生产者,而生产者与消费者之间、生产者与生产者之间、部门与部门之间、企业与企业之间,他们不能无偿地占有对方的产品,即自己的东西不能白给别人,别人的东西也不能白拿,他们之间各种各样的需求与供给必须通过交换的方式、买卖的方式去获得,这就形成了市场。这种买与卖,从本质上是交易者双方为维持再生产而交换其劳动。生产者交换劳动,是为了取得生活所需的生活资料以维持劳动力的再生产。劳动的交换通过商品交换形式来进行。这种交换成为整个经济社会各生产者之间以及生产者与消费者之间经常性的、内在的商品交换关系的总和,体现社会再生产过程中各环节之间的内在因果关系。

(3)市场是现实和潜在的购买者。

这是西方最常见的解释,它站在卖方的营销角度去分析,市场只是指需求的一方,不包括供给一方,是指某种商品的现实购买者和潜在购买者的需求量总和,是市场营销学的典型观点。

对于一切既定的商品来说,市场包含三个要素,即有某种需要的人、为满足这种需要的购买力和购买欲望。如果用公式来表示,就是:

$$市场 = 人口 + 购买力 + 购买欲望$$

从上面的公式看,市场首先是指人口,因为人是构成市场的主体,但仅有人口还不能形成市场,还必须使人们有钱去买,即要有购买力,同时还必须有购买的动机、愿望和要求,即购买欲望,这是构成市场的基本要素。就是说,市场的三个要素是相互影响和相互制约的统一体,缺一不可,只有三者结合起来才能构成现实的市场,才能决定市场的规模和容量。

以上这三种对市场的表述,从市场学的角度来看并不矛盾,只是各自强调的角度不同。全面地把握好这些表述,对正确理解市场、学好市场营销学、做好市场营销工作都具有重要的意义。

7. 营销者

在交换双方中,如果一方比另一方更主动、更积极地寻求交换,我们就将前者称为营销者,另一方称为潜在顾客。换句话说,所谓市场营销者是指希望从别人那里取得资源并愿意以某种有价值的东西作为交换的人。市场营销者可以是卖方,也可以是买方。当买卖双方都表现积极时,我们就把双方称为市场营销者,并将这种情况称为相互市场营销。

二、市场营销的理论与方法

(一)市场营销理论

在产品定型好之后,做好营销管理就是企业发展的关键。创业者首先要明白营销的基本原理,着重掌握 4P、4C、4R 理论,这是营销学发展史上的三大经典营销策略组合理论。

1. 4P 理论

4P 理论是密西根大学教授杰罗姆·麦卡锡于 1960 年提出的。4P 包括产品(product)、价格(price)、促销(promotion)、渠道(place)这四个要素。

(1)产品包括核心产品、实体产品和延伸产品;广义的产品可以是有形的实体,也可以是无形的服务、技术、知识或智慧等。

(2)定价的方法包括竞争比较法、成本加成法、目标利润法、市场空隙法等,这些方法的目标是使产品成为可交换的商品。

(3)传统意义的促销是人员推广、广告、公共活动和销售促进,这些方式在营销过程中有着非常广泛的应用。

(4)渠道是产品从生产到消费者终端所经历的营销路径;普通消费者会经过代理商、批发商、商场或零售店等环节,B2C 模式中则有电话直销、电视直销、网络直销、人员直销、专卖店直销等模式,大大缩减了从厂家到买家的中间环节。

2. 4C 理论

4C 理论是美国学者劳特鹏教授在 1990 年提出的。4C 包括客户需求(consumer's needs)、成本(cost)、沟通(communication)、便利(convenience)。

(1)客户需求有显性需求与潜在需求之分。显性需求的满足是迎合市场,潜在需求的满足是引导市场。营销人员首先要研究客户需求,发现其真实需求,再来制定相应的需求战略,以影响企业的生产过程。由于市场竞争的加剧,客户对于同质化产品表现出消费疲惫,而适度创新则是引导和满足广大客户需求的竞争利器。

(2)客户成本是客户购买和使用产品所发生的所有费用的总和。价格制定是单纯的产品导向,而客户成本除了产品价格之外,还包括购买和熟练使用产品所带来的时间成本、学习成本、机会成本、使用转换成本、购买额外配件或相关产品的成本付出的统和。对这些成本的综合考虑,更有利于依据目标客户群的特征进行相关的产品设计,从而满足客户的真实需求。

(3)客户沟通是以客户为导向而非企业导向或竞争导向。客户沟通强调客户在整个过程中的参与和互动,并在参与互动的过程中,实现信息的传递及情感的联络。

(4)客户便利的目标是通过缩短客户与产品的物理距离和心理距离,提升产品被选择的概率。

3. 4R 理论

4R 理论是由美国学者唐·舒尔茨在 2001 年提出的。4R 分别指代关联(relevancy)、反应(reaction)、关系(relationship)和回报(reward)。该营销理论认为,随着市场的发展,企业需要从更高层次上以更有效的方式在企业与顾客之间建立起有别于传统的新型的主动型关系。

(二)市场营销方法

(1)整合营销传播,指将一个企业的各种传播方式加以综合集成,其中包括一般的广告、与客户的直接沟通、促销、公关等,对分散的传播信息进行无缝接合,从而使得企业及其产品和服务的总体传播效果达到明确、连续、一致和提升的效果。

(2)数据库营销,指以特定的方式在网络上或是实体收集消费者的消费行为资讯、厂商的销售资讯,并将这些资讯以固定格式积累在数据库当中,在适当的行销时机,以此数据库进行统计分析的行销行为。

(3)网络营销,是企业整体营销战略的一个组成部分,是为实现企业总体经营目标所进行的以互联网营销为基本手段营造网上经营环境的各种活动。网络营销的职能包括网站推广、网络品牌、信息发布、在线调研、顾客关系、顾客服务、销售渠道、销售促进。

(4)直复营销,是在没有中间商的情况下,利用消费者直接通路来接触及传送货品和服务给客户。其最大特色为"是直接与消费者沟通或不经过分销商而进行的销售活动"。

(5)关系营销,在很多情况下,公司并不能寻求即时的交易,所以他们会与长期供应商建立顾客关系。公司想要展现给顾客的是卓越的服务能力。这些顾客多是大型且全球性的,他们偏好可以提供不同地区配套产品或服务的供应商,并且可以快速解决各地的问题。当顾客关系管理计划被执行时,组织就必须同时注重顾客和产品管理。同时,公司必须明白,虽然关系行销很重要,但并不是在任何情况下都有效的。因此,公司必须评估哪个部门与哪种特定的顾客采用关系行销最有利。

(6)绿色营销,是指企业为了迎合消费者绿色消费的消费习惯,将绿色环保主义作为企业生产产品的价值观导向,以绿色文化作为生产理念,力求满足消费者对绿色产品的需求所做的营销活动。

(7)社会营销,是基于人具有"经济人"和"社会人"的双重特性,运用类似商业上的营销手段达到社会公益的目的,或者运用社会公益价值推广其商品或商业服务的一种手段。

(8)病毒营销,是一种信息传递策略,通过公众将信息廉价复制,告诉其他受众,从而迅速扩大自己的影响。和传统营销相比,受众自愿接受的特点使得成本更少,收益更多、更加明显。

(9)危机营销,特指企业监控潜在的公关危机。控制及化解已爆发的危机,使良好的状态得以维持或恢复,最大限度地减少危机给企业造成的不良影响。

三、市场营销计划方案

市场营销计划方案是一种说服性材料,它通过使人信服的材料为提案者和接受方在营销策划的实施中提供通用的语言。

(一)市场营销计划的内容

市场营销计划包括"5W1H1E",具体表现为:
(1)What——执行什么计划方案。
(2)Who——谁执行计划方案。
(3)Why——为什么执行计划方案。
(4)Where——在何处执行计划方案。
(5)When——在何时执行计划方案。
(6)How——如何执行计划方案。
(7)Effect——要有看得见的结论和效果。

(二)市场营销计划的结构框架

市场营销计划结构框架如表8.1所示。

表8.1 市场营销计划的结构框架

构成		内容	作用
封面		方案名称、客户名称、策划人名称、提案时间、策划适用时间段等	计划的名片
摘要		营销计划的主要内容概述	方案精髓
目录		营销计划提纲	构成框架
前言		营销计划的背景、目的、方法、意义等的说明	背景与过程
正文	界定问题	明确计划的主题与目标	计划的任务
	环境分析	重要环境因素分析	计划的依据
	综合分析	SWOT分析,分析优势、劣势、机会与威胁	提出问题
	营销目标	市场目标、财务目标等	明确营销目标
	营销战略	STP战略(市场细分、目标市场、市场定位)	总体布局
	营销策略	产品策略、价格策略、渠道策略、促销策略等	具体对策
	执行方案	人员安排、道具设备、时间计划、地点选择	执行蓝本
	财务分析	费用预算、效益分析	可行性分析
	控制方案	执行控制、风险预测、应急方案	保障成功
	结束语	总结、突出、强化策划人意见	突出重点
	附录	数据资料、问卷样本及其他背景资料	提高可信度

(三)市场营销计划的撰写步骤

1. 构建框架

运用因果关系图(即树状图)列出相关概念和框架,以描述策划整体构想,展示核心问题和解决问题的思路。

2. 整理资料

对资料加以整理、分类,再按照营销策划书的框架顺序填入。

3. 版面设计

(1)确定版面的大小、每页标题的位置、页码的位置、目录的设计排列等。

(2)在标题前加统一的符号或图案作为策划内容的视觉识别,可适当使用自行设计的文字符号等。

别样选择 别样精彩

——一名长春大学生的创业故事

在第四届"中国创翼"创业创新大赛吉林省选拔赛上,管洪艺负责的《E身轻——帮助国人拥有健康体态》项目荣获创业组二等奖并获得两万元创业基金。

在管洪艺看来,好的项目加上广阔优质的平台就能实现双赢。"创业不能怕失败,有好的想法就要去挑战、去尝试!"管洪艺坚定地说。

对于很多毕业生来说,都有个共同的疑问:到底什么时候开始创业比较好?在管洪艺看来,"有想法就要有行动,当下就是最好的时机。"长春中医药大学针灸推拿专业毕业的管洪艺,正式创业是在2016年。当时,正读大三的他注册了自己的公司,创办了中医工作室,就是现在的益康健康管理有限公司。

出生在医学世家,伴随着中药和艾草的味道成长,让管洪艺被博大的中医文化深深吸引。能从事自己热爱的工作,对于管洪艺来说是最幸福的事儿。不过,幸福来之不易,回忆创业的艰辛,管洪艺记忆犹新。

公司初创,没有经验、没有市场,每一个爬升的阶段都很艰难。管洪艺身兼多职,既要去外地商谈业务,还要主持、参与多项康养项目计划。"选择很重要,但是认准了,就不要轻易放弃,前人和同行的经验都只能作为参考,没有人会和你走的路是一模一样的,有些心酸和困苦只能独自承担。"回忆起创业初期的艰辛,管洪艺感慨万千。

创业初期,公司需要融资,当时投资人听说他做的是中医推拿项目,认为他的推拿项目人员技术水平参差不齐,商业模式难以复制,对当时的项目几乎是全盘否定。面对投资人的否定,管洪艺十分沮丧,但后来他多次找到投资人并详细介绍了他们家族的中医传承和特长,为其进行了一次诊断和治疗,投资人深表震惊并被感动,竟然还有这样的中医创业类项目,果断签约合作。

"当你决定要创业的时间,需要去做的就是马上开干。一开始,可能谁都干不好,可能困难重重。但是没关系,创业过程就是要试错,去理清思路,去摸索一条只有自己走过的路。就是从无到有,从零到一的过程。'创',就是创造的意思,就是利用身边一切可以利用的资源,来办成自己想做的事。"管洪艺说。

一分耕耘一分收获。在管洪艺及其团队的共同努力下,他们研发的脊柱梳理器、脊柱曲线运动器、伸筋强体机器人获国家专利并获奖项。2019年5月17日,其团队代表中医药大学参加了在葡萄牙召开的2019年传统中医药国际发展论坛(欧非),让中国的整脊技术走向世界,如今公司以加盟和直营的形式共计开设了21家健康体验馆,目前已经在全省开设4家直营店,在北京、上海、大连等地开设了17家加盟店,为千余人提供了就业机会。在国家大力发展职业技能教育的背景下,他们成立了管氏中医药培训学校。建立了大连医科大学教育基地、长白山职业技术学院教育基地,走进23所大学,开展共建健康吉林主题公益讲座,让越来越多的毕业生了解健康,了解并走进创业。

管洪艺坦言,在创业过程中遇到过许多问题,对发展方向的迷茫、与学业的冲突、市场渠道的缺少……但在这一过程中也享受到了省市及所在学校对创业者的大力支持,大学期间创业启动资金有限,在大学校园内就有创业孵化基地,不仅提供免费的场地,同时还邀请创业导师为他们进行项目培训。多次参加省人社厅主办的大赛,这为创业者提供了一个和投资人的对接平台,和20多家投资机构面对面商议合作的事宜,为他们的项目未来发展提供了强有力的帮助。

在大学生创业者中,有很多都是因为学业原因而放弃了创业,但是管洪艺没有放弃。"凡事就怕认真二字,一个人只要踏踏实实地朝着自己的目标前进,他最后总能获得成功。"管洪艺笑着说。

寄语大学生创业者,管洪艺说:"每个人都有潜能,而创业的过程就是帮助你找到潜能的过程。聚焦一个项目,然后坚持一段时间是成功的必备条件。人的精力是有限的,也是最宝贵的。创业中的专注会让你对人生不再迷茫,收获别样的精彩!"

【资料来源:潇湘晨报,2020年,有删改】

推荐视频

纪录片《创新之路》第五集《一次飞跃》、第七集《市场为王》。

课堂活动

设计创业市场调查问卷。

第八模块　创业团队组建

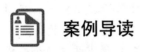案例导读

马化腾五兄弟:难得的创业团队

腾讯创造出奇迹靠的是团队。1998年的秋天,马化腾与他的同学张志东"合资"注册了深圳腾讯计算机系统有限公司。之后又吸纳了三位股东:曾李青、许晨晔、陈一丹。为避免彼此争夺权力,马化腾在创立腾讯之初就和四个伙伴约定清楚:各展所长、各管一摊。

在企业迅速壮大的过程中,要保持创始人团队的稳定合作尤其不易。在这个背后,工程师出身的马化腾一开始对于团队合作的理性设计功不可没。

从股份构成上看,五个人一共凑了50万元,其中马化腾出资23.75万元,占了47.5%的股份;张志东出了10万元,占20%;曾李青出了6.25万元,占12.5%的股份;其他两人各出5万元,各占10%的股份。

虽然主要资金由马化腾出,他却自愿把所占的股份降到一半以下。"要他们的总和比我多一点点,不要形成垄断、独裁的局面。"而同时,他自己又一定要出主要的资金,占大股。"如果没有一个主心骨,股份大家平分,到时候也肯定会出问题,同样完蛋。"

保持稳定的另一个关键因素,就在于搭档之间的"合理组合"。据《中国互联网史》作者林军说,"马化腾非常聪明,但非常固执,注重用户体验,愿意从用户的角度去看产品。张志东脑袋非常活跃,对技术很沉迷的一个人。马化腾技术上也非常好,但是他的长处是能够把很多事情简单化,而张志东更多是把一件事情完美化。"

许晨晔和马化腾、张志东同为深圳大学计算机的同学,他是一个非常随和、有主见,但不轻易表达的人,是有名的"好好先生"。而陈一丹是马化腾在深圳中学时的同学,后来也就读深圳大学,他十分严谨,同时又是一个非常张扬的人,他能在不同的状态下激起大家的激情。

如果说其他几位合作者都只是"搭档级人物"的话,那么曾李青就是腾讯五个创始人中最好玩、最开放、最具激情和感召力的一个人,与温和的马化腾、爱好技术的张志东相比,另一个类型。其大开大合的性格,也比马化腾更具攻击性,更像拿主意的人。不过或许正是这一点,也导致他最早脱离了团队,单独创业。

后来,马化腾在接受多家媒体的联合采访时承认,他最开始也考虑过和张志东、曾李青

三个人均分股份的方法，但是最后还是采取了五人创业团队，根据分工占据不同的股份结构的策略。即便是后来有人想加钱占更大股份，马化腾说不行，"根据我对你能力的判断，你不适合拿更多的股份"。因为在马化腾看来，未来的潜力要和应有的股份匹配，不匹配就要出问题。如果拿大股的不干事，干事的股份又少，矛盾就会发生。

当然经过几次稀释，最后他们上市所持有的股份比例只有当初的1/3，但即便是这样，他们每个人的身价都还是达到了数十亿元人民币，是一个皆大欢喜的结局。

可以说，在中国的民营企业中，能够像马化腾这样，既包容又拉拢，选择性格不同、各有特长的人组成一个创业团队，并在成功开拓局面后还能依旧保持着长期默契的合作，是很少见的。而马化腾成功之处，就在于其从一开始就很好地设计了创业团队的责、权、利。能力越大，责任越大，权力越大，收益也就越大。

【资料来源：和讯科技，2018年，有删改】

知识一　创业者概述

一、创业者的概念

创业者的概念经历了一个演变的过程。1755年，法国经济学家坎蒂隆首次将创业者的概念引入经济学领域。1880年，法国经济学家萨伊首次给创业者做出定义，他将创业者描述为将经济资源从生产率较低的区域转移到生产率较高区域的人，并认为创业者是经济活动过程中的代理人。美籍奥地利经济学家熊彼特认为创业者应该是创新者，具有发现和引入新的、更好的、能赚钱的产品、服务和过程的能力。

狭义的创业者是指参与创业活动的核心人员；广义的创业者是指参与创业活动的全部人员。一般情况下，在创业过程中，狭义的创业者会比广义的创业者承担更多的风险，也会获得更多的收益。

二、创业者应具备的基本素质

创业者具备优秀的素质，就为开创自己的事业打下了良好的基础。创业者应具备以下基本素质。

1. 诚信为本

诚信就是诚实无欺，信守诺言，言行相符，表里如一。诚信不仅是为人处世的基本准则，更是经商之魂。在创业过程中，诚信是第一品质，是创业者的"金质名片"，也是参与各种商业活动的最佳竞争利器。

2. 直觉敏锐

灵活敏锐的商业意识是企业兴旺之源，创业者需要具备敏锐的直觉。在资源条件和市场条件相同或相近的情况下，为什么有些创业者能取得较大的成就，有些创业者以较大投入获得的却是较小的收益，甚至是铩羽而归呢？造成这种差别的一个重要因素就是创业者是否具备对商机和市场的敏锐直觉。

3. 把握机遇

机遇往往是留给那些有准备的人的,当机遇来临时,能够把握机遇的人往往能拔得头筹。对创业者来说,机遇稍纵即逝,因此需要创业者把握住机会,成就一番事业。

4. 追求创新

创业者应该具备不断追求创新的素质,要有不满足于维持现状的意识,要有不断推陈出新的精神。创新是推动经济和社会发展的主导力量,是一个民族兴旺发达、长盛不衰的动力源泉。创新是立业之本,创业是更高水平的创新。

5. 敢于竞争

创业者需要具备敢于竞争的素质,在市场的浪潮中拼搏前进。经济领域的竞争是市场主体为了追求自身利益而力图胜过其他市场主体的行为和过程。竞争促进经济发展和社会进步,但要遵循自愿、平等、公平和诚实守信原则,要遵守公认的商业道德,不能滥用竞争权利。

知识二 创业团队的概念和类型

一、创业团队的概念

团队就是合理利用每一个成员的知识和技能协同工作,以解决问题、达到共同目标的共同体。而创业团队就是由少数技能互补的创业者组成,为了实现共同的创业目标,为达成高品质的结果而努力的共同体。

一般来说,创业团队需要具备目标、人、定位、权限和计划五个要素。

(1)目标。

创业团队应该有一个既定的共同目标,为团队成员导航,知道要向何处去。没有目标,这个团队就没有存在的价值。目标在创业企业的管理中以创业企业的远景、战略等形式体现。

(2)人。

人是构成创业团队最核心的力量。三个及三个以上的人就形成一个群体,当群体有共同奋斗的目标时就形成了团队。在一个创业团队中,人力资源是所有创业资源中最活跃、最重要的资源。应充分调动创业者的各种资源和能力,将人力资源进一步转化为人力资本。目标是通过人员来实现的,所以人员的选择是创业团队中非常重要的一个部分。在一个团队中,需要有人出主意,有人定计划,有人实施,有人协调不同的人一起去工作,还有人去监督创业团队工作的进展,评价创业团队最终的贡献,不同的人通过分工来共同完成创业团队的目标。

(3)定位。

创业团队的定位包含两层意思:第一,创业团队在企业中处于什么位置,由谁选择和决定团队的成员,创业团队最终应对谁负责,创业团队采取什么方式激励下属。第二,成员在创业团队中扮演什么角色,是制订计划还是具体实施或评估。是大家共同出资,委派某个人管理;还是大家共同出资,共同参与管理;或是共同出资,聘请第三方(职业经理人)管理。这体现在创业企业的组织形式上,是合伙企业或公司制企业。

(4)权限。

创业团队中领导人的权力大小与其团队的发展阶段和创业企业所在行业相关。一般来说,创业团队越成熟,领导者所拥有的权力相应越小;在创业团队发展的初期,领导权相对比较集中。

(5)计划。

创业团队的计划包含两层意思:第一,由于目标的最终实现需要一系列具体的行动方案,因此,可以把计划理解成达到目标的具体工作程序。第二,只有在有计划的操作下,创业团队才会一步一步地走近目标,从而最终实现目标。

二、创业团队的类型

(一)星状创业团队

这种团队在形成之前,一般是核心人物有了创业的想法,然后根据自己的设想进行创业团队的组织。因此,在团队形成之前,核心人物已经就团队组成进行过仔细思考,根据自己的想法选择相应人员加入团队,这些加入创业团队的成员可能是核心人物以前熟悉的人,也可能是不熟悉的人,但这些团队成员在企业中更多时候是支持者的角色。

星状创业团队具有以下特点。

(1)组织结构紧密,向心力强,核心人物在组织中的行为对其他个体影响巨大。

(2)决策程序相对简单,组织效率较高。

(3)容易形成权力过分集中的局面,从而使决策失误的风险加大。

(4)当团队其他成员和核心人物发生冲突时,因为核心人物的特殊权威,团队其他成员往往处于被动地位,在冲突较严重时,团队其他成员一般都会选择离开团队,因而对组织的影响较大。

(二)网状创业团队

这种创业团队的成员一般在创业之前都有密切的关系,如同学、亲友、同事等。他们在交往过程中共同认可某一创业想法,并就创业达成了共识以后,开始共同进行创业。在创业团队组成时,没有明确的核心人物,大家根据各自的特点进行自发的组织角色定位。因此,在企业初创时期,各个成员扮演的基本上是协作者或者伙伴角色。

网状创业团队具有以下特点。

(1)团队没有明显的核心,整体结构较为松散。

(2)一般采取集体决策的方式,通过大量的沟通和讨论达成一致意见,因此组织的决策效率相对较低。

(3)团队成员在团队中的地位相似,因此容易在组织中形成多头领导的局面。

(4)当团队成员之间发生冲突时,一般都采取平等协商、积极解决的方式消除冲突,团队成员不会轻易离开。但是一旦团队成员间的冲突升级,使某些团队成员撤出团队,就容易导致整个团队的涣散。

(三)虚拟星状创业团队

这种创业团队是由网状创业团队演化而来,基本上是前两种的中间形态。在团队中,有一个核心人物,但是该核心人物地位的确立是团队成员协商的结果,因此核心人物从某种意义上说是整个团队的代言人,而不是主导型人物,其在团队中的行为必须充分考虑其他团队成员的意见,不如星状创业团队中的核心人物那样有权威。

知识三 创业团队的组建和管理

一、创业团队的组建

由于组建创业团队的基石在于创业远景与共同信念,因此创业者需要提出一套能够凝聚人心的远景与经营理念,从而形成共同的目标与企业文化。一般来说,组建创业团队应注意以下几点。

(一)彼此了解

创业团队的所有成员都应该相互熟悉,知根知底。在创业团队中,团队成员都应非常清醒地认识到自身的优、劣势,同时对其他成员的长处和短处也一清二楚,这样可以很好地避免团队成员之间因为相互不熟悉而导致各种矛盾、纠纷,从而强化团队的向心力和凝聚力。

(二)相互信任

信任是解决分歧、达成一致的唯一途径。大学生创业团队不仅要志同道合,更需彼此信任。最初创业时,要把最基本的责、权、利说得明白透彻,尤其股权、利益分配,包括增资、扩股、融资、撤资、人事安排及解散等。这样在企业发展壮大后,才不会出现因利益、股权等的分配产生矛盾,导致创业团队的解体。

(三)理念一致,目标相同

首先,所有团队成员都必须认同大家共同确定的创业目标、分配制度、管理制度、企业发展战略、经营理念、企业文化等,都必须保持对企业长期经营的信心。

其次,所有团队成员都必须认识到团队是一体的。大家必须能够同甘共苦,必须将团队利益置于个人利益之上。团队中没有个人英雄主义,每位成员的价值都表现为其对团队的贡献。大家愿意牺牲短期利益来换取长期的成功果实,而不计较短期的薪资、福利、津贴等。

再次,所有团队成员都必须对工作抱有满腔激情,必须要有每天长时间工作的准备。任何人不管其专业水平多么高,如果没有激情,将无法适应艰苦的创业生活。

最后,所有团队成员均应了解企业在成功之前可能会面临的挑战,并承诺不会因为一时困难而退出。如确有特殊原因需提前退出团队,必须将股权优先转让给团队成员。当企业面临困难时,大家必须齐心协力、共同面对、共同解决。

(四)取长补短,相得益彰

从人力资源管理的角度来看,建立优势互补的创业团队是保持创业团队稳定的关键。研究表明,大多数创业团队组建时,并未考虑到成员专业能力的多样性。例如,团队成员有相同的技术能力或兴趣,而管理、营销、财务等能力则较为缺乏。

因此,要使创业团队发挥最大的能量,在创建团队时不仅仅要考虑成员之间的关系,更重要的是考虑成员特点之间的互补性,如彼此之间性格、经验、专长、技术等的互补,以此来达到团队的平衡。

一般来说,一个优秀的创业团队必须包括以下几种人。

(1)一个很好的"领袖"。此人必须能够高瞻远瞩,能够为企业制定明确的战略、战术;必须有很好的人品,处事公正,能够服众,能够团结整个团队;还必须具有很好的协调能力,能够及时化解团队成员的矛盾。

(2)一个很好的"管家"。此人主要负责企业的日常运营及各项规章制度的制定。由于企业日常事务非常琐碎,因此,此人必须心思缜密、工作细致。

(3)一个很好的"财务总管"。资金是企业的生命线,因此,创业团队中最好有一个好的"财务总管",能合理地安排企业收支,帮助企业融资。

(4)一个很好的"营销总监"。我们经常说,产品是基础,营销是龙头。如果营销不行,产品就不能变成钱,企业只有关门大吉。

此外,如果创业企业是一个技术类企业,可能还需要一个很好的技术专家,不断地将技术或产品推陈出新,使企业始终站在行业的前沿。

二、创业团队的管理

创业团队管理的重点是在维持团队稳定的前提下发挥团队的多样性优势。有效的团队管理能使各个本来分散的个体和具有不同能力、不同个性的人组成一个有共同目标、相互协调的整体。团队管理就是要使团队具有不断改善、不断革新的精神,使每个人的才能不停留在原有水平上,而是不断发展和增强,达到"1+1>2"的效果。进行创业团队的管理,主要从以下几方面进行。

(一)打造团队精神

团队精神是团队各个成员的精神支柱,和谐向上的团队精神能充分调动团队成员的团队意识,使其相互理解和支持,为实现团队的目标服务。

1. 重视团队精神

一个没有团队精神的团队或企业,一切美好的想法和愿望都将成为"零";没有团队意识的员工,无论学历有多高、技术有多精,对企业来讲都是"零"。只有具备团队精神的团队,才会形成一种无形的向心力、凝聚力和创造力。

2. 形成团队精神

(1) 培养团队成员的敬业精神。

敬业是积极向上的人生态度,而兢兢业业做好本职工作是敬业精神中最基本的一条。要做到敬业,就要求创业者具有"三心",即耐心、恒心和决心。任何事情都不是一蹴而就的,不可只凭一时的热情、三分钟的热度来做事,也不能在情绪低落时就马马虎虎、应付了事。特别是在创业初期,要勇敢地面对并解决困难,而不是一遇到困难就退缩。

(2) 建设学习型团队。

每个成员的学习、每次团队的讨论,都是团队成员思想不断交流、智慧火花不断碰撞的过程。如果团队中每个成员都能把自己掌握的新知识、新技术、新思想与其他团队成员分享,集体的智慧势必大增。团队的学习力大于个人的学习力,团队智商大大高于每个成员的智商,从而达到整体大于部分之和的效果。

(3) 建设竞争型团队。

竞争型团队必须具有竞争意识,敢于正视自己,敢于面对强手。竞争型团队要提高自身水平和技能,有效完成团队任务。在建立内部竞争机制时,要注意成员之间的关系是建立在理性基础上的竞争,而不是斗争。协作是团队的核心,要用争论来激活团队的气氛,激发成员的竞争意识;要以发展来吸引人,以事业来凝聚人,以工作来培养人,以业绩来考核人,用有情的鼓励和无情的鞭策让团队的每个成员都能以积极的心态工作,实现自我和超越自我,最大限度地发挥团队威力。

3. 塑造团队文化

高效的团队注重文化的塑造,尤其是共同价值观的培养。团队文化是由团队价值观、团队使命、团队愿景和团队氛围等因素综合在一起形成的。塑造团队文化的关键就是在团队形成与发展的过程中确立团队价值观、团队使命和团队愿景,并以此为基础逐渐形成相应的团队氛围。

(二) 设置创业团队的组织结构

设置创业团队的组织结构时,必须以团队的战略任务和经营目标为依据,具体要注意以下几点。

1. 权责分明

团队的任何一项工作都离不开团队成员的相互配合,只有协作配合好,才能顺利完成管理工作。对于初创的创业团队,人员分工一般都比较粗放,很多事情不分彼此,一起决策、共同实施。但一定要注意落实责任、权责分明,避免出错或者失误后互相推诿,造成团队成员之间的矛盾。

2. 分工适当

分工并不是越细越好,分工过细会导致工作环节的增加,往往导致工作流程烦琐,削弱分工带来的好处。解决扯皮的事情关键是整个团队或成员要在团队精神的指导下相互协调,以完成总体目标。

3. 适时联动

适时联动是为了完成特定任务,成立打破部门分工、跨越部门职能的专门工作小组。小组成员具有双重身份,既要向本部门主管汇报工作,又要对跨部门小组组长负责。

这种模式适用于已经具有一定规模的创业企业。创业团队初期由于没有专门的跨部门功能小组,各成员各司其职,在企业规模不是很大的情况下,运行状况还比较好。但是随着企业规模的不断扩大,尤其新产品更新速度不断加快,这种模式就显得缺乏全盘统筹和协调,容易造成企业运转困难。因此,一个专门负责新项目或一些重大项目的组织协调工作的机构就显得尤为重要。

(三)优化创业团队的运作机制

1. 做好决策权限分配

创业团队内部要妥善处理各种权力和利益关系,确定谁适合从事何种关键任务、谁对关键任务承担什么责任。在治理层面,主要解决剩余索取权和剩余控制权的问题。同时,还必须建立进入机制和退出机制,约定以后团队成员退出的条件和约束,以及股权的转让、增股等问题。而在管理层面,最基本的原则有三条:一是平等原则,制度面前人人平等;二是服从原则,下级服从上级,行动要听指挥;三是秩序原则,不能随意越级指导,也不能随意越级请示。大学生创业团队内部的管理界限没有那么明显,但一定得把决策权限厘清,做到有权有责。

2. 制定员工激励办法

创新团队需要妥善处理创业团队内部的利益关系。大学生创业的资金筹措本来就是难题,分配就更应合理谨慎。团队的管理者要认真研究和设计整个团队的报酬体系,使之具有吸引力,并且使报酬水平不受贡献水平的变化和人员增加的限制,即能够保证按贡献付酬和不因人员增加而降低报酬水平。

3. 建立业绩评估体系

业绩考核必须与个人的能力、团队的发展、扮演的角色和取得的成绩结合起来。传统的绩效评估体系和绩效管理只关注个人绩效如何,而不去考虑个人绩效与团队绩效的结合。造成这种状况的原因多种多样,包括评估不及时、各方意见不能真实反映实际情况、评估含糊不清、易掺入情感因素、忽略了被评估人的绩效给他人带来的影响等。成功的绩效管理不再限定于只注重个人的绩效,而是更加注重整体表现。这样的评估体系能让员工个人了解团队合作的重要性,个人需要不断进行自我调整,以适应不断变化的环境和业务发展。

纪录片《创新之路》第九集《一个人的力量》。

▶ 推荐阅读

洛阳"95后"团队的创业故事。

▶ 课堂活动

在班级同学中组建你的创业团队。

第九模块　商业模式设计

案例导读

4年他只做一款女式睡衣产品 狂赚7 000万

市场上出现过一个品牌叫梦露,它只做一个女式睡衣产品,销售价格为188元一件,只有两种款式,吊带的和齐肩的,也只有两种颜色,橙色和紫色。他们用了一个不一样的销售方式——免费送。如果你穿了感觉很好,就请你帮我们做口碑宣传。

如果这件睡衣送给你,你会要吗? 当然会。

但是商家提了另外一个要求,送给你是可以的,快递费你出可以吗? 快递费是23元一件,但是支持货到付款,支持退货。消费者等于零风险,也就意味着花23元快递费可以拿到一件价值188元的女士睡衣。那么,你们愿意吗? 也许第一次看到不会动心,但是如果同一时段竟然有157家网站都在为该商家打广告,你会不会点开看一看呢? 那么,至少有80%的人会订上一件吧。

那么免费送,到底送多少呢? 第一阶段就送1 000万件。我们计算一下,188元一件,1 000万件是18.8亿人民币。

这家公司既不是中国500强,也不是世界500强,那么用18.8亿砸一个市场到底是为了什么呢? 人们怀着这样的好奇心,都订了一件。于是,人们留下名字、电话、手机、地址。13天后,快递真的送到家了,打开一看,这个睡衣质量真不错,市场上可能超过188元或者288元,那你愿意付这23元快递费吗?

很多人看不明白这家公司为什么这么做? 是做慈善,还是赔钱赚吆喝?

下面我们来算一笔账,1 000万件睡衣免费送,首先我们需要解决货源问题。做生意的人都知道,中国义乌小商品批发市场世界闻名,那里有很多小型的服装加工厂,所以制作起来,成本可以很低。

而且我需要1 000万件,那么服装厂给别人加工需要10元,给我加工则仅用8元。注意,加工的是夏天的女式睡衣,第一,款式简单;第二,布料少。

为什么8元成本的睡衣在商场里面可以卖到188元? 例如,我们买一双鞋子,成本50元,可是商场卖300~500元,那么中间的钱去哪儿了? 商场收了27%~33%,营业员分了

12%。梦露睡衣成本只有8元,但是到消费者手中没有经过商场环节,节省了商场和营业员的分成。

这样消费者真正得到了实惠,消费者开心不开心?

消费者觉得赚了,肯定开心!

接下来就是快递的问题了。我们平时快递一样最小的东西,至少需要10元,但是,如果一年有1 000万件快递,那么最后5元就能敲定,因为这款睡衣很轻,又很小,一个小袋子就可以装下。

然后就剩广告了。本来网上做这种免费送东西的广告是不需要花钱的,因为网站要的是浏览量。但是,为了让睡衣送得更疯狂,如果给网站每件3元的提成,网站是不是会把广告打得更疯狂?于是,所有的网站都帮梦露打广告。

23元减去8元减去3元减去5元,还剩下多少?7元,也就是说,他们只要送一件睡衣就赚了7元。最后,他们送睡衣一年就赚了7 000万。

这家公司做了什么?快递谁递的?快递员。广告谁做的?网站。钱谁赚了?他们赚了。

【资料来源:青年创业网,2018年,有删改】

知识一 商业模式基础知识

一、商业模式的概念

1957年,Bellman等人率先提出了"商业模式"的概念。这一概念于20世纪90年代开始在学术界被学者们广泛关注,属于新兴的经济管理理念。20世纪90年代,互联网获得了大规模的商业化发展,出现了越来越多的互联网企业,这些企业的快速发展使得企业间的竞争格局也发生了巨大转变。由此,"商业模式"这一概念开始风靡企业管理界,商业模式的差异化使不同企业的成长速度存在差异,越来越多的学者加入对商业模式的深入研究中。迄今为止,这个概念已经经过了60多年的发展,但是学术界对"商业模式"仍然没有一个统一的定义。在本书中,我们采取的是目前比较普遍的说法:商业模式是一种能够让企业创造的价值实现最大化的商业逻辑,其中包含一系列要素及要素之间的关系。

简单来说,商业模式就是将价值链中供应商、销售商、消费者等其他利益相关者联系起来的一种企业运营模式,是企业内部流程管理的创新。商业模式不是一成不变的,它随着企业战略的变动而动态发展。完整有效的商业模式在帮助企业获得发展所需资本的同时,也可以为企业创造价值,并且获得市场和大众的认可。

二、商业模式的要素

建立一种完整的商业模式,至少需要具备以下六大要素:战略定位、业务系统、关键资源能力、盈利模式、现金流结构和企业价值。

(一)战略定位

明确的战略定位是企业得以长久发展的前提,决定了企业提供的产品种类和服务类型,战略定位正确才能实现企业的真正价值。战略定位将战略和执行两个层面直接联系起来。定位确立的过程中要始终铭记企业构建这种商业模式的根本目的,要预测这样的定位是否有助于企业的长期发展,是否有利于利润的增长,是否可以创造独特的企业价值。相同的定位可以适用多种不同的商业模式,同样一种商业模式也可以适应多种不同的定位。定位作为企业商业模式的支点,在确立的时候一定要谨慎并且符合企业的战略。

(二)业务系统

业务系统,是企业明确战略定位所必需的业务环节,各参与方所扮演的角色和各个利益相关者之间的合作和交易的方式和内容。作为商业模式的核心,高效的业务系统是企业形成竞争优势的必要条件,甚至其本身就可以作为企业的竞争优势。围绕战略定位而建立的业务系统能够帮助企业形成一个价值网,各利益相关者在这个价值网中通过扮演不同的角色来获得商业模式带来的价值。

(三)关键资源能力

关键资源能力,是企业业务系统运转过程中所需的重要资源能力,主要包含有形资产、无形资产、科学技术和创新能力。关键资源能力的整合和利用是商业模式构建的重点之一。每种资源能力的重要性是不一致的,企业也不是每种都需要。只有符合战略定位和业务系统需要,且可以带来现金流的资源能力才是企业需要的。

(四)盈利模式

盈利模式是在既定的业务系统中,企业获取收入、支付成本费用后获利的方式。企业的盈利模式是否有效,主要看两个方面:第一,企业是否从中获利;第二,企业是否因此建立一条稳定且共赢的价值链。例如,现代互联网企业的盈利模式主要是通过向顾客提供免费的产品和服务从而为其他利益相关者提供商业价值并从中获利。

(五)现金流结构

企业的现金流主要来源于企业的经营活动、投资活动和筹资活动。现金流结构是指企业经营产生的净现金流状况。企业的战略定位、业务系统、关键资源能力和盈利模式影响企业的现金流结构。不同的现金流结构决定了企业的投资价值和价值提升的速度,最终决定企业在资本市场的地位。

(六)企业价值

企业价值,是企业未来预期可以产生的现金流的贴现值,直接影响着投资者的投资决策。创造企业价值是商业模式的最终目的,企业价值的高低是判定商业模式有效与否的标准。决定企业价值的因素包含企业的成长空间、成长能力、成长效率和成长速度等。

三、商业模式的类型

美国著名的商业模式研究学者 Osterwalder 和 Pigneur 概括出五种商业模式新式样：非绑定式商业模式、长尾商业模式、多边平台商业模式、免费式商业模式和开放式商业模式。

（一）非绑定式商业模式

企业有三种不同的业务类型：客户关系型业务、产品创新型和基础设施型业务。每种不同的类型都包含三种不同的驱动因素：经济驱动因素、竞争驱动因素、文化驱动因素。所以企业应关注以下三种价值信条：产品领先、亲近客户、卓越运营。为避免冲突或不利的权衡妥协，三种业务类型"分离"成为独立的实体但又可同存于一家公司，如私人银行业、移动通信业等的商业模式。

（二）长尾商业模式

长尾商业模式，是指市场定位于"多样少量"的模式，并把这种量少样多的产品称为"利基产品"，长尾模式能够存在的前提是低库存成本、强大的平台和买家容易寻找和获得。典型的行业如图书出版业。

（三）多边平台式商业模式

多边平台式商业模式，是指将两个或更多有明显区别但又相互依赖的客户群体汇集在一起，通过促进各方客户群体互动来创造价值。如何激发网络效应，增加入驻平台的用户数量是多边平台模型运行的关键。其典型企业如亚马孙、阿里巴巴。

（四）免费式商业模式

免费式商业模式，是指至少向一个庞大的客户细分群体提供持续的免费服务，并据此吸引付费用户且通过付费用户补贴免费用户的一种商业模式。

作为一种营销手段，免费的本质就是交叉补贴，免费式商业模式的特点是至少有一个客户细分群体持续从免费的产品或服务中受益。Osterwalder 和 Pigneur 将免费模式划分为三种：基于多边平台（基于广告）的免费产品或服务、带有可选收费服务的免费基本服务（免费增收模式）、诱钓模式（通过廉价或免费的初始产品或服务来促进和吸引相关产品或服务的未来购买）。与上述分类相似，克里斯·安德森也有类似划分，他将免费商业模式划分为四种：直接交叉补贴、三方市场、免费加收费模式、非货币市场。

究其实质，直接交叉补贴模式与诱钓模式、三方市场与基于多边平台的免费产品或服务、免费增收模式与免费加收费模式是基本一致的，尤其是免费增收模式和免费加收费模式本质完全一致，而非货币市场模式则以免费赠送的礼品经济为代表。

（五）开放式商业模式

开放式商业模式，是指通过与外部伙伴系统性合作来创造和捕捉价值。可以分为"由外到内"和"由内及外"两种式样，前者是指将外部的创意引入到公司内部，如宝洁公司将内部研发外部化，通过互联网平台，将自己研发中的难题暴露给全球的科学家，成功开发解决方案可获得保洁公司的现金奖励;后者是指将企业内部闲置的创意和资产提供给外部伙伴。如葛兰素史克建立对外开放的专利池,把公司弃用的开发疑难杂症的相关知识产权放在专利池,供外部的研究者使用,以促进对疑难杂症的研究,产生更多的价值。

知识二　商业模式构建

一、商业模式构建的原则

一个成功的商业模式不一定是技术上的突破,可能只是对某一个环节的改造,或是对原有模式的重组创新,甚至是对整个"游戏规则"的颠覆。商业模式的设计应遵循以下原则。

(一)客户价值最大化原则

一个商业模式能否持续盈利,与该模式能否使客户价值最大化有必然联系。一个不能实现客户价值的商业模式,即使盈利也一定是暂时的、偶然的,是不具有持续性的。反之,一个能使客户价值最大化的商业模式,即使暂时不盈利,但终究也会走向盈利。所以企业把对客户价值的实现再实现、满足再满足当作企业始终追求的目标。

(二)持续盈利原则

企业能否持续盈利是判断其商业模式是否成功的唯一的外在标准。因此,在构建商业模式时,盈利和如何盈利也就自然成为需要考虑的重要问题。当然,这里指的是持续盈利。持续盈利是指既要盈利,又要有发展后劲,具有可持续性,而不是一时的偶然盈利。

(三)创新原则

曾任时代华纳首席执行官的迈克尔·邓恩说:"在经营企业的过程中,商业模式比高技术更重要,因为前者是企业能够立足的先决条件。"商业模式的创新形式贯穿于企业经营的整个过程之中,贯穿于企业资源开发研发模式、制造方式、营销体系、市场流通等各个环节,也就是说,在企业经营的每一个环节上的创新都可能变成一种成功的商业模式。

(四)风险控制原则

构建再好的商业模式,如果抵御风险的能力很差,就会像在沙丘上建立的大厦一样,经不起任何风浪。这个风险既指系统外的风险,如政策、法律和行业风险;又指系统内的风险,如产品的变化、人员的变更等。

(五)资源整合原则

资源整合就是要优化资源配置,就是要有进有退、有取有舍,就是要获得整体的最优。在战略思维的层面上,资源整合是系统论的思维方式,是通过组织协调把企业内部彼此相关但却彼此分离的职能,以及把企业外部既参与共同的使命又拥有独立经济利益的合作伙伴整合成一个为客户服务的统一体，取得"1+1>2"的效果。

在战术选择的层面上，资源整合是优化配置的决策，是根据企业的发展战略和市场需求对有关的资源进行重新配置，以凸显企业的核心竞争力，并寻求资源配置与客户需求的最佳结合点，目的是通过组织制度安排和管理运作协调来增强企业的竞争优势，提高客户服务水平。

（六）融资有效性原则

融资模式的打造对企业有着特殊的意义，尤其是对中国广大的中小企业来说更是如此。资金已经成为所有企业发展中绕不开的障碍和很难突破的瓶颈。谁能解决资金问题，谁就赢得了企业发展的先机，也就掌握了市场的主动权。

从一些已成功的企业发展过程来看，无论其对外阐述的成功的理由是什么，但都不能回避和掩盖资金对其成功所产生的重要作用，许多失败的企业就是由于没有建立有效的融资模式而失败了。所以说，构建商业模式很重要的一环就是要考虑融资模式。甚至可以说，能够融资并能用对地方的商业模式就已经是成功一半的商业模式。

（七）组织管理高效率原则

高效率是每个企业管理者都梦寐以求的境界，也是企业管理模式追求的最高目标。用经济学的眼光衡量和决定一个国家富裕或贫穷的砝码是效率；决定企业是否有盈利能力的也是效率。

按现代管理学理论来看，一个企业要想高效率地运行，首先要解决的是企业的愿景、使命和核心价值观，这是企业生存、成长的动力；其次，要有一套科学实用的运营和管理系统解决协同、计划、组织和约束问题；最后，还要有科学的奖励和激励方案，解决如何让员工分享企业成长果实的问题，也就是向心力的问题。只有把这三个主要问题解决好了，企业的管理才能实现高效率。

（八）合理避税原则

合理避税是指在现行的制度、法律框架内，合理地利用有关政策，设计一套利于利用政策的体系。合理避税做得好也能大大增加企业的盈利能力。

二、商业模式构建的基本方法

每个创业者都想为自己的企业构建一个独特的、全新的商业模式来覆盖产业内现有的企业。虽然商业模式创新是一件非常困难的事情，但很多企业在模仿先进商业模式或改进现有商业模式的基础上取得了巨大成功。即便已经构建了一个独特的商业模式，也会面临其他企业快速模仿或利用相似的商业模式开展竞争的不利情况。因此，构建商业模式的方法极为重要。

（一）全盘复制法

全盘复制法比较简单，即对经营状况良好的企业的商业模式进行简单复制，根据自身企业状况稍加修正。全盘复制法主要适合同行业的企业，特别是细分市场、目标客户、主要产品相近的企业,甚至可以直接对竞争对手的商业模式进行复制。

全盘复制优秀企业的商业模式需要注意以下几点:第一,复制不是生搬硬套,需根据企业自身的区域、细分市场和产品特性进行调整;第二,要注重对商业模式细节的观察和分析,不仅在形式上进行复制,更要注重在流程和细节上进行学习;第三,为避免和被复制对象形成正面竞争,可在不同时间和区域对商业模式进行复制。

(二)借鉴提升法

通过学习和研究优秀的商业模式,对商业模式中的核心内容和创新概念予以适当提炼和节选,并对这些创新点进行学习。如果这些创新点比企业现阶段商业模式中的相关内容更符合企业的发展需求,企业就应结合实际需要,引入这些创新概念并发挥其价值。

通过引用创新点来学习优秀商业模式的方法适用范围最为广泛,对不同行业、不同竞争定位的企业都适用。

(三)逆向思维法

通过对行业领导者商业模式或行业内主流商业模式的研究学习,模仿者有意识地进行反向学习,即市场领导者商业模式或行业内主流商业模式如何做,模仿者则反向设计商业模式,直接切割对市场领导者商业模式或行业内主流商业模式不满意的市场份额,并为它们打造相匹配的商业模式。

采用逆向思维法时应注意以下三点:第一,找到市场领导者商业模式或行业内主流商业模式的核心点,并据此制定逆向商业模式;第二,企业在选择逆向思维法制定商业模式时,不能简单追求反向,需确保能够为消费者提供更高的价值,并能够塑造新的商业模式;第三,防范行业领导者的报复行动,评估行业领导者可能的反制措施,并提前制定相应的对策。

(四)关键因素法

关键因素法是以关键因素为依据来确定商业模式的构建方法。商业模式中有多个影响设计目标实现的因素,其中若干因素是关键的和主要的。关键因素法通过对关键因素的识别,找出实现目标所需的关键因素集合,确定商业模式设计的优先次序。

采用关键因素法构建商业模式主要有以下五个步骤。

步骤一:确定商业模式构建的目标。

步骤二:识别所有关键因素,分析影响商业模式的各种因素及其子因素。

步骤三:确定商业模式设计中不同阶段的关键因素。

步骤四:明确各关键因素的性能指标和评估标准。

步骤五:制订商业模式的实施计划。

(五)价值创新法

对一些从未出现过的商业模式,往往需要进行创新设计,即通过价值要素的构建、组合等构建出新的商业模式。这一点在互联网企业表现得尤为明显。例如,盛大网络最先创建网络游戏全面免费,游戏道具收费的模式,开创了网游行业新的商业模式——CSP(Come Stay Pay)。至今各大网游公司依旧沿用这一商业模式在运营。爱彼迎和优步创建的通过共享资源而获取收益的模式,也成为现今最流行的一种商业模式。

三、商业模式构建的工具

商业模式并不仅仅是各种商业要素的简单组合。商业模式的构成要素之间必然存在着内在联系。一个好的商业模式可以把这些要素有机地联系在一起,从而阐明某个企业或某项活动的内在商业逻辑。只有其内部构成要素协调一致,才能阐明创造价值、传递价值和实现价值的商业逻辑。

Osterwalder 提出的商业模式构建框架可以帮助我们理清商业模式。该框架包含九个关键要素:客户细分、价值主张、渠道通路、客户关系、收入来源、核心资源、关键业务、重要合作和成本结构。参照这九大要素就可以描绘分析乃至设计和重构企业商业模式。由于该框架是商业模式创新时召开会议或头脑风暴常用的工具,常由一面大黑板或一面墙来呈现,因而又被称为商业模式画布,如图9.1所示。

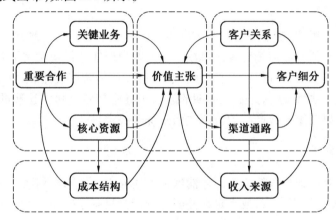

图9.1　商业模式画布

(一)客户细分

客户是谁?这是一切商业活动的本源。企业在为谁创造价值?这些人有什么样的特点?他们之间存在什么样的差异?了解这些之后企业就可以集中更多的资源,提供更精确的服务,创造出更大的效益。客户到底是大众客户,还是特定性的客户?商业模式应该服务于传统的二八原则中的核心客户,还是要关注利基市场中的长尾用户?这是企业最开始就需要考虑清楚的。

(二)价值主张

在确定了客户之后,企业要思考服务和产品对于客户来说有什么价值。对于细分之后的客户,满足了他们怎样的需求?帮助他们解决了什么问题?传递给客户的价值观是怎样的?价值主张——价值为形,主张为神,需要客户感受到服务或产品的意义。同时还要将服务或产品的意识和文化传播给他们。在这个阶段,企业要针对第一阶段中细分的客户来分别考虑,并且落实到一些具体的属性上,能为他们提供比之前更好的解决方案,还是更加个性化的服务,或者是颠覆性的体验,只有落实这些之后,商业模式才有了其根本的意义。

(三)渠道通路

有了客户喜欢的服务和产品，那么现在来讨论传递的问题。用什么样的媒介，遵循什么样的流程来接触客户，传递价值、传播主张？是建立网站提供服务，还是代理分销最终放在客户可以看到的货架上？这些都是建立传播渠道要考虑的问题。

(四)客户关系

现在有了产品并且建立了桥梁媒介，对于大多数商家来说，后面的问题在于如何稳住已有的客户并且持续地增加新客户。客户的黏性和忠诚度需要良好的客户关系来保证，良好的客户关系意味着能够追加销售和新的产品。是用社区或是呼叫中心等自动化的方式来为客户提供 24 小时服务，还是雇佣专属的客户经理来维护大客户的关系，这都取决于前三步。

(五)收入来源

企业不是慈善组织，要维持正常的运作需要收入。如何用最合理的方式让客户付钱来换取企业创造的价值？如何细分客户市场？不同客户群体的付费比例是多少？采用什么样的方式来支付他们获得的价值？是直接购买所有权，还是购买使用权，还是租用，还是由第三方来垫付？是一次性支付，还是在后期的运营服务中持续支付？这些都需要针对不同的客户群及其关系以及服务或产品的价值主张来综合决定。

(六)核心资源

这个环节需要考虑哪些核心资源才能保证前述五个方面能顺利地搭建起来。是需要资金还是人力，或者是知识产权，或者是某些固定资产？只有准备好"食材"才能开始"炒菜"。

(七)关键业务

"食材"准备好了，现在该考虑做哪些"菜"的问题了。用什么实体才能体现价值主张？建立怎样的渠道才能传播服务和产品？维系客户关系如何落地转化成为可操作的解决方案？这就是企业的关键业务。为了价值主张可能需要建立一座工厂，为了渠道通路也许要建立一整套在线销售的网络体系，为了维护客户关系可能要构建一个自己的社区或者在微博上面开设一个企业账号。

(八)重要合作

独木不成林，一家公司或者企业不可能做完所有的事情。客户往往需要一个完整而系统的解决方案，这时就需要与其他企业合作——有可能是在非竞争者之间建立的渠道整合和客户共享关系，有可能是在竞争对手之间建立的垄断式战略合作。降低风险、获得关键资源，同时以规模经济的形态占领最大的市场，这就是重要合作的意义。

(九)成本结构

成本结构就像人体内的脂肪、蛋白质和糖分比例一样，合适的比例能让企业更加健康。降低不必要成本是企业获得更大收益的十分重要的方式，前面八个步骤所涉及的成本都应该在这个阶段做详细的评估。另外,成本不是一成不变的,就如同摩尔定律对固定成本的影响一样,对成本精准的战略评估说不定会为企业带来意想不到的收获。

1. 纪录片《创新之路》第四集《大学使命》。
2. 财经频道《360免费的商业模式》。

商业模式画布练习。

第十模块　财经知识储备

 案例导读

兵马未动粮草先行，创业公司财务管理工作的十条经验

俗话说：兵马未动，粮草先行。对于创业公司而言，什么类似粮草呢？大多数情况下，财务工作是创业公司的核心，就像粮草一样发挥着重要作用。如果没"粮草"吃不饱，"战士"就没办法上战场，创业自然阻力重重。所以，创业途中一定要加强财务管理工作，认识到财务的重要性。

（一）时间就是金钱

对于一名创业者来说，可能需要考虑各个方面的事情，包括参加各种会议和活动。但是，这各种各样的会议真的有用吗？有没有浪费自己的时间？甚至说，有没有增加公司的财务压力？如果将很多时间浪费在无意义的会议中，你会发现，公司的财务状况会更糟糕。因此，要重视每一分钟的价值，优化工作效率，保障财务工作的顺利开展。

（二）抱最大的希望，但要做好最坏的打算

在创业初期，任何毁灭性的灾难都有可能降临在头上。千万不要抱着一丝侥幸心理去创业，而是要针对最坏的情况做出打算和应对。如果创业前资金不足，那么一定要先积累足够的资金，并且预留三个月的生活花费，这样即使你一分钱不赚，也有足够的钱来生活。在创业开始后，要有6~9个月的资金能够支撑自己生存。因为，最坏的事情随时可能发生，客户的到款也会有一定延迟，在艰难的时刻，一定要有应急资金储备。

（三）管理现金流

创业公司倒闭有很多方面的原因，但是排在第一位的，肯定是资金周转不开。现金流是创业公司的咽喉，只要现金流出现一丝一毫的问题，公司立刻呼吸困难。现金流问题稍大一点，公司立刻断气倒闭。所以在创业公司中，一定要管理好现金流。如果你不知道钱从哪里来，到哪里去，那么公司就已经非常危险了。做好资金预算，按照预算开展工作是非常重要

的。

(四)制定阶段性任务

在早期创业过程中,不能将过多的时间放在设想上,而是要找潜在的客户进行测试论证。为了避免空想浪费时间,一开始就要制定可行的目标计划表,并且每个阶段都要一步步踏实走下去,直到实现目标。

(五)记录所有出项

在创业公司刚起步时,一大堆的事情需要忙碌。很多创业者认为出项的记录不如商业计划和客户沟通重要。但是,每个月进行出项记录非常重要,报税或者向银行提交报告时,没有记录和资料会出现很多问题。因此,在创业第一天就要做好出项的记录准备,可以利用简单的记账软件对公司的账务进行记录。如果没时间做,可以招个记账员,资料逐渐增多时,需要报税的时候,要招个会计负责。

(六)自己曾经的福利

创业者一般是放弃了自己曾经的工资待遇开始创业,而一旦自己开创公司,原来的一些保险、公积金、补助基本上全都没有了。要想想创业时,这些自己曾经的福利接下来怎么办,这也是一项不小的成本支出。

(七)多花时间在目标客户上

没有客户就没有生意,浪费时间去空想目标客户,不如实际去找一些潜在客户,直接开门见山询问客户对公司产品或服务接受与否,如果不接受,问清楚原因。公司越早去走出这一步,就越容易成功。需要注意的是,不能选择亲戚朋友,你可能会得到错误的答案,选那些真正的潜在客户和陌生人,看看他们的反应。

(八)对投资方坦诚

诚信的沟通是获得投资方信任的前提,如果表现得很可疑,不愿意透露公司运营数据,那么难以得到投资方信赖。即使是双方的沟通不愉快,也要做好数据讨论工作,为公司带来更多的可能。

(九)给自己发薪水

很多创业公司没有实力发高薪水,但是也要给自己发一份薪水。不要觉得不领薪水是一件伟大的事情。独立于公司财务系统之外,会给人一种不靠谱的感觉,而且毕竟自己也需要吃饭和生活,领一份薪水是对自己的保障。

(十)降低固定支出

在创业早期,要尽可能地降低固定成本的支出。比如说普通办公室放在市中心繁华区的举动可能就显得比较冒失。虽然你可能会认为公司不断发展,营收增长可以满足这样的支出。但是你不知道公司的成长会遭遇到哪些挫折,所以看看是否有价格低廉的办公室会更加符合现实情况。总而言之,创业初期的固定支出一定要在满足使用的情况下尽可能降低。

【资料来源:搜狐网,2019年,有删改】

知识一　创业必备的会计知识

一、会计工作组织

(一)会计工作组织的概念

会计工作组织是指对企业各项会计工作所做的统筹安排,其目的是安排、协调和管理好企业的会计工作,其具体内容包括会计机构的设置、会计人员的配备、会计法规的执行、会计工作规范的制定、会计档案的保管和会计工作的电算化等。

科学、合理地组织会计工作对充分发挥会计在经济管理中的作用具有重要意义,具体表现为以下方面。

(1)有利于保证会计工作的质量,提高会计工作的效率。

(2)有利于协调会计工作与其他经济管理工作的关系,提高企业整体管理水平。

(3)有利于完善企业内部的经济责任制度。

(二)会计工作组织的形式

会计工作组织形式主要有集中核算和非集中核算两种。

1. 集中核算

集中核算是指整个企业的会计工作(包括经济业务核算、会计报表编制和有关的会计分析等工作)都集中由会计部门负责。在集中核算形式下,企业内部的各部门、各单位只对其所发生的经济业务填制原始凭证,定期对这些原始凭证进行初步的审核、整理和汇总,送交会计部门。集中核算的优点是会计部门能及时掌握企业经济业务的全面情况,便于对企业各部门、各单位进行会计监督,也便于对会计人员进行管理。其缺点是不利于企业内部经济责任制的落实。一般来说,集中核算形式适用于小型企事业单位。

2. 非集中核算

非集中核算又称为分散核算,是指企业内部的各部门、各单位对自身发生的经济业务进行初步的会计核算,并把资料报送给会计部门,由会计部门进行总核算。例如,某制造企业在车间设置成本明细账,登记本车间发生的生产成本并计算出所完成产品的车间成本,企业会计部门则根据车间报送的资料进行产品总成本的核算。需要注意的是,在非集中核算形式下,会计报表的编制以及各项不宜分散的核算工作,如物资供销核算、现金收支核算、银行存款往来核算、债权债务核算等,仍由会计部门集中处理。

非集中核算的优点是便于企业内部各部门、各单位利用会计资料加强经营管理,有利于落实企业内部经济责任制度。其缺点是核算层次多,工作量大,不利于会计人员分工。一般来说,非集中核算形式适用于大中型企事业单位。

二、会计机构的设置

会计机构是指企业内部设置的办理会计事务和组织、领导会计工作的职能部门。会计机构和会计人员是会计工作的主要承担者。

《中华人民共和国会计法》(以下简称《会计法》)第三十六条明确规定:"各单位应当根据会计业务的需要,设置会计机构;或者在有关机构中设置会计人员并指定会计主管人员;不具备设置条件的,应当委托经批准设立从事会计代理记账业务的中介机构代理记账。"

需要注意的是,设置会计机构时,应至少设置两个会计岗位,即会计机构负责人(会计主管)岗位和出纳员岗位。国有大中型企业(即国有资产占控股地位或主导地位的大中型企业)必须设置总会计师;事业单位和业务主管部门根据需要,经批准可以设置总会计师。在有关机构中设置会计人员时,应当在专职会计人员中指定会计主管人员。委托会计师事务所或其他机构代理记账时,企业至少应配备一名出纳员。

三、会计人员的任用

《会计基础工作规范》和《总会计师条例》等相关法律关于会计人员任用的规定主要如下。

(1)国家机关、国有企业、事业单位任用会计人员应当实行回避制度。单位领导人的直系亲属不得担任本单位的会计机构负责人、会计主管人员。会计机构负责人、会计主管人员的直系亲属不得在本单位会计机构中担任出纳工作。需要回避的直系亲属为:夫妻关系、直系血亲关系、三代以内旁系血亲以及配偶亲关系。

(2)企业的总会计师由本单位主要行政领导人提名,政府主管部门任命或者聘任;免职或者解聘程序与任命或者聘任程序相同。事业单位和业务主管部门的总会计师依照干部管理权限任命或者聘任;免职或者解聘程序与任命或者聘任程序相同。

(3)设总会计师的企业,会计人员的任用、晋升、调动、奖惩,应当事先征求总会计师的意见。财会机构负责人或者会计主管人员的人选,应当由总会计师进行业务考核,并依照有关规定审批。

四、会计工作岗位

我国《会计基础工作规范》第十一条规定:"会计工作岗位一般可分为:会计机构负责人或者会计主管人员、出纳、财产物资核算、工资核算、成本费用核算、财务成果核算、资金核算、往来结算、总账报表、稽核、档案管理等。开展会计电算化和管理会计的单位,可以根据需要设置相应工作岗位,也可以与其他工作岗位相结合。"

1. 会计机构负责人或者会计主管人员岗位

会计机构负责人或者会计主管人员的职责一般包括:编制财务成本费用计划、筹资计划和资金使用预算;编制现金流量预测表;编制会计、统计报表;编制财务分析报告,分析财务成本费用和资金执行情况;收集员工考核资料,加强公司财务会计管理工作,规范财务行为;不定期组织会计人员学习会计业务。

2. 出纳岗位

出纳岗位的职责一般包括现金业务和银行存款业务。

(1) 现金业务。

现金业务主要包括以下几方面内容。

①现金收付,其中付现主要包括费用报销、人工费、福利费发放等;

②现金存取及保管;

③登记现金日记账,做到日清月结,并及时与电脑账目核对。

(2) 银行存款业务。

银行存款业务主要包括以下几方面内容。

①银行存款收付,主要包括日常性业务款项、发放工资、还贷及银行结算、交税等;

②登记银行存款日记账;

③及时将各银行对账单交给内审人员,由其编制银行调节表;

④对调节表上的挂账情况及时进行清理和查询,责成相关岗位人员进行下账处理;

⑤根据银行收付情况统计银行账户资金余额,随时掌握银行账户存款余额,避免签发空头支票;

⑥熟练掌握企业各银行账户信息,包括开户银行名称、银行账号等。

3. 财产物资核算岗位

财产物资主要包括固定资产和原材料。财产物资核算岗位的职责一般包括如下内容。

①监督物资采购、库存管理、物资成本和应付账款的支付;

②参与物资采购招标,审查采购价格变动情况;

③定期对存货资产进行质量评价,编制反映物资数量和价值变动的会计报表;

④计算和提取固定资产折旧;

⑤定期与采购员对账,保证应付账款真实准确;

⑥定期组织仓库盘点,保证物资账实相符。

4. 工资核算岗位

工资核算岗位的职责一般包括如下内容。

①计算职工薪酬,分配职工薪酬,编制工资分配明细表;

②编制工资表,送交银行,保证月度工资按时准确发放;

③及时清理其他应付款,保证代扣代缴到位;

④确保养老金、公积金、房租、水电费等扣缴到位。

5. 成本费用核算岗位

成本费用核算岗位的职责一般包括如下内容。

①根据部门费用计划额度出具费用通报,下发至各部门负责人,并提请超支或有超支迹象的部门注意;

②归集和分配费用;

③对发生的成本费用进行记录与核算,计算产品成本;

④登记成本费用明细账;

⑤出具费用报表和成本分析报告,为企业费用管理和成本控制提出合理化建议。

6. 财务成果核算岗位

财务成果核算岗位的职责一般包括如下内容。
①编制收入、利润计划;
②办理销售款项结算业务;
③计算销售收入和经营业务收入,审查收入凭证并进行利润分配;
④登记收入明细账、利润明细账,编制利润分配明细表;
⑤编制收入和利润报表,出具相关分析报告,为企业增加收入提出合理化建议。

7. 资金核算岗位

资金核算岗位的职责一般包括如下内容。
①拟定资金管理和核算办法;
②编制资金收支计划;
③负责资金调度;
④负责资金筹集的明细分类核算;
⑤负责企业投资的明细分类核算。

8. 往来结算岗位

往来结算岗位的职责一般包括如下内容。
①建立往来款项结算手续制度;
②办理往来款项的结算业务;
③负责往来款项结算的明细核算。

9. 总账报表岗位

总账报表岗位的职责一般包括如下内容。
①负责总账的登记以及与日记账、明细账的核对工作;
②编制会计报表,出具会计报表附注;
③制订或参与制订财务计划,参与生产经营决策。

10. 稽核岗位

稽核岗位的职责一般包括如下内容。
①审核部门借款,对出纳签发的支票审查无误后,加盖在银行备案的印章;
②登记应收账款手工账,并与电脑账核对;
③审核各项财务收支,做到按计划列支,控制费用开支,杜绝非正常开支;
④审核会计凭证,保证每一笔凭证内容真实、手续完备、数字准确、会计科目正确。

11. 档案管理岗位

档案管理岗位的职责一般包括如下内容。
①制定会计档案管理方面的规章制度,包括会计档案的立卷、归档、保管、借阅和销毁等制度;
②装订、管理会计档案,保护会计档案的安全和完整,保证商业秘密不外泄。

五、会计要素

（一）反映企业财务状况的会计要素

（1）资产。

资产是指企业过去的交易或者事项形成的，由企业拥有或者控制的，预期会给企业带来经济利益的资源，如库存现金、银行存款、固定资产、原材料、库存商品等。企业资产按照其流动性强弱，可以分为流动资产和非流动资产。

（2）负债。

负债是指企业过去的交易或者事项形成的、预期会导致经济利益流出企业的现时义务。企业负债按照流动性强弱，可以分为流动负债和非流动负债。

（3）所有者权益。

所有者权益是指企业资产扣除负债后由所有者享有的剩余权益。在股份公司类企业，所有者权益又称为股东权益。所有者权益主要包括实收资本、资本公积、盈余公积和未分配利润。其中，实收资本和资本公积统称为投入资本；盈余公积和未分配利润统称为留存收益。

（二）反映企业经营成果的会计要素

（1）收入。

收入是指企业在日常活动中形成的、会导致所有者权益增加的、与所有者投入资本无关的经济利益的总流入。收入按照不同的标准有不同的分类：按性质分类，一般分为销售商品收入、提供劳务收入和让渡资产使用权的收入；按企业经营业务的主次分类，可以分为主营业务收入和其他业务收入。

（2）费用。

费用是指企业在日常活动中发生的、会导致所有者权益减少的、与向所有者分配利润无关的经济利益的总流出。费用按照不同的标准有不同的分类：按其性质可分为营业成本和期间费用；费用按其归属对象可分为直接费用、间接费用和期间费用。

（3）利润。

利润是指企业在一定会计期间的经营成果。利润反映的是企业的经营业绩情况，通常是评价企业管理层业绩的一项重要指标，也是投资者、债权人等做出投资决策、信贷决策的重要参考指标。利润包括营业利润、利润总额和净利润。

六、会计工作流程

作为创业者，虽然不用自己做企业的会计工作，但了解一下会计的工作流程，能更好地把握本企业会计工作的情况。

一般地，会计工作按照下面这个流程进行：原始凭证分类，编制记账凭证，登记会计账簿，汇总记账凭证，登记总账，对账，结账，编制财务报表。

（一）原始凭证分类

拿到原始凭证后，要检查凭证是否合乎入账手续。将这些凭证拿到财务部门鉴定是否正规。如果是发票，要检查是以下内容。

①否有税务监制章；
②付款单位的名称、填制凭证的日期、经济业务内容、数量、单位、金额等要素是否完备；
③大小写金额是否一致，与剪口处是否相符；
④是否有开发票单位的签章；
⑤是否有相关人员的签名。

然后会计将合格的原始凭证按时间顺序排好，再按会计要素分类，分析出属于哪类的经济业务，然后确定会计科目，找准借贷方，就可以做记账凭证了。

（二）编制记账凭证

根据原始凭证的分类，就可以做凭证了，凭证也叫传票。

例如，拿到一张1 000元的借条，根据它做记账凭证。先写日期，再写摘要，写上科目、金额，附凭证。有几张原始凭证，就填几张。

（三）登记会计账簿

凭证审核无误后，就可以登记会计账簿了。

先给凭证按时间顺序编号，再根据记账凭证上的科目，逐笔登记到对应的账簿上。例如，如果科目是现金，就登记到现金账上。账簿中只有现金账和银行存款日记账要做到日清月结，现金账的余额要和库存也就是保险柜中的现金数目核对，银行账的余额要和银行对账单定期核对，其他的明细账要求每个月结一次即可。

（四）汇总记账凭证

汇总记账凭证就是把记账凭证的科目和金额汇集到一起。汇总的顺序是：按凭证上的编号排好顺序，然后根据凭证上的科目做丁字账，一个科目一个科目抄写，最后合计，看借方总合计数是否等于贷方总合计数。如果借贷相等，说明账没问题，接下来就可以把数据抄写在记账凭证汇总表上。

（五）登记总账

根据试算平衡的记账凭证汇总表，登记总账。

登记总账和明细账有所不同。在明细账上，借方、贷方各自记一行，而总账是借贷方在一行上。另外，明细账是按照凭证记的，总账是按照汇总登记的。如果业务量小，一个月汇总一次，登记一次总账就可以，这些要视企业的具体情况而定。

（六）对账、结账

记完总账就该对账和结账了，只要凭证是正确的，登记完的账也应该是正确的。要经常对账，做到账证相符、账账相符、账实相符、账表相符。

结账就是结算出一段时间内本期的发生额合计和余额,然后将余额结转下期或者转入新账。

(七)编制财务报表

记完总账后,借方、贷方试算平衡了,就可以编制财务报表了。

知识二 创业必备的财务管理知识

一、财务成果的形成与分配

(一)财务成果的形成

财务成果即利润,是指企业在一定会计期间的经营成果,包括收入减去费用的净额、直接计入当期利润的利得和损失等。利润金额取决于收入和费用、直接计入当期利润的利得和损失金额的计量。

企业利润通常包含营业利润、利润总额和净利润三个部分。利润指标是考核和评价企业生产经营成果的一项综合经济指标。企业在增加产品产量、提高产品质量、降低产品成本、扩大销售额以及提高管理水平等方面所取得的成绩,都会综合地体现在利润这项指标上。

1. 营业利润

营业利润是指营业收入减去营业成本、营业税金及附加、销售费用、管理费用、财务费用、资产减值损失,加上公允价值变动净收益、投资净收益后的金额。

营业利润的计算公式为:

营业利润=营业收入-营业成本-营业税金及附加-销售费用-管理费用-财务费用-资产减值损失+公允价值变动收益(-公允价值变动损失)+投资收益(-投资损失)

其中:

营业收入=主营业务收入+其他业务收入

营业成本=主营业务成本+其他业务成本

2. 利润总额

利润总额是指营业利润加上营业外收入减去营业外支出后的金额。其中,营业外收入是指企业发生的与其日常活动无直接关系的各项利得;营业外支出是指企业发生的与其日常活动无直接关系的各项损失。

利润总额的计算公式为:

利润总额=营业利润+营业外收入-营业外支出

3. 净利润

净利润是指利润总额减去所得税费用后的金额。其中所得税费用是指企业应计入当期损益的所得税费用,是企业按照税法规定,就其生产经营所得和其他所得计算并交纳的一种税金。

净利润的计算公式为:

$$净利润=利润总额-所得税费用$$

(二)财务成果的分配

利润分配是指企业净利润的分配。企业实现的净利润,要按照国家有关的法律、法规以及企业章程的规定,在企业和投资者之间进行分配。企业当期实现的净利润,加上年初未分配利润(减去去年年初未弥补亏损)和其他转入后的余额,即是可供分配的利润。企业实现的净利润应首先按净利润的一定百分比提取法定盈余公积。

公司从税后利润中提取法定盈余公积后,经股东会或者股东大会决议,还可以从税后利润中提取任意公积金。公司弥补亏损和提取公积金后剩余的税后利润,可向投资者分配。

二、认识财务报告

(一)财务报告的概念

财务报告是指单位会计部门根据经过审核的会计账簿记录和有关资料,编制并对外提供的反映单位某一特定日期财务状况和某一会计期间经营成果、现金流量及所有者权益等会计信息的总结性书面文件。

(二)财务报告的作用

企业编制财务报告的目的是向财务报告使用者提供与企业财务状况、经营成果和现金流量等有关的会计信息,反映企业管理层受托责任的履行情况。其作用主要表现在以下几个方面。

(1)为企业的投资者做出合理决策提供会计信息;
(2)为政府有关部门进行宏观经济调控和管理提供会计信息;
(3)为企业加强和改善经营管理,提高经济效益提供会计信息;
(4)为企业的债权人了解企业财务状况和偿债能力提供有用的信息。

(三)财务报告的内容

财务报告主要由会计报表和会计报表附注两部分组成。
(1)会计报表。

会计报表是财务会计报告的主体和核心,也是企业对外披露会计信息的主要手段。会计报表包括资产负债表、利润表、现金流量表和所有者权益变动表。

(2)会计报表附注。

会计报表附注是反映企业财务状况、经营成果和现金流量的补充报表,是为了便于财务会计报告使用者理解会计报表的内容而对在会计报表中列示项目所做的进一步说明,以及未能在这些报表中列示项目的说明。会计报表附注主要包括企业的基本情况、财务会计报告的编制基础、遵循企业会计准则的声明、重要会计政策和会计估计、会计政策和会计估计变更以及差错更正的说明、报表重要项目的说明、分部报告和关联方披露等。

(四)认识资产负债表

1. 资产负债表的概念

资产负债表是指反映企业某一特定时点(如月末、季末、年末等)财务状况的会计报表。资产负债表根据资产、负债和所有者权益之间的关系(即会计等式),按照一定的分类标准和顺序,对企业某一日期的资产、负债和所有者权益项目进行适当排列,并对日常工作中形成的大量数据进行高度浓缩和整理后编制而成。

资产负债表能够集中反映企业在某一特定时点所拥有或控制的经济资源和所承担的现时义务,以及所有者对净资产的要求权,能够评价、预测企业的偿债能力和经营绩效,为管理部门做出合理的经营决策提供依据。

2. 资产负债表的格式

资产负债表一般有表首和正表两个部分。表首概括地说明报表名称、编制单位、编制日期、报表编号、货币名称、计量单位等;正表清晰地列示用以说明企业财务状况的各个项目,其列示格式分为报告式和账户式两种。

报告式的资产负债表是上下结构,上半部列示资产,下半部列示负债和所有者权益;账户式的资产负债表是左右结构,左边列示资产,右边列示负债和所有者权益,左右两方的总额相等。根据我国《企业会计准则》规定,资产负债表采用账户式。

我国一般企业的资产负债表基本格式如表 10.1 所示。

表 10.1　一般企业的资产负债表　　　　　　　　会企 01 表

编制单位:　　　　　　　　年　月　日　　　　　　　　　　　元

资产	期末余额	年初余额	负债和所有者权益	期末余额	年初余额
流动资产:			流动负债:		
货币资金			短期借款		
交易性金融资产			交易性金融负债		
应收票据			应付票据		
应收账款			应付账款		
预付款项			预收款项		
应收利息			应付职工薪酬		
应收股利			应交税费		
其他应收款			应付利息		
存货			应付股利		
一年内到期的非流动资产			其他应付款		
其他流动资产			一年内到期的非流动负债		
流动资产合计			其他流动负债		
非流动资产:			流动负债合计		
可供出售金融资产			非流动负债:		

持有至到期投资		长期借款		
长期应收款		应付债券		
长期股权投资		长期应付款		
投资性房地产		专项应付款		
固定资产		预计负债		
在建工程		递延所得税负债		
工程物资		其他非流动负债		
固定资产清理		非流动负债合计		
生产性生物资产		负债合计		
油气资产		所有者权益：		
无形资产		实收资本(或股本)		
开发支出		资本公积		
商誉		减:库存股		
长期待摊费用		盈余公积		
递延所得税资产		未分配利润		
其他非流动资产		所有者权益合计		
非流动资产合计				
资产总计		负债和所有者权益总计		

(五)认识利润表

1. 利润表的概念

利润表是指反映企业在某一会计期间经营成果的会计报表。利润表根据"收入-费用=利润"这一会计等式,将企业一定会计期间的收入、费用和利润(或亏损)项目进行分类、汇总、排列后编制而成,用以计算企业一定时期的净利润(或净亏损)。通过利润表,会计信息使用者可以了解企业一定期间的经营成果,预测企业的未来利润和获利能力,考核企业管理团队的经营业绩,做出或改善经营决策。

与资产负债表相比,利润表具有以下特点。

(1)反映的是一定会计期间而不是某个时点的动态财务数据。

(2)所列数据是一定会计期间相关业务项目的累计数而不是结余数。

2. 利润表的格式

利润表一般有表首和正表两个部分。其中,表首概括地说明报表名称、编制单位、编制日期、报表编号、货币名称、计量单位等;正表反映形成经营成果的各个项目及个项目的计算过程。利润表正表的格式一般分为单步式和多步式两种。

单步式利润表是将所有收入和所有费用分别加以汇总,再用收入合计减去费用合计从而得出本期利润。其缺点是不区分收入、费用的性质,不利于报表分析。多步式利润表是将收入与费用按同类属性加以归集,按利润形成的主要环节列示一些中间性利润指标(如营业利润、利润总额、净利润),分步计算当期净损益。根据我国《企业会计准则》的规定,利润表采用多步式的格式。其具体格式如表10.2所示。

表 10.2　一般企业的利润表　　　　　　　　　　　　　会企 02 表

编制单位：　　　　　　　　　　　　　年度　　　　　　　　　　　　　元

项目	本期金额	上期金额
一、营业收入		
减：营业成本		
营业税金及附加		
销售费用		
管理费用		
财务费用		
资产减值损失		
加：公允价值变动收益（损失以"-"号填列）		
投资收益（损失以"-"号填列）		
其中：对联营企业和合营企业的投资收益		
二、营业利润（亏损以"-"号填列）		
加：营业外收入		
减：营业外支出		
其中：非流动资产处置损失		
三、利润总额（亏损以"-"号填列）		
减：所得税费用		
四、净利润（亏损以"-"号填列）		
五、每股收益		
（一）基本每股收益		
（二）稀释每股收益		

 推荐视频

纪录片《创新之路》第八集《资本之翼》。

课堂活动

解读简单的财务报表。

第十一模块　创业计划书编写

 案例导读

如何打造优秀的创业计划书

创业计划书如何定位？是突出特色还是泛泛而谈？优秀的创业计划书是什么样子的？

创业计划书是关于创业者的创业项目和创业行动的规划文件，也是指导创业者创业实践的方向指南。写好创业计划书，可以理清创业思路，完整地勾画出创业蓝图，并做出相应的战略规划和部署。因此，一份优秀的创业计划书对创业者十分重要。在 KAB 创业教育（中国）研究所副所长刘帆看来，一份优秀的创业计划书首先要能够吸引投资者。他认为，"大学生创业最缺的是资金，企业家、投资者往往通过创业计划书来了解你的项目，优秀的创业计划书总是让投资者眼前一亮。"即便是申请贷款，大学生创业者也需要有一份优秀的创业计划书。

刘帆也指出，大学生创业计划书写作中存在一些常见的问题。

"创业团队在创业计划书当中出钱了吗？如果连你们自己都不出钱，你凭什么让别人给你出钱？"刘帆认为，创业者的创业计划书要打动投资人，首先要把自己融入创业计划书中，这也是为什么提倡大学生创业者选择小成本或零成本创业的原因。

创业计划书不能仅是凭空想象，这是刘帆发现的第二个问题。"创业计划书就相当于一个路线图，什么时间可能有收入，要分析各种可能，创业者要去证明能不能盈利。"刘帆坦言，很多创业团队的创业计划书都是在应付，缺少参照的角度和纬度，调研缺少精准的数据。

"小企业刚开始做一个细分市场，大企业不愿意做，有些企业关注不到，独特的资源可以覆盖一个市场，这就叫细分市场。"刘帆认为，创业计划书中对市场规模的描绘不能过于宽泛，"我们想做市场规模的时候，一定要想到只有小的地方做好，将来才有拓展的可能"。中央财经大学副教授陈高生也认为，在计划书中要有一个清晰的盈利模式设计，商业模式如何设计，这是非常关键的问题。他表示，"很多同学即使有技术，如果商业模式设计不好的话，创业成功很难"。

创业是一件很难的事情，但有些创业者在创业计划书中表现得过于乐观。在刘帆看来，过于乐观的计划书往往体现在以下两个方面：一方面是人员雇佣的时候，过多设置若干高级别的职位,阻挡了优秀人才通过职位竞争来给公司贡献的机会;另一方面是计算利润的时候,收入做的大,成本做的低。刘帆坦言,应该成本做大一点,收入不可控性更大一些,"这个时候还能盈利,并且还有成长性,我们认为这样的项目是很好的"。

创业者不能在计划书中隐藏和回避不实之处。刘帆表示,"你们团队有没有局限性?短板是什么?如何来规避?能不能规避得起?不能隐藏材料,这是诚实问题。"

在审阅一些大学生创业计划书的时候,刘帆发现一些计划书中还存在形式上的错误,比如拼写错误,人名、地名的错误等,这些错误也可能导致一份创业计划书提交后的石沉大海。

一份优秀的创业计划书一定是特色突出的,创业计划书不宜过长。刘帆认为,在写创业计划书的时候,目的是要赢得别人的重视,就是要根据别人阅读创业计划书的心理来写,而不是以供给者的心态来写计划书。

【资料来源:中国教育在线,2013年,有删改】

知识一 创业计划书的构成要素

一份完整的创业计划书由封面、目录、正文和附录四部分组成。

一、封面

封面也称标题页,包含了以下内容:创业计划书编号、标题、企业名称、项目名称、联系人及联系方式、公司主页、日期等。其中,标题明确了创业项目的名称,标题一般在封面以醒目的字体标示出来,如《×××创业计划书》。

封面的设计要有审美观和艺术性,一个好的封面会使阅读者产生最初的好感,形成良好的第一印象。

二、目录

目录是正文的索引,需要按照章节顺序逐一排列每章大标题、每节小标题,以及各章节对应的页码。初步写完创业计划书后,要注意确认目录页码与内容的一致性。

三、正文

正文是创业计划书的主要内容,包括计划摘要、企业介绍、行业分析、市场分析、产品(服务)介绍、营销计划、公司结构和团队、制造计划、财务分析与预测、融资计划、风险分析。

1. 计划摘要

计划摘要包括企业介绍、行业分析、市场分析、产品介绍、营销计划、公司结构和团队、运营计划与产品、财务规划、风险分析等内容,是创业者为了吸引创业战略伙伴或投资者的注意,把创业计划的核心内容加以提炼的结果。

计划摘要既是创业计划书的引文,引起读者的阅读兴趣;又是创业计划书的总纲,提纲挈领,让读者对创业计划书的内容有一个整体的认知。

计划摘要如同广告,编写人要反复推敲、力求精益求精,语句要清晰流畅而富有感染力,讲究修辞,形式完美,着重突出企业自身特色及获取成功的市场因素。

2. 企业介绍

企业介绍应从简介开始,先介绍企业概况和创业原因,以及一些基本信息,包括创建者姓名、企业总部地址、创业领袖联络方式、历史、使命陈述、产品/服务、现状等。

在对企业进行介绍时描述要客观、定位要准确、公司优势或创意优势要重点突出。在描述公司的发展历程时,正反经验都要写,尤其不要回避问题,对以往的问题进行客观描述和分析反而更能够赢得投资者的信任。

3. 行业分析

行业分析主要介绍企业所归属的产业领域的基本情况,以及企业在整个产业或行业中的地位。和同类型企业进行对比分析,做 SWOT 分析,表现企业的核心竞争优势。

书写者要在充分调研的基础上对行业的发展趋势进行科学预测,对国家的相关政策和行业发展中的相关问题等进行充分分析。

4. 市场分析

市场分析主要介绍产品或服务的市场情况,包括目标市场基本情况、未来市场的发展趋势、市场规模、目标客户的购买力等。准确的市场分析及定位有助于企业的规划与发展。在分析中,大多数企业并不致力于服务整个产业,它们只关注如何为产业中的某个具体市场提供更好的服务。

5. 产品(服务)介绍

产品(服务)介绍是投资者最为看重的核心问题之一,主要向投资者展示产品或服务能够在多大程度上解决现实生活中的问题,能否帮助顾客节约开支、增加收入等,也就是产品或服务的核心价值是什么。产品(服务)介绍包括产品或服务的名称、性能及用途,产品或服务处于生命周期的哪一阶段,产品的前景预测,产品的品牌和专利等。

在产品介绍部分,创业者要对产品做出详细的说明,说明要准确、通俗易懂,即使不是专业的投资者也能看明白。一般地,产品介绍都要附上产品原型、照片或其他介绍。

6. 营销计划

营销计划一般包括市场机构和营销渠道的选择,营销队伍和管理,促销计划和广告策略,价格决策。

营销成败直接决定了企业的生存与否,创业者要结合企业的产品或服务类型,充分考虑成本费用的效益原则,确定企业选用哪些促销工具和促销策略。

7. 公司结构和团队

公司结构包括公司的组织机构图,各部门的功能与责任,各部门的负责人及主要成员,公司的薪酬体系,公司的股东名单(包括认股权、比例和特权),公司的董事会成员,各位董事的背景资料等。

另外,在企业的运营中,存在着人力资源管理、技术管理、财务管理、作业管理、产品管理等。而人力资源管理是其中很重要的一个环节。在管理团队设计上应该注意团队成员之间的优势互补、独当一面、结构合理等因素。重点介绍企业的管理团队、技术团队和营销团队,突出团队成员以往的业绩、发展经历、个人背景等。

8. 制造计划

制造计划主要包括产品制造和技术设备现状、新产品投产计划、技术提升和设备更新要求、质量控制和质量改进计划。

为了扩大对企业的评估价值,制造计划应尽可能详细、可靠。

9. 财务分析与预测

财务分析与预测包括详细的投资计划表、未来三年的销售收入(营业收入)估算表、成本费用估算表、资产负债表、利润表、现金流量表,以及对企业的净现值、动态投资回收期、内部报酬率等的分析。

财务分析与预测是影响投资者进行决策的关键因素之一,这部分内容涉及的专业知识比较多,在书写时切记不能不懂装懂,随意填写数据,撰写时最好请专家进行指导。

10. 融资计划

融资计划主要根据企业的经营计划提出企业的资金需求数量、融资方式、工具、投资者的权益、财务收益及其资金的安全保证、投资退出方式等,它是资金供求双方共同合作前景的计划分析。

融资计划主要包括如下内容。

(1)融资数额是多少?已经获得了哪些投资?希望向战略合伙人或者风险投资人融资多少?计划采用哪种融资工具?常见的如采用贷款、出售债券、出售普通股或优先股等融资方式。

(2)公司未来的资本结构如何安排?公司的全部债务情况如何?

(3)公司融资所提供的抵押、担保等的相关文件复印件。

(4)投资收益和未来的投资安排如何?

(5)如果以股权形式投资,双方对公司股权、控制权、所有权比例如何安排?

(6)投资者介入公司后,公司的经营管理体制如何设定?

(7)投资资金如何运作?投资的预期回报如何?投资者如何监督、控制企业运作?

(8)对于吸引风险投资的,风险投资的退出方式是什么,是企业回购、股份转让还是企业上市?

融资计划的书写要求:这部分是融资协议的主要内容,企业既要对融资需求、资金用途提出令人信服的理由,又要有令人心动的投资回报,同时要注意维护企业自身的利益。

11. 风险分析

风险分析主要是向投资者分析企业可能面临的各种风险隐患,风险的大小,以及融资者将采取何种措施来降低或防范风险、增加收益等,主要包括如下内容。

(1)企业自身各方面的限制,如资源限制、管理经验和生产条件限制等。

(2)创业者自身的的不足,包括技术上的、经验上的或者管理能力上的欠缺等。

(3)市场的不确定性。

(4)技术产品开发的不确定性。

(5)财务收益的不确定性。

(6)企业针对风险的控制与防范措施。

对于企业面临的各种风险,融资者应采取客观、谨慎的态度,不故意隐瞒、缩小或忽略风险的存在,对可能的风险都要进行认真的分析,并针对每一种可能的风险都制定尽可能详细的控制防范措施,以获得投资者的支持和信任。

四、附录

附录是对主体部分的补充,一般包括附件和备查资料。附件主要是对创业计划书中涉及的一些问题的细节、相关证书的复印件、证明材料等,如企业的营业执照、公司章程、验资审计报告、税务登记证、专利证书、鉴定报告、市场调查数据、场地租用证明、各种财务报表及财务预估表等。备查资料只需要列出清单,待投资方有意向时查询。

《固染科技——织物固色领域的奔跑者》创业计划书见附录二。

知识二 编写创业计划书的准备工作

一、确定创业计划书编写人员

创业计划书应该由创业者自己来编写。创业计划书是创业者创业能力和构思的具体体现,亲自编写创业计划书可以帮助创业者理清思路,把创业的激情融入创业计划书之中,有利于增强计划书的感染力。但是,创业计划书的编写非常复杂,是各方面知识的结晶(如市场营销知识、企业管理知识、财务规划知识、人力资源知识、调查与预测知识等),任何一个创业者都不可能是各方面的专家,所以为了使得创业计划书尽可能符合现实且具有可操作性,在编写过程中,创业者应该向其他专业人员咨询。

二、确定创业计划书的范围

在编写创业计划书时,创业者必须从不同角度进行广泛而深入的思考,以确定创业计划书的范围。

(一)创业者的角度

创业者自身比任何人都了解创业企业的创造力和技术,因此,创业者首先必须清晰地表达出创业企业经营的产品或服务,以及其特色和卖点。

(二)市场的角度

创业者必须以消费者的眼光来审视企业的经营运作,应该采取一种以消费者为导向的市场营销策略。这就需要进行大量的市场调查工作,甚至还得亲自请教市场营销专家。

(三)投资者的角度

创业者应该试图用投资者的眼光来考察企业的生产经营,投资者往往特别关注计划中的财务规划。如果创业者不具有财务分析和预测的能力,就应该聘请外部的财务顾问。

三、搜集相关信息

编写创业计划书时需要搜集多种信息,主要包括市场信息、运营信息、财务信息等。信息的来源渠道多种多样,互联网就可以为创业者提供大量有价值的信息资源。

(一)市场信息

产品或服务的潜在市场信息对创业者尤为重要。为了判断市场规模,创业者需要明确自己的目标市场:目标顾客是男性还是女性?是企业还是消费者个人?是高收入人群还是低收入人群?是城市居民还是农村居民?目标市场的确定将会使创业企业的市场规模和市场目标更明确。为了更准确地了解真实的市场信息,创业者往往要去进行市场调查。

(二)运营信息

在编写创业计划书的过程中,创业者可能需要以下运营信息:地点,生产制造,原材料,设备,劳动技能,生产或办公场所的大小,其他相关的开支。

(三)财务信息

财务信息的主要作用是说服投资者因为创业企业将来会赢利而对该企业进行投资。主要的财务信息包括资金的需求和来源,未来的销售情况,资金的周转,企业的投资收益率如何、投资回收期多长,风险资本的退出。

四、准备一份优秀的创业计划书做参考

创业计划的编写有较大难度,单纯看几本参考书并不能马上解决问题,最好找一份类似的、已经成功的创业计划书作为参考,然后按照提纲来编写。当然,只能是借鉴,绝对不能照搬照抄,因为每一个企业都应该有自己的特色。

知识三 创业计划书的检测与评价标准

一、创业计划书的检测

(一)"电梯"测验

创业者能否在大约上一层电梯的时间里,用最多两个短句告诉投资人自己的项目如何获利?电梯测验是广为人知的电梯销售演讲的变本。创业者需要一个电梯商业演讲,使自己清楚地知道如何赚钱。创业计划必须简单明了。

用来检验新公司的一个测验就是看公司被解释的难易程度。如果一个人能在他的名片后面概括他的公司计划的话,通常这意味着他能向员工、顾客和利益相关者描述公司的目标。一份需要一段文字或者10分钟来解释的创业计划是含糊不清的。

(二)"最多三件事情"测验

成功有赖于创业者将其能力集中在有限的几个关键领域的能力。审视一个创业计划时,需要问自己如下问题:决定自己成功的三件事是什么？自己具备在这个范围内成功的必备能力吗？如果没有,如何获得？

(三)"假如你是顾客"测验

把自己放在潜在顾客的位置上,问自己一系列的问题:
(1)在已有选择的基础之上,自己会买这个公司的新产品和服务吗？如果是,为什么？
(2)作为一个潜在的买家,自己是独一无二的吗？还是很多人和自己一样？自己会以现在的全价购买产品和服务吗？
(3)购买服务有多快？多容易？自己会立刻购买,还是先了解一下？

(四)"差异化和市场领导权"测验

成功需要自己的生意与众不同并能统治一些东西。钓小池塘里的大鱼比钓大海里的小鱼要好得多。定义自己的市场,即使它只是一个更大市场的一小部分,只要能使自己有与众不同之处,就能吸引这部分顾客,进而统治这个领域。

(五)"我会被包围吗？"检测

在创业之前,创业者必须估计很常见的现象带来的风险,以及妨碍自己长期成功的可能性。要让自己的公司有一些特性,使供应商和合伙人难以竞争。创业者从一开始就要考虑自己是否能有效构建公司、阻止合伙人和供应商复制自己向顾客提供的价值的企图。

(六)"成本翻番"测验

"成本翻番"的本质是:自己预料到会出现问题,每件事都比预期的费用要高,通常需要更多的代价实现收益。这个测验是检查自己犯错误的回旋余地,显然余地越大越好。看一下自己的利润计划(自己预期的花费,预期收益,取得收益的时间)问自己如下问题:如果成本翻番,这还是一份好的创业计划吗？如果第一年的收益只有预期收益的一半,成本又翻番,这还是一个好创意吗？

(七)留下"犯错误试验的空间"测验

好的创意通常留给创业者很大的犯错误的空间。自己最后挣的钱不一定来自原计划挣钱的地方。在创业者投入时间和精力检测自己的公司前使用这个测验最有价值。一旦完善了自己的业务模式,就没必要选择如此大胆的假设。

(八)"依赖性"测验

任何公司的重要风险来源之一都包含对某个供应商或者顾客的巨大依赖。首要法则是单一顾客不能占据一个公司销售额的35%。问问自己:自己的公司是否严重依赖某个公司呢？如果答案是肯定的,有办法减少这种依赖性或者减少潜在的损失吗？

如果打算创立的公司严重依赖某个公司,就要考虑如下两个问题:这种依赖性会榨取自己的利润吗?如果依赖的公司停业或者不再同自己做生意,将会发生什么事情?

(九)"多股收入流"测验

控制风险的传统方法之一是多样化,涉及公司收入,是指公司从多个来源获得收益的能力。

(十)"脆弱性"测验

"脆弱性"测验是用来分析"最坏的情况是什么"的方法。问自己这样一些问题:如果公司开业运转了,什么事情会让公司瞬间倒塌?如何预测现有的和潜在的竞争者对自己的公司做出的反应?是否有竞争者有能力将自己的公司立刻扫地出门?为什么现有竞争者不会对自己的进入做出反应?

(十一)"不只是一条路"测验

如果创业者的公司能够将自己使用的技能灵活地朝多个方向发展,将更有可能成功。但是如果创业者正在启动一个只有一条路可走的公司,那么必须停下来思考,因为自己没有多少犯错误的机会。

二、创业计划书的评价标准

创业计划书的评价标准主要是考察创业方案的几个主要效度。

(一)考察创业项目的真实效度

项目方是否有工商登记,项目方的工商登记是否在有效期内,要注意资料中的企业名称与其提供的营业执照上的企业名称、经营范围是否一致。签约时,要与营业执照上的法人签约,加盖营业执照上的法人公章。为安全起见,可进一步向发照当地工商机关查询。按国家对加盟连锁的有关规定,项目方必须满足"2+1"的条件(2个直营店,经营1年以上),才可以进行对外招商,这是国家为保护投资者利益出台的专门政策。

(二)考察创业项目的信用效度

项目方提供的办公地址是否真实,是否与营业执照上的地址一致,要注意考察口头和广告、资料宣传的真实性;项目方获奖的情况是否属实等。

(三)考察创业项目的盈利效度

投资者一定要对项目的风险性进行充分的考察。对项目可行性的考察,包括店址、每小时客户流量、全天客户流量、产品受欢迎程度、经营者的经营方式、雇员多少、业务熟练程度,估算其成本和投入产出。对于风险承受能力不足的中小投资者来说,投资安全应是第一位考虑的因素;此外还应了解项目方在知识产权方面(技术、商标等)和品牌方面是否存在纠纷,是否拥有完全的所有权。

（四）考察创业项目的行为效度

项目方运作是否规范，是否有统一的内外标志，操作流程是否规范，工艺流程是否规范，服务流程是否规范等，章程是否规范。

（五）考察创业项目的发展效度

从低层次看，项目方在市场扩张上是否能够为投资者提供强有力的支持。从高层次看，项目方是否拥有将事业做大的决心，是否拥有长期的战略规划。项目方能否提供强有力的促销支持，如物质方面的支持和政策方面的支持。这些都对投资者的扩大经营有着直接的影响。项目方能否持续提高自己品牌的价值，则对投资者能否进行有效的扩张起着间接的作用，项目方产品创新的能力也决定着投资者跟随成长的结果。

（六）考察创业项目的人才效度

在对项目方进行考察的时候，除了要考察项目主导人的人品、性格、经历、知识结构、拥有的企业资源和社会资源外，还要着重考察项目方的团队，包括成员的素质、从业经历、从业经验、既往业绩、圈内口碑，在性格和专业上的互补性，团队的稳定性等。

知识四　创业计划书的路演展示

一、创业计划书路演常见的问题

（一）不知所云，没有重点

这是创业计划书路演最常见的问题，具体表现为演讲者以自我为中心，夸夸其谈，细枝末节的东西太多，重点不突出，使听众如坠云雾，不知道创业者要做什么，怎么做。

对策：把握讲清楚的三个原则，即是什么，为什么，怎么办，层次清楚，重点突出，让普通听众都能听懂。

（二）盲目乐观，有失严谨

表现为企业负责人对未来的市场盲目乐观，对利润的预期明显不合理，对企业未来会遇到的风险预估不足。

对策：在对企业的未来利润进行预测时多征求行业内人士的意见，对投资者关心的数据，如销售利润率、内部报酬率、投资回收期等要做到基本符合客观实际。

（三）超出时间，不能控场

创业计划书讲解的时间一般都有严格的规定，创业者必须在规定时间内完成路演，否则会因讲述内容不全面而影响路演的效果。

对策:路演开始前多次练习,严格控制时间。根据创业计划书的内容和现场观众的表现及时调整路演内容的详略程度,在规定时间内完成路演。

(四)弄虚作假,无中生有

个别创业者为了取得更好的名次或者吸引投资者注意,会编造一些数据或者提供虚假的证明材料,一经发现会严重影响创业者的信誉。

对策:实事求是,客观真实。

(五)答非所问,张冠李戴

创业计划书路演的最后一个环节是评委提问,部分选手答非所问,有意拖延时间,这样的回答没有任何意义。

对策:建议在一分钟内简要回答评委的问题,回答不上来的问题直接告诉评委没有考虑过或考虑不成熟,今后会对评委的问题重点关注。回答的问题越多越能更好地展示企业形象。

二、创业计划书的路演技巧

(一)明确创业计划的展示对象

1. 展示对象是企业内部员工

展示对象是企业内部员工时,创业计划书展示的作用主要是使企业员工明晰企业未来的路线图,强化企业愿景,增强团队的凝聚力,激发团队团结一致向目标奋进。这种情况下,展示者应本着朴实无华,不进行过多语言修饰,客观地描述创业计划书的各方面内容,尤其是对容易出现问题的领域不回避,甚至提请员工提出不同意见。

2. 展示对象是企业外部投资者或其他利益相关者

创业计划书的展示对象是投资者、潜在商业伙伴、潜在的客户或应聘关键职位的人员等时,要力求清晰明了,路演要具有说服力,能够彰显企业的吸引力并证明创业计划书的相关内容具有高度的可行性。

(二)向投资者陈述创业计划的技巧

1. 陈述准备

制作幻灯片,陈述内容以陈述时间为限,一分钟准备200~250字为宜。

2. 陈述的关键点与技巧

幻灯片的总数量15张左右为宜,不求全面,要抓住重点,尤其是投资者感兴趣的部分。每张幻灯片的字数不宜过多,字号适中,切忌太小;能用图表表示的尽量用图表。

公司概况:用1张幻灯片迅速说明企业概况和目标市场。

机会(尚待解决的问题和满足的需求):用2~3张幻灯片重点阐述。

解决方式:企业如何解决问题和满足需求,用1~2张幻灯片。

管理团队:用1~2张幻灯片简要介绍关键管理者的优势和特长。

目标市场:用1~2张幻灯片介绍企业即将进入的目标市场的状况,即利基市场的状况。

竞争者:用1~2张幻灯片介绍企业直接和间接的竞争者并重点说明企业的应对策略。

财务分析:用2~3张幻灯片重点说明企业何时盈利,为此要投入多少资本,何时实现现金流量持平等。

退出战略:用1张幻灯片说明企业的资金需求数目及设想的退出战略。

(三)现场答辩与反馈

创业者要敏锐地预见投资者可能会提出什么问题,并做好充分的准备。答辩阶段是非常重要的,投资者往往会通过提问考察创业者是否挖掘到了问题的本质,以及对新创企业的了解程度。

一般来说要注意以下几点。

(1)准确理解投资者的问题,回答有针对性,避免泛泛而谈。

(2)尽量在投资者提问结束后迅速作答,回答内容连贯,条理清楚。

(3)回答问题准确可信:回答内容尽量建立在事实和可信的逻辑推理上。

(4)特定方面充分阐述:对投资者特别关心的方面能做出详尽的解释、说明。

(5)团队成员配合默契:团队成员在回答问题时能够协调配合,相互补充,回答到位。

推荐视频

1. 纪录片《创新之路》第六集《政府之责》。
2. 财经频道《创业英雄会》。

课堂活动

讲讲你的创业计划。

第十二模块　企业的初创办

案例导读

金陵科技学院大学生开创业公司卖"萌"

水墨淡彩的红楼梦桌游、精美的窗花U盘、玲珑雅致的绿植吊坠，还有古色古香、独具南京特色的手绘地图、秦淮八艳杯、秦淮灯笼茶具……这些萌动十足的文创产品均来自于金陵科技学院大学生创业项目——南京为你萌文化传媒有限公司。

公司负责人之一冯森是金陵科技学院建筑工程学院2016级工程管理专业的学生。说起创业的初衷，他说："大一的时候，同学从北大为我寄来了一张北大的手绘地图和笔记本。我收到礼物后也想回送给他同类型的礼物。但当时我们学校还没有任何关于自己的文创产品。这时我萌生了一个念头，既然学校没有相关文创产品，我能不能尝试着做一做呢？"

于是冯森找了几个志同道合的小伙伴，互相交流想法，逐渐开始有了做文创产品的念头。创业初期，出于成本、储藏、运输等因素的考虑，他们决定先做定制明信片、笔、U盘等产品，他们拍了很多学校照片，充分利用"金科"元素，再加上自己的创意灵感，在学校招就处、学院领导和老师的帮助下，通过零售、集体采购等方式，成功售卖了一千多份产品。虽然数量不是很多，但获得了良好的口碑，这对刚刚创业的冯森来说是莫大的鼓励。

2017年3月，为你萌公司进驻金科创客汇，学校给予免除场地费、水电费的优惠，并在大学生就业创业政策解读、知识产权保护和财务税务等方面给予指导。公司核心团队5人分别负责产品、市场、策划、设计等工作，同时不断招纳学校和周边高校从事设计专业的或对创业感兴趣的兼职大学生，通过自主设计定制商品、手绘地图、手绘漫画图书，承接宣传画册的设计和印刷等。

在创业过程中也遇到了挫折。冯森说，一开始他们没有创业经验，也干了一些傻事。在没有进行充分市场调研的情况下，他们购买了刻字的机器和一千多个苹果，想在平安夜出售平安果，结果只卖出了几十个苹果，剩下的只能打折出售给水果店挽回一些损失。在逐渐摸索的过程中，团队成员开始以需求为导向，将理念与产品落地紧密结合，并不断研发开创设计产品，为学校学院学生的奖品采购提供文创产品。现在手绘地图已经成为每一位新生来校时必备的一份指南，而金科明信片、定制戒指、印章等产品，也吸引了大多数毕业班进行集体采购。公司成立以来,运营状况逐渐好转,2018年一年的营业额已突破两百万。

冯森说,创业是很辛苦的,没有做好思想准备,就不要过早创业。四年的大学时光是很珍贵的,一定要做好规划,如果决定要创业,可以先参加一些学科竞赛、创业项目的比赛,有了专业知识打基础,再加上专业教师的指导,创业的想法会更成熟。

创业让这个性格内向的小伙子变得逐渐开朗和坚毅,也让他更善于思考,开始懂得在生活中发现商机,并挖掘它,使之成为可能。

【资料来源:中国江苏网,2019年,有删改】

知识一 选择合适的企业组织形式

创业者在决定创建企业之时,首先必须要解决的重要问题是为企业选择一个法律上适当的组织形式。按照财产的组织形式和企业所承担的法律责任的不同,企业可分为个人独资企业、合伙制企业和公司制企业。

一、个人独资企业

(一)个人独资企业的概念

个人独资企业是商业史上最早出现的企业形式,也是最简单、门槛最低、最常见的企业形式。凡是一国公民,在法律允许的范围内,都可以依法申请并经核准登记成立独资企业,从事个体工商业活动。

2000年1月1日,国家开始实施《中华人民共和国个人独资企业法》。根据这部法律,个人独资创办企业资金门槛被取消,一元钱即可开办公司的梦想成为现实。个人独资企业是指依照《中华人民共和国个人独资企业法》在中国境内设立的,由一个自然人独自投资,全部财产为出资者个人所有,出资人以其个人财产对企业的债务承担无限责任的经营实体。

个人独资企业包括个体工商户和个人业主制企业,是指由个人出资兴办,产权上完全归个人所有,独自承担无限责任的企业形式。这种企业组织形式一般适用于零售业、服务业、手工业、电子商务等小型企业。

(二)个人独资企业的优缺点

个人独资企业对于初次创业者来说具有明显的优点:申请和关闭手续简单、费用低、负税较少、利润独享、经营灵活、决策迅速、制约因素少、保密性强等。

个人独资企业也具有一些缺点:由于承担无限清偿责任导致经营风险较大;发生债务诉讼的时候,原告既可以追诉企业的经营财产,也可以追诉企业主的个人财产;由于是个人独资企业,雇佣人数很少,所以企业规模往往较小,存在组织机构不健全、管理水平不高、缺乏成长性等。

二、合伙制企业

（一）合伙制企业的概念

合伙制企业是指依照《中华人民共和国合伙企业法》在中国境内设立的，由超过两人以上的自然人、法人和其他组织经申请批准设立的普通合伙企业和有限合伙企业。普通合伙企业由普通合伙人基于合作协议成立，企业财产为合伙人的共同财产，由合伙人按照约定进行管理和使用，每位合伙人都对合伙企业的债务承担无限连带责任，不依各人的出资和在企业中的地位情况而有所区别。有限合伙企业则是由普通合伙人和有限合伙人组成。二者的区别是，普通合伙人对合伙企业的债务要承担无限连带责任，有限合伙人则只是以其出资额为限对合伙企业的债务承担责任。

总的来说，合伙制企业适合于资本规模相对较小、管理层次和结构不复杂的企业。对于大学生创业来说，选择普通合伙人要尤其谨慎。我们知道，大学生由于资本实力较低，无限责任可能使其沦落到山穷水尽的地步。所以，我一般建议大学生以有限合伙人的身份加入，以自身的人力资本作价投资，如专利技术或者管理和商业创意，选择那些具有雄厚资金的个人或组织成立有限合伙企业。

（二）合伙制企业的优缺点

合伙制企业的第一个优点是灵活。各个合伙人可以根据自身情况选择不同的出资形式，除了货币形式还有劳务、知识产权、管理或营销才能、创意、实物、场地等。不过，法律规定，有限合伙人不得以劳动出资。这一点特别适合大学生在赤手空拳的时候也能够创业。第二个优点是扩大了企业各项生产要素的来源和信用能力，增加了企业生存和发展的可能性。第三个优点是税收上的好处。因为合伙企业是非法人组织，因此不用缴纳法人所得税，可以降低创业的成本。

合伙制企业也具有一些缺点。例如多头领导可能导致管理混乱、重大决策的低效率可能导致机遇延误；合伙人变动对企业存续所构成的不稳定性，如有人退出或加入都会引起企业的重组；企业达到一定规模时，继续成长存在较大局限。

三、公司制企业

（一）公司制企业的概念

公司制企业又称公司，是指依照《中华人民共和国公司法》（以下简称《公司法》）组建，由多人出资兴办，能够独立享有民事权利，承担民事责任的以盈利为目的的法人组织。公司制企业不同于前两种形式的企业，主要区别是：公司制企业是法人企业，对债务承担有限责任；公司是企业法人，公司作为企业法人，有独立的民事行为能力，对债务只承担有限责任；法律对公司设立的诸多方面均有明确要求，包括发起人资格、最低资本额、公司章程和公司的组织机构等方面。

应该说，公司制是企业发展的高级形式，是现代企业制度的代表，是最适合于大规模生产与交换的组织形式。它在法人制度、管理体制、决策程序、资源配置、经营决策、收入分配等各方面都要以具有法律效力的形式固定下来,所以它的治理水平也是最高的。

(二)公司制企业的分类

公司的种类较多,一般主要依据股东所承担的责任分为无限公司、有限责任公司、股份有限公司和两合公司。根据《公司法》,对上述分类又主要归结为有限责任公司和股份有限公司。

1. 有限责任公司

有限责任公司是指由《公司法》规定的一定数量的股东所组成,股东对公司承担责任大小以其出资额为限;全部公司资产都要对公司债务承担责任。

有限责任公司包括一般有限责任公司和一人有限责任公司。其中,一人有限责任公司是我国公司法新设定的一种企业法律形式。它对创业的新人尤其是大学生创业者较为适用。一方面,大学生可以以承担有限责任的较小的风险实现个人的创业梦想,另一方面,由于《公司法》对企业的严格规制,使得创业者必须在创业前做好个人能力、资金准备,政策法律、公司运作和科学管理与决策等方方面面的准备,为创业奠定基础。

2. 股份有限公司

股份有限公司是指依法成立的,公司资本主要由企业职工股份构成,全体职工股东共同出资的,采取共同劳动、民主管理、共担风险的方式组成的企业法人。在责任上,每个职工股东以其所持股份的多少为限对企业承担责任,企业则以全部资产承担责任。

(三)公司制企业的优缺点

公司制企业的优点包括:可以通过发行股票和债券筹集大量资本;股东只承担有限责任,即股东以出资额为限对公司债务承担有限责任;公司雇用专业人员负责管理工作,所有权与管理权分离,有助于提高企业管理水平。

公司制企业的缺点包括:股东利益与管理人员目标难以一致,经理层人员可能为了自身利益去做一些不符合股东意志的事。一般来说,开采业、制造业和金融业企业多采用公司制企业的形式。

比较而言,有限责任公司是绝大多数创业者在组建公司制企业时较多采用的组织形式。同时,在上述三类企业中,相对于个人独资、合伙人企业来说,公司制企业还存在组建复杂、门槛高、法律要求严格、税负相对较重、组织相对复杂、协调成本高、保密性较差等问题。不过,具体选择企业组织形式时还要综合考虑相关情况,才能做出合理的选择。

知识二 企业起名及注册

一、企业起名与选址技巧

(一)企业的起名技巧

1. 企业起名的原则

企业名称是企业的无形资产,企业后续的一切名誉和无形资产都会注入这个名字中。因此给企业起名时,要遵循一定的原则。

(1)识别性:它是本公司区别于其他公司的标志,要求具有独创意义,力避雷同,让人一目了然。

(2)统一性:公司名称与公司其他形象应具有质的一致性,不能自相矛盾。

(3)传播性:公司名称简明、清晰、易写、易记,是传播的必要条件。

(4)专有性:一个公司必须拥有自己专有的概念,才能在市场中标新立异。

2. 企业起名的注意事项

(1)忌讳语意隐晦:寓意隐晦就是语音过于深奥,别人看不懂。如选用冷僻字,意思虽好,没有人懂,寓意再好也没有意义。

(2)忌讳不吉:含义不吉利是商业起名的大忌。因为它不但让名字的主人产生不好的联想,更重要的是它会影响别人对主体的接受,不论主体是一个人、一个企业,还是一件商品。

(3)偏字:企业名称是供消费者呼叫的,本应考虑用字的大众化问题,有些人之所以使用冷僻字取名,是认为能取出好名字取决于能否选到个好字眼。所以,一提到取名,首先想到的便是去翻《康熙字典》。殊不知,实际情况则恰好相反。

(4)忌讳多音:以多音字取名,名字有两个或更多的发音时就容易让人感到无所适从。当然这并不是说取名绝对不能用多音字。但至少要保证别人能够确定其读音,不至于读错。

(二)企业的选址技巧

创业企业都需要有经营场所,企业的选址与未来的经营发展有着很大的关系。对于创业者来说,将创业的地点选在哪个城市、哪个区域是一件先决性的事情。尤其是以门店为主的商业或服务型企业,店面的选择往往是成功的关键。好的选址等于成功了一半。

大多数创业者都会选择在熟悉的市、地(家乡或者学习的城市等)开展创业。在选定目标城市后,还需要进一步选择具体的经营地点。不同类型的创业企业,在选址上优先考虑的因素各不相同。

1. 生产性质的创业企业选址

这类创业企业在选址时要考虑是否具备生产条件:交通方便便于原料运进和产品运出;生产用电要满足,生产用水要保证;生产所使用的原料基地要尽量离企业不远;所使用的劳动力资源要尽量就地解决;考虑当地税收是否有优惠政策等。如果是可能对环境造成影响的生产项目,还须考虑环保因素。

2. 商业性质的创业企业选址

这类创业企业在选址时应考虑创业地的实际情况、客流量、店铺租金等。商业圈往往带动圈内商业的规模效应,选择在商业圈内会较易经营。但与繁华商圈寸土寸金的消费能力相比,店铺租金或转让费也是寸土寸金,往往会让创业者捉襟见肘,想要得一立足之地倍感困难。因而可以在商业圈内利用联合经营、委托代销等方式,或者在商业圈边缘选址,转向"次商圈",将节约下来的资金用于货品升级、提升服务等。在选址时要有"借光"的意识,比如在体育馆、展览馆、电影院旁边选址等。如果选择商圈之外的经营场所,则要注意做出特色形成自己独特的风格,以达到"酒香不怕巷子深"的效果。

3. 服务性质的创业企业选址

这类创业企业要根据具体的经营对象灵活选址,对客流量要求较高。"天下熙熙,皆为利来;天下攘攘,皆为利往",客流一定意义上就等于财流。在车水马龙人流量大的地段经营,成功的概率往往比在人迹罕至的地段要高得多,但也应结合企业的目标消费群体特点,如针对居民的应选在居民社区附近;针对学生的则应选在学校附近;如果以订单为主,低成本、高效能的办公楼成为首选。

目前,创业的年轻人多以从事服务性和知识性产品的创业者为主,集中在网络技术、电子科技、媒体制作和广告等产业。这些性质的公司可以选在行业聚集区或较成熟的商务区以及新兴的创意产业园区。

在选择经营场地时,各行业考虑重点各不相同,其中有两项因素是不容忽略的,即租金给付的能力和租约的条件。经营场地租金是最固定的营运成本之一,即使休息不营业也得支出。有些货品流通迅速,空间要求不大的行业,如精品店、高级时装店、餐厅等,负得起高房租,就设于高租金区;而家具店、旧货店等,因为需要较大的空间,最好设在低租金区。

二、企业注册的流程及事项

(一)企业开办的事项

1. 法人资格

法人是具有民事权利能力和民事行为能力,依法独立享有民事权利和承担民事义务的组织法人。企业或机构都必须由董事会任命法人代表,内资企业法人代表可以是有选举权的守法中国公民,不一定占有股权。法人代表不应有税务不良记录,否则会带来不必要的税务困难。

2. 注册资金

个体户和分公司是不需要注明注册资金的,注册资本实行认缴制后,取消了最低注册资本的要求,而且首次不需要实际出资,也无须再提供验资报告,这大大降低了注册公司的成本,换句话说,现在是近乎零成本注册公司。

3. 公司住所

根据《公司法》和《中华人民共和国物权法》的规定,公司注册的商业产权证上的办公地址最好是写字楼。对大学生创业者来说,目前有很多经济园区或孵化机构可以免费或优惠提供公司住所。

4. 银行开户

领取营业执照后需去银行开立基本账号,各个银行开户要求略有不同,开基本户需要提前准备好各种材料,一般包括营业执照正本原件、身份证、组织机构代码证、公司财务章、法人章等。基本存款账户是存款人因办理日常转账结算和现金收付需要开立的银行结算账户。基本存款账户是存款人的主办账户,存款人日常经营活动的资金收付及其工资、奖金和现金的支取,应通过该账户办理。

5. 税务登记

税务是公司注册后涉及的比较重要的事务,一般要求在申领营业执照后的30天内到税务局办理税务报到程序,核定税种税率,办理税务登记证等。另外,每个月要按时向税务局申报税,即使没有开展业务不需要缴税,也应进行零申报。

(二)企业注册的流程

创业者为企业选择了适合的法律形式以后,还要给企业一个明确的法律地位,这就涉及去工商行政管理部门进行核准登记,取得企业的营业执照和有关部门颁发的经营许可证,方可开展工商经营活动。至此,新企业才真正诞生了。企业注册所依据的法规主要是《中华人民共和国公司登记管理条例》和国家工商行政管理局发布的一系列适用于企业登记的行政规章。

1. 个人独资企业和合伙制企业

(1)注册个人独资企业和合伙企业应具备的条件如下。

①投资人为一个自然人;法律和法规禁止从事营利性活动的人,不能作为个人独资企业投资人。

②有合法的企业名称,名称中不能使用"有限""有限责任"或"公司"的字样。

③实际拥有投资人申报的出资额。

④有固定的生产经营场所和其他必要的生产经营条件。

⑤从事临时经营、季节性经营、流动经营和没有固定门面的摆摊经营,不得登记为个人独资企业。

(2)企业材料核准。

①投资人签署的申请书(企业名称、投资额、经营地址、经营范围等)。

②投资人的身份证明。

③委托人的身份证明。

④企业住所证明:所有权及使用权文件、租赁协议复印件。

⑤有关部门的批准文件:法律、行政法规规定的前置审批手续。包括行业审批文件、专营、专卖审批文件(卷烟)、有关部门审批文件(卫生许可证等)。

⑥委托代理人文件。如果存在委托则需要投资人的委托书。

(3)受理审核时限。

法律规定,申请办理个人独资及合伙企业的设立、变更、注销登记和备案,只要是材料齐全,符合法定形式和要求,工商行政管理机关应当当场做出登记决定,并在5个工作日内核发营业执照或其他登记证明。

(4)登记管辖。

市工商局登记管辖范围如下。

①出资额在3 000万元(含)人民币以上的个人独资企业。

②从事工商注册代理业务的合伙企业。

③专业从事旧机动车经纪业务的个人独资企业及合伙企业。

④从事验资、审计、资产评估机构的合伙企业。

区县工商分局登记管辖范围如下。

①市工商局受理范围以外的个人独资企业及合伙企业,由企业注册地所在工商分局负责登记注册。

②个人独资企业及合伙企业的分支机构。

(5)收费标准。

部分项目在各地的收费标准并不相同,且国家和各地方政府对大学生创办企业有优惠减免政策,故此处的收费标准仅作参考。

①个人独资企业、合伙企业及其分支机构设立登记费300元。

②企业变更登记费100元。

③补换执照收取费用50元。

④执照副本每份收取工本费10元。

2. 公司制企业

(1)注册公司制企业应具备的条件。

大学生创业注册公司制企业,要比注册独资企业和合伙企业更为复杂,需要熟悉的政策和法律更多。创业者不但要在办理登记前认真了解相关的法律法规,而且要确保具备登记的资格,更要确保提交的文件材料真实、合法,否则将承担由提交虚假材料引发的一切法律后果。

因公司注册的地点、经营的范围、公司的类型不同,公司制企业注册所需要的条件可能有所不同。以下仅为参考。

①公司注册地址。

公司注册地址与个体工商户的要求不同。多数大中城市要求公司注册地址必须是商业办公用房,住宅不能作为注册地址。

②公司注册资本与账户。

注册公司必须实际拥有符合法律规定的最低注册资本。一人有限公司的最低注册资本为10万元人民币,两人及以上的注册公司最低注册资本为3万元人民币。有专门规定的特殊行业需符合行业最低注册资本要求。例如注册国际货运公司要求注册资本最低为500万元人民币。

在公司注册期间,需开设公司的临时验资账户。投资人将注册资本打入这个账户后委托会计师事务所进行验资。公司注册完成后,还应开设公司的基本账户及纳税账户。

③公司经营范围。

公司的经营范围必须在法律法规许可的范围内。经营特殊行业或产品需办理行业许可证后方能纳入经营范围。例如,销售酒类需办理酒类批发许可证。再如,注册运输公司需要有一定数量的汽车,还要办理道路运输许可证。

④公司股东、法人代表。

法律对公司制企业的股东和法人有着比较详细的要求:国家公务员不得从事或者参与营利性活动,不得在企业或者其他营利性组织中兼任职务;公务员辞去公职的,原系领导成员的公务员在离职三年内,其他公务员在离职两年内,不得到与原工作业务直接相关的企业或者其他营利性组织内任职,不得从事与原工作业务直接相关的营利性活动;法律、行政法规规定禁止从事营利活动的人,个人所负债务数额较大,到期未清偿的,不得成为企业投资人;此外还有一些与大学生创业者无关的条件,此处不再赘述。

⑤财务人员。

公司注册成立后,每个月都需要做账和报税。所以,办理税务登记时需提供财务人员的身份信息,购买发票也需办理发票管理员证。

（2）企业材料核准。

有限责任公司登记注册时应提交的文件如下。

①公司法定代表人签署的公司设立登记申请书。

②公司章程。

③全体股东指定的代表或者共同委托代理人的证明。

④有资质的验资机构出具的验资证明。

⑤股东首次是以非货币形式资产出资的,应当在公司注册登记时提交已办理其财产转移手续的证明文件。

⑥股东和法人的身份证明。

⑦载明公司法人、董事、监事、经理的姓名、地址的文件及有关委任、选举或聘用的文件。

⑧企业名称预先核准通知书。

⑨公司住所证明,指提供注册地址的房产证复印件和租赁协议。

⑩国家工商行政管理总局规定要求提交的其他文件。

股份有限公司登记注册时应提交的文件如下。

根据《公司法》第九十三条规定,公司董事会应于创立大会结束后三十日内,向工商行政管理部门报送下列文件,申请登记。

①公司登记申请书。

②董事会创立大会的会议记录。

③公司章程。

④验资证明。

⑤法人、董事、监事的任职文件及其身份证明。

⑥发起人的法人资格证明或者自然人身份证明。

⑦公司住所材料,包括注册地址的房产证复印件和租赁协议。

（3）受理审核时限。

①申请公司营业执照,受理后5个工作日可领取执照。

②办理企业法人代码证,于质量技术监督局窗口办理,受理后1个工作日办理。

③办理税务登记证书,于税务登记机关窗口办理,自领取营业执照之日起30日内办理。

（4）登记管辖。

公司设立登记是公司成立的必经程序。根据法律规定,不同的公司注册登记的管辖机构并不相同,下面简略介绍一下不同公司注册登记的管辖。

省、自治区、直辖市工商行政管理部门负责本辖区内下列公司的登记。

①省、自治区、直辖市工商行政管理部门规定由其登记的自然人投资设立的公司。

②依照法律、行政法规或者国务院决定的规定,应当由省、自治区、直辖市工商行政管理部门登记的公司。

③国家工商行政管理总局授权登记的其他公司。

设区的市工商行政管理部门、县工商行政管理部门、直辖市的工商行政管理分局、设区的市工商行政管理局的区分局,负责本辖区内下列公司的登记。

①《中华人民共和国公司登记管理条例》第六条和第七条所列公司以外的其他公司。

②国家工商行政管理总局和省、自治区、直辖市工商行政管理部门授权登记的公司。

▶ 推荐阅读

新公司法修正案解读。

▶ 课堂活动

给你的企业画幅肖像图。

第十三模块　初创企业管理

 案例导读

创业公司如何在管理上做减法

小公司，不光要在战略方向、路径上做减法，组织上也要做减法。组织上如何做减法呢？

（一）找尽可能少的人

创业公司首先要聚焦业务，想清楚自己的战略是什么。确定了战略之后，要去寻找战略对口的人才。跟战略对口的人共事，做事效率才高。

战略想清楚后，最重要的是找人。找人和想战略是一个硬币的两面，如果战略想不清楚，那么就找不对人，也不容易说服人。因为战略的思考以及对核心竞争能力和壁垒的思考会转化为公司需要什么样的必备核心技能，而核心技能是由人掌握的。

所以创业者的战略想得越透，对需要找的人的描述就越清楚。如果一个小公司连自己的战略都没想清楚，就开始用一个大公司的视角做人才培养了，这会浪费很多管理精力。所以小公司要找尽可能少的人，能雇一个人，绝对不雇两个人。

（二）你找到的员工怎样你便怎样

找人一定不容易，你对找人的重视程度充分反映在你每天花多少时间和精力以及你对这个品质的要求，跟你自身对这个事情的重视程度是挂钩的。

（三）找到你能找到的最优秀的人

很多创业者说，说服一个有能力的人为自己工作特别难，所以他们就偷懒去找一些信任的人，其实这是对执行力的稀释。

要尽量找能力最强的人。你看刘备的手下，诸葛亮、张飞、关羽都比他强，这就是做减法的思维。

不管你有多优秀，你都要尽可能找到身边最优秀的人。自己很强还能欣赏别人很强以及有能力把最强的人聚集起来，这个就叫领导力，这是和战略相关的。为什么呢？你要说服一个很牛的人,他自己野心很大,如果你的野心不足够大,甚至不比他的大,那他能加入你的团队吗?

所以你要能说服一些优秀的人加入到你的团队,首先要求你的战略方向,其次你的野心要能打动他。

(四)找那些能自驱动的人

小公司找团队不要找需要被管理的人,要找有自驱动力的人自愿加入,人数越少越好。

当然,这些主要是针对初创公司,初创公司应该做减法,但当业务发展到一定阶段,肯定是要做乘法和加法的。

【资料来源:腾讯网,2021年,有删改】

知识一 企业的组织结构

一、组织结构的含义和内容

(一)组织结构的含义

组织结构是组织内的全体成员为实现组织目标,在管理工作中进行分工协作,通过职务、职责、职权及相互关系构成的结构体系。组织结构的本质是成员间的分工协作关系,也是人们的职、责、权关系,因此组织结构又可称为权责结构。

(二)组织结构的内容

1. 职能结构

职能结构,即完成组织目标所需的各项业务工作及其比例和关系。例如,一个企业有生产、技术、人力资源、营销等不同业务职能,各项工作任务都为实现企业的总体目标服务,但各部分的权责关系却不同。

2. 层次结构

层次结构,即各管理层次的构成,又称组织的纵向结构。例如,企业纵向层次大体可分为董事会、总经理、各职能部门、基层部门、班组等组织结构层次。

3. 部门结构

部门结构又称组织的横向结构,即各管理或业务部门的构成,如企业的生产部、采购部、技术研发部等。

4. 职权结构

职权结构,即各层次、各部门在权力和责任方面的分工及相互关系,如董事会负责决策、经理负责执行和指挥、各部门相互协作等。

二、组织结构设计的原则

组织结构设计合理与否可以通过一定的标准来评价,这些标准就是组织设计时必须遵循的原则。

1. 目标一致性原则

组织结构的设计和组织形式的选择必须有利于组织目标的实现。任何组织都有其特定的目标,组织及其每一部分都应该与其特定的组织目标相联系,组织的设计与调整都应以其是否对实现组织目标有利为衡量标准。

2. 专业化分工与协作原则

组织结构应能充分反映为实现组织目标所必需的各项任务和工作分工,以及相互之间的协调。为此要做到分工合理,协作明确。一般地,分工越细,专业化水平越高,责任越明确,效率也越高,但却带来了机构增多、协作困难和协调工作量大等问题;分工太粗,机构减少,但专业化水平也低。因此,进行组织设计时,要根据需要合理确定分工。组织设计中管理层次的分工、部门的分工和职权的分工,以及各种分工之间的协调,都是专业化分工与协作原则的具体体现。

3. 统一指挥原则

统一指挥是指一个下级只接受一个上级的命令和指挥,同时这个下级只对这个上级负责。该原则要求上下级之间要形成一条纵向连续的等级链,一个下级只有一个上级领导,一个项目只能由一个人负责,一般上级不能越级指挥。

4. 管理幅度原则

管理幅度是指一个上级管理者能够直接有效地管理下属的人数。任何管理者的时间和精力都是有限的,所以管理人员有效地监督、指挥其直接下属的人数也是有限的。不同的管理者应该结合工作的性质及被管理者的素质等具体情况来确定适合本组织的管理幅度,既做到统一指挥,又便于组织内部信息沟通。

5. 权责对等原则

权责对等,即职权与职责必须对称或相等。进行组织设计时既要明确每一部门的职责范围,又要赋予完成其职责所必需的权力,两者必须协调一致。

6. 集权与分权相结合的原则

为了保证有效的管理,处理好集权和分权的关系,要求对组织中的重大决策及全局性的管理问题实行集权,对于局部性日常管理问题实行分权,这样才能加强组织的灵活性和适应性。

7. 精干高效原则

精干高效原则是衡量组织结构合理与否的主要标准。在满足组织目标所要求的业务活动需要的前提下,力求减少管理层次,精简机构和人员,提高管理效率。

8. 弹性结构原则

企业生存的环境是不断变化的,目标也必须随之不断调整。这就要求组织结构既要有相对的稳定性,又要根据组织长远目标、组织内外部环境条件的变化做出相应的调整。也就是说,组织结构要具有一定的弹性以适应变化。

三、组织结构的基本类型

1. 直线型组织结构

直线型组织结构是最古老、最简单的组织结构形式,适用于小型企业组织或应用于现场的作业管理。该结构的特点是组织中各种职务按垂直系统直线排列,各级主管人员对所属下属拥有直接职权,每个下属只接受一个上级的指令并只能向一个直接上级报告。

直线型组织结构具有结构比较简单、责任分明、权力集中、联系快捷、命令统一、决策迅速等优点。直线型组织结构的缺点是:要求主管人员通晓多种知识技能,亲自处理各种业务;在组织规模较大的情况下,所有的管理职能都集中由一人承担,而这个人往往会由于个人的知识及能力有限而感到难于应付,顾此失彼,可能发生较多事故;部门之间的协调能力较差。

2. 职能型组织结构

这一组织形式最早由泰勒提出。该结构的特点是,在组织中设置一些职能部门,分管组织的某些职能管理业务,各职能部门在自己的业务范围内有权向下级单位发布命令和指示,直接指挥下属。

职能型组织结构的优点是:分工较细,责任明确,能够分发挥职能机构的专业管理作用,减轻上层主管负担。职能型组织结构的缺点是:由于各个职能部门都拥有指挥权,因而容易形成多头领导、协调困难。

3. 直线职能型组织结构

这是一种综合了直线型组织结构和职能型组织结构的特点而形成的组织结构形式。它最早由法约尔提出。该结构的特点是:设置了两套系统,一套是按命令统一原则组织的直线指挥系统;一套是按专业化原则组织的职能系统。直线部门的管理人员担负着实现组织目标的直接责任,并拥有对下属的指挥权;职能部门的管理人员是直线指挥人员的参谋,主要负责提供建议和信息,他们只能对下级机构进行业务指导,而不能进行直接指挥和命令。这样就保证了整个组织的统一指挥和管理,避免了多头指挥和无人负责的现象。

直线职能型组织结构的优点:一是既保证了统一指挥和管理,又避免了多头领导和无人负责的现象;二是既保持了直线型结构的直线领导统一指挥的优点,又保持了职能型结构的职能管理专业化的优点;三是既避免了直线型结构管理粗放的缺点,又避免了职能型结构造成的多头领导的弊病。直线职能型组织结构的缺点:各职能部门自成体系,横向联系少,协调比较困难;参谋部门与直线部门之间的目标不易统一,彼此间易产生不协调或矛盾,致使上层主管协调工作量增大。

4. 事业部型组织结构

事业部型组织结构形式最初由美国通用汽车公司的斯隆创立,故又称为"斯隆模型"。事业部型组织结构是现代大公司广为采用的一种重要的组织形式,它适用于产品多样化经营的组织,并尤为适用于市场环境复杂多变或所处地理位置分散的大型企业与巨型跨国公司。事业部型组织结构的管理原则是"集中决策,分散经营"。在该种组织形式中,企业按产品类别、地区或经营部门分别成立若干事业部。该项产品或地区的全部业务,从产品设计制造一直到销售全由事业部负责。各事业部独立经营,单独核算,具有相对独立的利益和自主权。企业的最高管理层是企业的最高决策机构,其职责是研究和制定公司的总目标、总方针、总计划及各项政策。

事业部型组织结构的优点是:组织高层主管摆脱了具体的日常事务,有利于集中精力做好战略决策和长远规划,提高管理灵活性和适应性;有利于发挥事业部的主动性和积极性;有利于发展产品专业化;有利于培养和训练管理人才。

事业部型组织结构的缺点是:机构重复造成管理人员的浪费;协作较差,各事业部独立经营,相互协调困难,不能有效地利用企业的全部资源;内耗大,各事业部主管人员考虑问题往往从本部门出发,容易忽视整个组织的利益。

5. 矩阵型组织结构

矩阵型组织结构是由纵横两套管理系统组成的组织结构,一套是纵向的职能领导系统,另一套是为完成某一任务而组成的横向项目系统。也就是说该结构既有按职能划分的垂直领导系统,又有按项目划分的横向领导系统。有的企业同时有几个项目需要完成,每个项目要求配备不同专长的技术人员或其他资源。为了加强对项目的管理,每个项目在总经理或厂长领导下由专人负责。其中工作小组或项目小组一般由不同背景、不同技能、不同知识、分别选自不同部门的人员组成。组成工作(或项目)小组后,小组成员为某个特定的项目任务而共同工作。

矩阵型组织结构适合以项目为生产主体的、需要对环境变化做出迅速而一致反应的组织使用。例如,咨询公司和广告代理商就经常采用矩阵组织结构,以确保每个项目按计划要求准时完成。在复杂而动荡的环境中,采取人员组成灵活的产品管理小组形式,可以大大增强组织对外部环境变化的适应能力。

矩阵型组织结构的优点:将组织的纵向联系和横向联系很好地结合起来,有利于加强各职能部门之间的协作和配合,有利于及时沟通情况、解决问题;具有较强的机动性,能根据特定需要和环境的变化,保持高度民主的组织适应性;把不同部门、具有不同专长的专业人员组织在一起,有利于互相启发、集思广益,有利于攻克各种复杂的技术难题,顺利地完成工作任务;在发挥人的才能方面具有很强的灵活性。

矩阵型组织结构的缺点:①在资源管理方面存在复杂性。②稳定性差。小组成员是由各职能部门临时抽调组成的,任务完成以后都要回到原职能部门工作,容易使小组成员产生临时观点,不安心工作,从而产生一定的负面影响。③权责不清。由于每个成员都要接受两个或两个以上的上级领导的指挥,隐藏着职权关系的混乱和冲突等威胁,容易造成管理秩序混乱,使组织工作丧失效率性。

6. 多维立体组织结构

多维立体组织结构是直线职能型、矩阵型、事业部型和地区、时间结合为一体的复杂组织结构形态。它是从系统的观点出发建立的多维立体的组织结构。

多维立体组织结构主要包括三类管理机构:一是按产品划分的事业部,是产品利润的中心;二是按职能划分的专业参谋机构,是专业成本的中心;三是按地区划分的管理机构,是地区利润的中心。

多维立体组织结构可使上述三个方面的机构协调一致、紧密配合,为实现组织的总体目标服务。多维立体组织结构适用于多种产品开发、跨地区经营的跨国公司或跨地区公司,可以为这些企业在不同产品、不同地区增强市场竞争力提供组织保证。

知识二 企业的人员管理

一、人员管理的概念

所谓人员管理,是指为实现企业目标,最大限度地调动和发挥企业所有人员的积极性、主动性和创造性所进行的一系列有效工作。

具体来说,企业的人员管理有两层含义:一是"管",二是"理"。所谓"管",主要是指对人进行激励、监督、控制和协调等,从而激发、调动人员的积极性;所谓"理",主要是指对人进行教育培养,提高人的劳动技能和思想素质,加速个性完善,最终达到进行自我管理的目的。

二、企业人员管理的方法

初创企业人员管理的关键在于人尽其用。每个企业都有其自身运行的规律。所以每个企业管理的办法也是各不相同的,不可能采取一样的管理方式。管理者要采用多种手段,从物质、精神两方面满足员工的多种需求,达到激励的效果。

(一)物质激励

首先,在薪酬体系上,要体现公平性的原则。初创企业人员一般都是比较少的,人与人之间的接触也比较多,如果采用平均主义,员工都会采取观望、偷懒等方式为自己省力。一旦形成这种风气,大家就会失去工作的动力。这就需要管理者对工作和人员进行合理的分配,定人定岗,收入与岗位相关。员工根据自己的能力选择合适自己的岗位,根据贡献的多少来获得报酬,"能者多劳,多劳多得"。

其次,物质刺激应采取多种形式。例如,开展劳动竞赛,在一定时间内激发出员工更大的工作热情。还可以通过股份制改造,把股份按照年资、贡献度等分配给员工。使员工成为企业的主人,企业赚钱了,可以通过股份分红的方式让员工感受到持股的好处。建立股权激励,对于贡献大的员工,可以允许他们购买股份,这样在年底分红时,员工会切实感受到企业给自己带来的利润。

(二)精神激励

人们的需求是多种多样的,需要的激励自然也是多种多样的。马斯洛认为:人的需求分为五个层次,即生理需求、安全需求、感情需求、尊重需求和自我实现需求。当物质激励和精神激励并行时,对员工的激励作用才是最好的。

(1)尊重企业员工的人格、重视员工的意见,让员工参与到企业的管理中,树立"企业主人翁"的意识,让员工为在企业做事感到光荣。

（2）为企业员工搭建事业发展的平台。对于能力突出的人,一定要给予提拔,如果没有职务的空缺,也可以先把待遇提上去,让员工感受到企业对他的重视。

（3）创造良好的工作氛围。企业发展靠的是员工的共同努力,员工都喜欢公司里有好的工作氛围,有平等交流沟通的平台、融洽的同事关系、丰富的团队活动。这样让员工可以在相对舒适的办公环境和人际关系中工作,为公司的做大做强做出他们的贡献。

（4）建立好的企业文化。企业可以通过企业文化的建设宣传自己,使认可这样企业文化的员工进入到企业,为企业工作。员工认可这样的企业文化,他们在工作中就会充满强烈的使命感和持久的驱动力,从而激发出他们的无限潜能。

知识三 企业的薪酬管理

一、提高企业薪酬管理满意度

员工对薪酬管理的满意度是衡量薪酬管理水平高低的最主要标准。让员工对薪酬满意,使其能更好地为公司工作,是进行薪酬管理的根本目的。员工对薪酬管理的满意度越高,薪酬的激励效果越明显,员工就会更好地工作,从而得到更高的薪酬,这是一种正向循环;如果员工对薪酬的满意度较低,则会陷入负向循环,长此以往,会造成员工的流失。员工对薪酬管理的满意度,取决于薪酬的社会平均比较和公平度。

（一）社会平均比较

社会平均比较是指员工会将自己的薪酬水平与同等行业同等岗位的薪酬进行比较,如果发现自己的薪酬高于平均水平,则满意度会提高,如果发现自己的薪酬低于平均水平,则满意度会降低。薪酬管理的主要工作之一就是对岗位的价值进行市场评估,确定能吸引员工的薪酬标准。

（二）公平度

公平度是指员工把自己薪酬与其他员工薪酬进行比较之后感觉到的平等程度。提高公平程度是薪酬管理中的难点。实际上,人力资源部门不可能在这点上做到让全体员工满意。许多公司之所以实行薪酬保密制度,就是为了防止员工得知其他员工的薪酬水平后,降低对薪酬管理公平度的认同。另外,如果没有对公平度的认同,员工也会很难认同薪酬与绩效间的联系,从而降低绩效考评的效果。

公平度是员工的主观感受,人力资源部门不要试图通过修订薪酬制度来解决这个问题。当然,薪酬制度在不适应公司发展的需要时,可以进行修订,但它不是提高公平度的最有效办法。在解决这个问题时,人力资源部门应该将注意力集中在薪酬管理的过程中,而不是薪酬管理的结果上。

比如,在制定薪酬制度时,可以让员工参与进来。实践证明,员工参与决策能使决策更易于推行。一些企业管理者担心,员工参与薪酬制度的制定会使政策倾向于员工自身的利益,而不顾及公司的利益。这个问题在现实中是存在的,但解决办法是让企业管理者和员工一起来讨论分歧点,求得各自利益的平衡。员工参与或不参与的区别仅在于:如果员工参与,在政策制定之初就会发现并解决问题;如果员工不参与,当政策执行时,同样会暴露问题,但这时往往已丧失了解决问题的先机。

另外,人力资源部门还要促使企业管理者和员工建立起经常性的关于薪酬管理的沟通,促进他们之间的相互信任。总之,沟通、参与与信任会显著影响员工对薪酬管理的看法,从而提高对薪酬管理的满意度。

二、制定薪酬水平的原则

(一)战略导向原则

企业的薪酬管理不仅仅是一种制度,更是一种机制,应该将薪酬体系构建与企业发展战略有机结合起来,使薪酬管理在实现企业发展战略方面发挥重要作用。在薪酬设计中,应驱动和鞭策那些有利于企业发展战略实现的因素得到成长和提高,使不利于企业发展战略实现的因素得到有效的遏制、消退和淘汰。

(二)相对公平原则

公平包括三个层次:机会公平、过程公平和结果公平。

1. 机会公平

机会公平是最高层次的公平,其能否实现受到企业管理水平以及整个社会发展水平的影响。员工能够获得同样的机会是一种理想状态,因此在薪酬决策过程中要适度考虑机会公平。组织在决策前应该与员工互相沟通,涉及员工切身利益问题的决策应该考虑员工的意见,主管应该考虑员工的立场,应该建立员工申诉机制等。

2. 过程公平

过程公平是薪酬制度设计要实现的最终目的。薪酬制度的设计既要保证制度得到切实、有效的执行,又要保证制度的权威性和严肃性,因此在薪酬设计和薪酬分配过程中要体现过程公平。

3. 结果公平

结果公平包括三个方面:自我公平、内部公平和外部公平。自我公平是员工对自己付出与获得报酬比较后的满意感觉;内部公平和外部公平是薪酬设计应该注意的问题,因为只有实现内部公平和外部公平,才能实现员工对薪酬的满意。

结果公平是所有企业最应关注的问题,同时企业也不能忽视过程公平,因为过程不公平会导致结果不公平。如果只关注过程公平而忽视结果公平,那过程公平是没有意义的。

(三)激励有效原则

激励有效原则主要体现在激励内容和激励方式要符合个体实际情况,以下几个方面应该得到企业管理者的重视。

(1)在我国目前发展阶段下,绩效工资、奖金等报酬具有比较强的激励作用,因此在激励内容方面,应该详细研究固定收入与浮动收入的比例关系,在固定收入满足员工生活基本需要的前提下,应加大绩效工资、奖金等激励薪酬的比重;另一方面,在重视物质激励作用的同时,不能忽视精神激励的重要作用。

(2)在激励方式上,首先应该加强激励的及时性。其次,要恰当使用正激励和负激励。表现好的员工给予及时奖励,不足的地方应及时指出并给予适度鞭策。

(3)企业在进行薪酬设计时要充分考虑薪酬激励作用的投入产出关系。薪酬激励是有成本的,成本就是对人力资源额外的投入,产出就是公司效益的增加。应该对为企业创造更多价值的环节给予更多激励,不能为公司创造更多价值的环节则给予较少激励。

(4)激励效应要发生作用首先需解决内部公平问题,而真正解决内部公平问题要根据员工的能力和贡献大小将薪酬适当拉开差距,让贡献大的获得较多报酬,以充分调动他们的积极性。不同的岗位价值不一样,同一岗位不同任职者能力也有差别,因此员工贡献不可能一样。因此,进行薪酬设计时要将员工收入根据岗位因素、个人因素、业绩因素等适当拉开差距。

(5)企业在进行薪酬设计时,要将不同层级员工间收入适当拉开差距,以调动员工的积极性和工作热情,让员工看到奋斗的目标和方向。另一方面,这个差距也不能过于悬殊,过于悬殊的薪酬政策容易导致员工内部不公平,影响员工的积极性,影响上下级之间的工作关系,不利于形成好的团队氛围。

(四)外部竞争原则

高薪收入对优秀人才具有不可替代的吸引力,因此若要保留和吸引优秀人才,企业薪酬水平应该具有一定的竞争力。

在薪酬设计时应考虑以下两个方面。

(1)劳动力市场供求状况是进行薪酬设计必须考虑的因素。目前,我国人力资源市场的主要特征是:新毕业大学生、基层管理人员、普通专业技术人员供给充足,人力资源总量供大于求;而中高层管理人员、中高级专业技术人员还比较缺乏,尤其是某些行业高级管理人员、高水平的专业技术人员更是供不应求;技术工人尤其是高水平技术工人也比较缺乏;普通操作工人供求存在严重结构失衡,除某些地区供过于求外,我国大部分地区存在严重供不应求。

对人力资源市场供应比较充足、工作经验要求不高的岗位,不宜一开始就提供太高的薪酬,应该提供一个具有适度竞争力的薪酬,或者不低于市场平均水平的薪酬,根据业绩表现淘汰不合格者,同时给业绩优秀者留出足够的晋级空间。对于中高层管理岗位、中高级专业技术人员,应根据人力资源市场价格,提供具有竞争力的薪酬。对于企业发展所需的战略性、关键性人才,薪酬水平应在市场上具有一定的竞争力,以便保留和吸引这些人才。

(2)公司行业地位、人力资源储备以及公司财务状况都是企业进行薪酬设计时考虑的必要因素。如果公司在行业内具有重要地位,员工以在该公司工作为荣,那么一般情况下不必采取市场领先薪酬策略,因为员工在这里工作除了获得经济性薪酬外,还获得了其他非经济性薪酬,如社会地位、发展机会等。如果公司在行业内不是处于领先地位,那么薪酬就不能低于行业平均水平,否则就存在着难以招聘到优秀人才以及优秀人才流失的风险。

公司人力资源储备比较充足,说明公司整体薪酬水平(经济性薪酬和非经济性薪酬)是令员工比较满意的,因此薪酬水平不应有大幅度提高;如果公司处于快速发展阶段,人力资源储备严重不足,应及时调整薪酬策略,使员工薪酬水平保持一定的竞争力。

如果公司盈利情况较好,为股东创造了更多价值,可以适度提高员工的收入水平,以实现股东、管理者和员工的多赢局面;如果公司盈利情况比较差甚至亏损,员工尤其是中高层管理者薪酬水平应该受到一定的影响。

(五)经济性原则

薪酬设计必须充分考虑企业自身发展特点以及支付能力,平衡股东和员工的利益,平衡企业的短期和长期发展。薪酬设计要进行人工成本测算,将人工成本控制在一个合理范围内,以下几个方面应该得到管理者的重视。

(1)吸引人才不能完全依靠高薪政策。很多企业为了吸引和保留优秀人才,不惜一切代价提高薪酬标准,其实这是不可取的。吸引人才的方式方法有多种,除了优厚的薪酬外,良好的工作条件、和谐的人际关系、施展本领的舞台和职业发展空间等都是非常重要的因素,如果一味提高薪酬标准而在其他方面仍存在较大欠缺,那么高薪不仅不会带来预期效果,可能还会带来严重的负面影响——首先大大增加了企业的人工成本,其次可能会引起薪酬内部不公平,影响其他员工的积极性。

(2)进行薪酬设计时要进行人工成本测算,详细分析人力资源投入产出关系。如果高薪吸引了优秀人才,但却发挥不了作用,创造不出预期绩效,这样的高薪也就失去了意义。

(3)进行薪酬设计时,要根据行业特点以及公司产品竞争策略制定适合的薪酬策略。对于资本密集型企业,人工成本在总成本中的比重较小,应该将注意力集中在提高员工的士气和绩效上,不必过分计较支付水平的高低。对于劳动密集型企业,人工成本在总成本中的比重较大,因此需要进行详细的外部市场薪酬调查分析,给员工合适的薪酬水平,薪酬水平与行业薪酬水平要基本一致。对于知识密集型企业,一般情况下人工成本占总成本比重较大,高素质的人才是这类企业发展不可缺少的,因此薪酬水平应该在行业内具有一定的竞争力。同时应仔细研究公司产品或服务价值创造过程,分析各环节创造的价值,给予员工合适的薪酬水平,平衡股东、管理者和员工的利益。

(六)合法原则

薪酬设计要遵守国家法律、法规和政策规定,这是薪酬设计最基本的要求。特别是有关国家强制性规定,企业在薪酬设计中是不能违反的,如最低工资制度、加班工资规定、员工社会养老保险规定、带薪年休假制度等。

初创企业的生存法则(百度)。

 课堂活动

你来做创业参谋。

附录一

"云共享"远程智慧农业控制管理系统股份有限公司商业计划书

目 录

前言 ·· 1①
1 项目企业概要 ·· 3
   1.1 创业项目概念 ··· 3
   1.2 市场机遇与市场谋略 ·· 3
   1.3 目标市场及发展前景 ·· 4
   1.4 创业项目的竞争优势 ·· 5
   1.5 创业项目营收与盈利 ·· 5
   1.6 创业项目的核心团队 ·· 6
2 业务概述 ·· 6
   2.1 企业宗旨 ··· 6
   2.2 商机分析 ··· 7
   2.3 行业分析 ··· 8
   2.4 主要业务与阶段战略 ·· 11
3 产品与服务 ·· 13
   3.1 产品技术概况 ··· 13
   3.2 产品优势分析 ··· 14
   3.3 产品研发历程 ··· 15
   3.4 产品优势与市场前景 ·· 15
   3.5 产品生产 ··· 16
4 市场营销 ·· 18
   4.1 目标市场 ··· 18
   4.2 竞争环境分析 ··· 19
   4.3 企业竞争分析 ··· 19
   4.4 市场营销 ··· 20
5 创业团队 ·· 23
   5.1 项目负责团队简介 ··· 24
   5.2 人员配置和职责 ·· 24
   5.3 人才战略规划 ··· 25
   5.4 创新管理机制 ··· 26
   5.5 管理团队优势与不足 ·· 27
   5.6 人才激励措施 ··· 27

---

① 该页码为原创业项目计划书的页码,此处保留。——编辑注。

6 财务预测 ··· 28
6.1 财务管理制度 ·· 28
6.2 主要财务假设 ·· 28
6.3 销售数据预测 ·· 29
6.4 利润表 ·· 30
6.5 现金流量表 ·· 31
6.6 财务报表分析 ·· 32
7 融资说明 ··· 33
7.1 资金说明 ··· 33
7.2 风险投资者权利 ··· 33
7.3 投资者介入公司管理层说明 ··· 34
7.4 财务报告 ··· 34
8 风险与退出 ··· 34
8.1 风险分析 ··· 35
8.2 风险对策说明 ·· 36
8.3 投资退出时间和方式 ·· 36

前　言

　　农业是全面建成小康社会和实现现代化的基础,必须加快转变农业发展方式,着力构建现代农业产业体系、生产体系,走高效、节约、环境友好的农业现代化道路。所以,实现农业现代化,是实现国家现代化的重要组成部分。而实现农业现代化就离不开设施农业的推广和应用。

　　设施农业是指在外界环境条件不适宜作物生长的时候,采用塑料中小棚、地膜覆盖、温室或连栋温室等人工设施及相关联的加温保温、降温降湿、通风遮光等设备设施,为作物生长创造一个相对稳定、适宜的环境,以达到提高产量、改善品质的目的。设施农业是当今世界最有活力的新兴产业之一,能够大幅度提高农产品的产量。

　　从 20 世纪 50 年代来,世界上很多国家的设施农业得到了飞速的发展,基本上实现了技术配套、设备完善、生产规范化和系统化,并且形成了可靠和保证性强,自动化、智能化等高科技的全新技术体系的设施农业。我国设施栽培历史悠久,但现代设施栽培起步较晚。20 世纪 50 年代末中国出现了塑料棚和日光温室,对解决中国北方冬、春季的蔬菜供应起到了较大的作用。

　　设施农业对于国家农业现代化生产以及国家经济发展起到了极大的促进作用,如今计算机科技、物联网技术发展迅速,所以我们必须要将这些技术应用到设施农业中去,来达到作物最接近理想化的生长环境。现代化农业大棚作为现代工程电子技术以及生物技术的结合体,利用全自动控制系统,创造出最适宜的生态环境,将外界环境和气候变化的影响降到最低。在最大限度地减少人力物力的同时提高产量,因此,现代化全自动大棚技术将极大限度的促进农业生产,所以其应用前景十分广阔。

　　目前,随着互联网技术的快速发展和普及,基于互联网的云共享平台逐渐增多,共享经济已经成为一种全新的商业模式和经济形式,它为我们提供了一种不同于传统商业的全新思路,所以,我们创新性地在我们的线上平台加入了云共享线上智慧农业,通过互联网技术对线上用户进行整合和数据分析,建立虚拟农场和实际智慧农场相结合的共享智慧农业平台农业,在分析用户相关数据的同时对实际农场进行改良和优化,建立以市场需求为导向的全新农业生产模式,做到互利共赢。

　　本公司的主要经营领域就是智慧农业智能体系和云共享平台,主要产品包括:温室大棚智能远程控制管理系统、智能农业机器人、智能农业远程管理控制网络云平台和智慧云共享农场等。本公司致力建设于一家服务全面的智能网络化农业公司,积极进行产品研发升级,创建有影响力的智能农业品牌,建立一套以市场需求为导向的全新农业生产模式。

　　本公司创新性的将传感器整合到无线传送网络中:通过在农业设施内布置温度、湿度、光照、等传感器,对环境进行检测,从而对温湿度,光照等进行自动化控制。通过更加精细和动态监控的方式,来对农作物进行管理,更好的感知到农作物的环境,达到"智慧"状态。

　　我们的产品充分利用了"互联网+"的优化和集成的优势,同时,本公司积极开发并且优化线上销售以及服务使用平台,使得产品在销售和使用上更具智能化,同时也提高资源利用率和生产力水平。

1 项目企业概要

1.1 创业项目概念

本公司的主要经营领域就是智慧农业智能控制体系和云共享平台,主要产品包括:温室大棚智能远程控制管理系统、智能农业机器人、智能农业远程管理控制网络云平台和智慧云共享农场等。本公司致力建设于一家服务全面的智能网络化农业公司,积极进行产品研发升级,创建有影响力的智能农业品牌,建立一套以市场需求为导向的全新农业生产模式。

在商业模式上,我们采取了一种不同于传统商业的全新思路,所以,我们创新性的在我们的线上平台加入了云共享线上智慧农业,通过互联网技术对线上用户进行整合和数据分析,建立虚拟农场和实际智慧农场相结合的共享智慧农业平台农业,在分析用户相关数据的同时对实际农场进行改良和优化,建立以市场需求为导向的全新农业生产模式,做到互利共赢。

我们的企业通过稳步发展,坚持以人为本,以科技为源泉,以用户为导向,以市场为准则,通过物联网+互联网+大数据云处理技术+产品核心技术的不断创新,励精图治,必将大有作为,为我国农业现代化的发展贡献一分力量!

1.2 市场机遇与市场谋略

要坚持创新驱动、智能转型、强化基础、绿色发展,加快从制造大国转向制造强国。规划的核心是促进工业化和信息化深度融合,开发利用网络化、数字化、智能化等技术,着力在一些关键领域抢占先机、取得突破,以加快制造业转型升级。规划中首次提出制定"互联网+"行动计划,首次出现"工业互联网"概念,推动移动互联网、云计算、大数据、物联网等与现代制造业结合,使我国逐渐迈向工业强国。这使得我们具有一定的政策支持,并且与国家的发展战略相符合。

我们要通过我们具有创新性的产品技术以及互联网服务,迅速占据一定的市场份额,保证我们的品牌有立足之地,同时保证产品的及时升级和进步,确保产品和平台的创新性和领先性。

1.3　目标市场及发展前景

我国主要农业区和工业区大致在华东、华南以及华北区域,同时,这些地区也是我国经济发展较为迅速的区域,所以,这些区域对于农业现代化装备需求较高,而且具有一定的购买力。所以,我们将主要市场定在华南和华北区域。

随着农业生产经营体制的创新,中国将出现大批量的新型农业经济体,即农业示范园区、家庭农场、农业专业合作社等,这将是一次农业产业化的浪潮。在此产业化大潮下,农业相关的配套服务业尤其是设施农业必然迎来快速发展的契机,所以,该系统的应用可以极大程度的提高我国农业现代化水平,促进我国农业经济的发展,较于我国目前经济发展状况,现代化全自动智能农业管理系统的应用前景十分广阔。

随着农业现代化的发展,设施园艺工程因其涉及学科广、科技含量高、与人民生活关系密切,已经越来越受到世界各国的重视。这也为我国大型现代化全自动温室的发展提供了极好的机遇,并产生巨大的推动作用。我国的现代化温室是在引进与自我开发并进的过程中发展起来的。温室大棚是一种可以改变植物生长环境、植物生长创造最佳条件、避免外界四季变化和恶劣气候对其影响的理想场所。所以,智能温室大棚也是农业现代化的一个重要发展方向。

我国正制定机器人产业"十三五"发展规划,推进机器人产业发展。《中国制造 2025》给出了机器人领域的路线图:2020 年,我国工业机器人年销量将达到 15 万台,保有量达到 80 万台;到 2025 年,工业机器人年销量将达 26 万台,保有量达 180 万台。所以农业机器人的发展也会是一个重点和趋势。

同时,在目前"互联网+"的形势下,充分的利用互联网的优势进行产品的网络平台开发也是当前智慧农业的一个重要部分,利用互联网网络云平台可以极大程度的提高管理的方便性和及时性,可以将产品的潜在功用完全发挥,同时也方便了用户的使用和数据管理和统计,应用前景十分广阔。

1.4　创业项目的竞争优势

本公司的主要优势就是智慧农业一体化,整个智慧农业主要由温室大棚智能远程控制管理系统、智能农业机器人、智能农业远程管理控制网络平台等组成。同时我们还提供有针对性的智慧农业实施方案,可以为用户提供个性化的智能农业实施方案。

本公司创新性的将传感器整合到无线传送网络中,通过在农业大棚内布置温度、湿度、光照等传感器,对棚内环境进行检测,从而对棚内的温湿度,光照等进行自动化控制。通过更加精细和动态监控的方式,来对农作物进行管理,更好的感知到农作物的环境,达到"智慧"状态。同时,我们的智能温室还可以配合我们的智能农业机器人一起使用,可以实现"机器换人"的要求。

我们的产品充分利用了"互联网+"的优化和集成的优势,同时,本公司积极开发并且优化线上销售以及服务使用平台,使得产品在销售和使用上更具智能化,同时也提高资源利用率和生产力水平。

1.5 创业项目营收与盈利

我国政府对新创业的大学生有很多鼓励措施,如自登记注册之日起,3年内可以免交登记类、证照类、管理类等各项行政事业性收费等等。公司成立三年内享受大学生创业免税的优惠政策。针对高校创业,在3年内按每户每年8 000元为限额依次扣减其当年实际应缴纳的营业税、城市维护建设税、教育费附加和个人所得税。高校毕业生从事技术转让、技术开发业务及与之相关的技术咨询、技术服务取得的收入,可免征营业税。因此,在进行财务分析时,没有考虑相关税费。

企业策划由内部人员完成,并有相关科技学会免费提供人力资源支持。资产折旧年限为5年,采用直线法进行摊销。

存货控制采用先进先出法,期末存货按下期销售收入的10%提取,生产厂房及机器设备估计使用寿命10年,按直线折旧法计算;以技术入股的无形资产按10年摊销。

成本费用中的主营业务成本、营业费用均与销售收入密切相关,呈同向变化,我们假定其与销售收入成一定比例变化。

根据市场调查、企业发展战略、营销进度和企业生产能力做出如下预测。

年份 项目	第一年	第二年	第三年	第四年	第五年
销售数/台	1 500	1 800	2 300	2 500	3 000
单价/元	5 300	5 300	5 300	5 500	5 500
销售额/万元	795	954	1 219	1 375	1 650

注:单价由单位生产成本和一定的目标利润率确定。

1.6 创业项目的核心团队

公司性质预设计为一家股份有限责任公司,将采取以产品为划分方式以公司与事业部制组织结构。由股东代表组成董事会,实行总经理负责制,下设财务部、营销推广部、公关部、物流部、研发中心等。

团队成员具有较强的科研能力、管理经验和理论功底,并聘请在上市公司从事过管理、营销和科研工作的高级技术及管理人员,好为公司上市积累实践经验。

跨专业:成员研究方向分别是食品安全推广、计算机网络、电子技术、物联网技术、企业管理、会计等专业人员,涵盖了不同的专业和学科。

专业化:团队成员有丰富的工作、实践经验和较全面的专业知识。

团队合作:紧密的团队合作精神、明确的专业分工,使我们成为充满朝气、更具实力的集体。

2　业务概述

2.1　企业宗旨

公司使命和远景:成为区域影响最大的智慧农业的制造商和技术服务商。最终求得个人、企业、社会的和谐与可持续发展。

核心价值观:企业、客户和员工共同发展。

企业精神:专业敬业、科技创新、与时俱进。

服务理念:以顾客为中心,提供优良的服务,不断提高产品质量。

管理理念:严格的管理,永远的关怀,成就共享、责任共担。以人为本,以科技为源泉。

公司宗旨:科技引领健康安全,创新成就行业领先,良知创造美好未来。以智慧农业带动我国农业现代化的发展。

2.2　商机分析

随着农业生产经营体制的创新,中国将出现大批量的新型农业经济体,即农业示范园区、家庭农场、农业专业合作社等,这将是一次农业产业化的浪潮。在此产业化大潮下,农业相关的配套服务业尤其是设施农业必然迎来快速发展的契机,所以,该系统的应用可以极大程度的提高我国农业现代化水平,促进我国农业经济的发展,较于我国目前经济发展状况,现代化全自动智能农业管理系统的应用前景十分广阔。

我国科技部通过我国"863"发展计划建立了一百多个农业智能应用系统、200 个示范区已经扩展到全国 20 多个省;同时,国家发改委同国土资源部、财政部、农业部等多个部委共同编制了《全国高标准农田建设总体规划纲要》,指出,要在 2020 年前建成 8 亿亩高标准农田,总投资预计在 8 000 亿到 16 000 亿之间,同时还会对高智能、高标准的农业示范区补助 1 000~2 000 万元。所以,以上国家政策无疑是对智能农业发展的极大促进,国家对于智慧农业的巨大投入,也是为我们创造了巨大的市场机遇。

随着农业现代化的发展,设施园艺工程因其涉及学科广、科技含量高、与人民生活关系密切,已经越来越受到世界各国的重视。这也为我国大型现代化全自动温室的发展提供了极好的机遇,并产生巨大的推动作用。我国的现代化温室是在引进与自我开发并进的过程中发展起来的。温室大棚是一种可以改变植物生长环境、植物生长创造最佳条件、避免外界四季变化和恶劣气候对其影响的理想场所。所以，智能温室大棚也是农业现代化的一个重要发展方向。

我国正制定机器人产业"十三五"发展规划，推进机器人产业发展。《中国制造2025》给出了机器人领域的路线图：2020年，我国工业机器人年销量将达到15万台，保有量达到80万台；到2025年，工业机器人年销量将达26万台，保有量达180万台。所以农业机器人的发展也会是一个重点和趋势。

同时，在目前"互联网+"的形势下，充分的利用互联网的优势进行产品的网络平台开发也是当前智慧农业的一个重要部分，利用互联网网络云平台可以极大程度的提高管理的方便性和及时性，可以将产品的潜在功用完全发挥，同时也方便了用户的使用和数据管理和统计，应用前景十分广阔。

2.3 行业分析

2.3.1 行业背景

我国农业计算机的应用开始于20世纪70年代，80年代开始应用于温室控制与管理领域。20世纪90年代初期，中国农业科学院农业气象研究所和作物花卉研究所，研制开发了温室控制与管理系统，并开发了基于Windows操作系统的控制软件；90年代中后期，江苏理工大学毛罕平等人研制开发了温室软硬件控制系统，能对营养液系统、温度、光照、CO_2、施肥等进行综合控制，是目前国产化温室计算机控制系统较为典型的研究成果。在此期间，中国科学院石家庄现代化研究所、中国农业大学、中国科学院上海植物生理研究所等单位也都侧重不同领域，研究温室设施的计算机控制与管理技术。"九五"期间，国家科技攻关项目和国家自然科学基金均首次增设了工厂化农业（设施农业）研究项目，并且在项目中加大了计算机应用研究的力度，其中"九五"国家重大科技产业工程"工厂化高效农业示范工程"中，直接设置了"智能型连栋塑料温室结构及调控设施的优化设计及实施"的专题。

20世纪90年代末，河北职业技术师范学院（现名河北科技师范学院）的闫忠文研制了作物大棚温湿度测量系统，能对大棚内的温湿度进行实时测量与控制。中科院合肥智能机械研究所研制了"农业专家系统开发环境—DET系列软件"和智能温室自动控制系统，能够有效地提高作物产量、缩短生长期、减小人工操作的盲目性。北京农业大学研制成功"WJG-1"温室环境监控计算机管理系统，采用了分布式控制系统。河南省农科院自动化控制中心研制了"GCS-I型智能化温室自动控制系统"，采用上位机加PLC的集散式控制方法，软件采用智能化模糊算法。中国农业大学设计研制的"山东省济宁大型育苗温室计算机分布式控制系统"，实现了计算机分布式控制。

在几年前，国家农业信息化工程技术研究中心开始建立农业云服务平台。全国各地的农田数据，像温湿度、作物参数、遥感影像，还有土肥工作站定期采集、化验的土壤参数，农产品贸易价格，都源源不断地经过网络流入这个农业云服务平台；这些数据再结合农业专家研究的各种专业模型和算法，就能为全国各地的农场提供全方位的精准农业决策服务。

在目前"互联网+"的形势下，充分的利用互联网的优势进行产品的网络平台开发也是当前智慧农业的一个重要部分，利用互联网网络云平台可以极大程度的提高管理的方便性和及时性,可以将产品的潜在功用完全发挥,同时也方便了用户的使用和数据管理和统计,应用前景十分广阔。

2.3.2 行业发展动态

2013年,我国智慧农业的产业规模已达到4 000亿元,预计到2015年,我国智慧农业的产业规模将突破6 000亿元。智慧农业强调整体化,将田地、养殖场所、周边村落视作一体,利用现代科技,实现能量的循环利用,对农业生产的能量消耗与污染物排放进行监测,保障农业生产环境质量,对土壤、水田品质及耐受程度进行计算,合理处理禽畜粪便,实现循环利用。设施栽培技术的发展,对于农业现代化进程具有深远的影响。

中国智慧农业的市场增长潜力巨大,预计在未来3年左右会爆发式增长。原因在于城镇化过程带来的农村"空心村"问题。中国现在面临最大的问题就是谁来种田的问题。随着老龄化的加剧,中国人口红利期已过去了。未来将出现家庭农场,但家庭农场只是补充,最后还是要走企业化的路,用企业化的方法建设现代农业,这种企业化来从事农业生产的时候,对于农业科技或者现代农业的要求非常高。

数据显示,2014年我国网民数量达6.68亿,农村网民数量为1.78,其中网购的农民有7 714万人,同比增长40.6%,农村网购规模超过1 800亿,同比增长60%以上。受政策力挺、互联网快速普及农村市场以及电商冲击等因素影响,农村电商近年快速发展。这为我们推广智慧互联网农业创造了良好的铺垫。

这就意味着农民对于智能温室大棚和智能农业机器人等新一代的智能化农业机械更加易于接受,目前的智能农业机器人主要可以从事农业领域的浇灌与喷洒等工作。与人力相比,智能农业机器人在进行喷洒的安全性、资源成本控制和防控效果上具有明显地优势。随着互联网技术和智能农业逐渐普及,农民对农业生产的自动化需求提高,我国智能农业市场将逐渐打开。

2.3.3 行业发展现状与趋势

智慧农业通过生产领域的智能化、经营领域的差异性以及服务领域的全方位信息服务,推动农业产业链改造升级;实现农业精细化、高效化与绿色化,保障农产品安全、农业竞争力提升和农业可持续发展。因此,智慧农业是我国农业现代化发展的必然趋势,需要从培育社会共识、突破关键技术和做好规划引领等方面入手,促进智慧农业发展。

数据显示,2013年,我国智慧农业的产业规模已达到4 000亿元,2014年智慧农业产业规模可达4 807亿元,到2015年,我国智慧农业的产业规模已经突破6 000亿元。

目前我国智慧农业呈现良好发展势头,但整体上还属于现代农业发展的新理念、新模式和新业态,处于概念导入期和产业链逐步形成阶段,在关键技术环节方面和制度机制建设层面面临支撑不足问题,且缺乏统一、明确的顶层规划,资源共享困难和重复建设现象突出,一定程度上滞后于信息化整体发展水平。

我国农业现代化经过1.0到3.0的演进,如今正向4.0迈进。在农业4.0新时代,将呈现以物联网、移动互联网、大数据、云计算等为支撑和手段的一种全新现代化农业形态。在农业领域,智能化技术正通过各式各样的产品和服务,使得整个农业从生产到消费发生巨大变化。在这其中,自然有智能化农业机械的身影。在农机领域,智能化技术正在使得农机从形态到功能发生翻天覆地的变化,无人机、自动插秧机、农机作业精细化管理平台等,既有单个的智能农机产品,也有农业智能化系统和平台。随着智能化技术通过多种方式影响农机和农业,一场全新的"农业革命"正被掀起。

2.3.4 经济影响

目前,随着中国经济进入新常态,经济增长的新动力已经瞄准科技创新。可以看到,2015年中国经济增速创下25年以来新低,传统制造业对中国经济增长的贡献已经略显乏力,但以创新型中小企业为代表的新经济,尤其是科技类已经蓄势待发,尽管有些行业和企业还处于萌芽状态,但它们已经充分显示出了增长的活力和潜力。

在2013年,我国用于"三农"的财政总支出达到了12 286.6亿元,其中,有12%用于智慧农业建设,针对以上经济发展情况来看,我国智慧农业相关经济将会达到一个新的高峰,面对的机遇前所未有。

2.3.5 主要发展因素

结合当前的经济转型来看,中国对科技创新及产业应用的要求极为迫切,今后科技体制改革的突破方向,将会向科技创新以及形成产业能力倾斜。所以,国家经济将会向科技类技术以及产业倾斜。智慧农业设备正在逐步开发,技术发展突飞猛进,科技成果不断创新,前景一片光明。

我国"十三五"农业规划纲要提出了全面推进农业现代化,健全现代农业科技创新推广体系,加快推进农业机械化,加强农业与信息技术融合,发展智慧农业,提高农业生产力水平。所以本产品可以应用于温室大棚内的农药喷洒,可以促进农业现代化装备的发展,符合我国发展战略。

2.4 主要业务与阶段战略

2.4.1 主要业务

本公司的主要经营领域就是智慧农业一体化方向,主要产品包括:温室大棚智能远程控制管理系统、智能农业机器人、智能农业远程管理控制网络平台等。本公司致力建设于一家服务全面的智能网络化农业公司,积极进行产品研发升级,同时我们还提供有针对性的智慧农业实施方案,可以为用户提供个性化的智能农业实施方案。以创建有影响力的智能农业品牌。

本公司创新性的将传感器整合到无线传送网络中:通过在农业大棚内布置温度、湿度、光照等传感器,对棚内环境进行检测,从而对棚内的温湿度、光照等进行自动化控制。通过更加精细和动态监控的方式,来对农作物进行管理,更好的感知到农作物的环境,达到"智慧"状态。

我们的产品充分利用了"互联网+"的优化和集成的优势,同时,本公司积极开发并且优化线上销售以及服务使用平台,使得产品在销售和使用上更具智能化,同时也提高资源利用率和生产力水平。

2.4.2 阶段战略

1. 初期(1~3年内)

第一年:初步进入华北、华南市场,以产品亮点以及销售策略迅速占据一定的市场份额,向市场证明产品的适用性和独创性,获得市场认可和固定的客户群体。采用直接销售的方式进行推广应用。

同时将产品导入市场,树立品牌形象,提高产品知名度;逐步建立健全的销售网络;打开并初步占领销售市场;年累计产量约达到1 500台,销售收入约1 950万元,利润约450万元。

第二、三年:提升品牌形象,增加无形资产;在重点目标市场树立专业品牌形象,在销售网络和技术研发方面建立战略伙伴关系。增加设备,扩大生产规模;年产量达到2 000台,销售额约达到2 600万,利润约达到600万;产品基本成熟,重点挖掘产品新性能,开发衍生产品,拓展市场。公司将研发并推出新产品。

初期运营总体要求:打开并初步占领市场,分阶段稳步建立销售网络,逐步完善并且开发新产品,做到与时俱进。建立本公司在行业内的专业、务实、高效的形象;扩大科研投入,成为专业市场中有代表性的品牌之一。针对成熟产品,增加设备,扩大生产规模。

2. 中期(3~5年)

重点研制相关产品,进一步拓展产品线,实行多元化经营战略,进一步提升产品功能,提高企业形象。加速产品结构的进一步升级,积极与国内外智慧农业巨头进行广泛合作,成为行业内有重要影响的生产研发力量之一。通过直接投资和资本运作,成为中西部地区智能农业和农业设备行业的领导者之一。

3. 长期目标

建立完善的高效的市场网络,核心产品居于同类市场主导地位,不断改善产品特殊适应性能;开发新型的有市场需求的智能农业产品。拓展市场空间、扩大市场占有率,实现产品的多元化和技术的一体化。

将与国内外同行业市场领导者在技术、市场、资本运作等方面进行合作与竞争。

在国内建立华东、华中、东北、华南、西部五个研发中心以及营销推广服务中心,实行分公司及事业部架构模式,将成为同类市场的绝对领导者之一,核心产品居于同类市场主导地位;服务营销、技术服务将成为销售收入中的重要部分。

在研发方面,将公司产品开发范围拓宽,实行产业升级以及产品范围的拓宽,继续增加各个行业的"机器换人"应用,确保企业在这个领域占据绝对市场和技术优势,不断更新产品,保证产品的技术领先地位。

3 产品与服务

3.1 产品技术概况

本公司的主要经营领域就是智慧农业一体化方向,主要产品包括:温室大棚智能远程控制管理系统、智能农业机器人、智能农业远程管理控制网络平台等。

我们的智能温室大棚管理系统从实际需求出发,主要利用单片机作为主控制器,利用多个传感模块与外围电路相结合实现对土壤湿度、空气温湿度和光照强度等多项大棚内环境因子的实时监测并且通过控制多项执行系统的运行,以达到精确科学自动控制的目的。系统将多个环境因子数据采集后将模拟信号传给控制系统,由控制器进行对比判断当前环境是否最适合作物生长,并且设定调整方式以及步骤。同时可以实现对不同类型农作物自动精确供水以及全方位喷洒肥料,并且最大限度地节约水资源,保证了肥料的合理高效利用。而且可以通过无线模块实现远程监测和控制,方便实际应用。该系统立足于实际生产和生活,从根本上解放了生产力,节约了劳动力,并且大幅度提高了生产生活效率。符合农业现代化的要求。

本公司创新性的将传感器整合到无线传送网络中,通过在农业大棚内布置温度、湿度、光照等传感器,对棚内环境进行检测,从而对棚内的温湿度,光照等进行自动化控制。通过更加精细和动态监控的方式,来对农作物进行管理,更好的感知到农作物的环境,达到"智慧"状态。

我们在线上平台加入共享农场的概念进行进一步的推广,通过互联网技术对线上用户进行整合和数据分析,建立虚拟农场和实际智慧农场相结合的共享智慧农业平台农业,在分析用户相关数据的同时对实际农场进行改良和优化,提高产量,并且建立更受大众欢迎的农业作物体系,更好地满足市场的需求。

我们的另一款智能农业设备就是我们的农业机器人,它包括了机械臂机构、图像采集和避障部分、控制系统、WIFI网络部分和行走部分。该机器人通过摄像头和避障部分可以在规定区域内实现自主行走,并且可以实时传输图像到手机APP。喷洒农药依靠机械臂实现,可以达到精确施药,同时还减少了农药对人体的伤害。整体的行走机构为履带式设计,可以克服不同环境和特殊地形的干扰,更方便于实际应用。可以应用于温室大棚或者田间进行精确施肥或者农药喷洒,很大程度上节约了人力,提高了农业生产效率,促进了我国农业现代化的发展。

同时我们的农业机器人搭载有多自由度机械臂,并且整个机械臂部分均利用3D打印技术实现,在保证了机械强度的同时又减轻了整体重量,同时,使得各个构件更加耐腐蚀,保证了产品在特殊环境中的高适应性。

同时,我们开发同步的物联网平台,可以利用网络平台实现对各个温室大棚内各项环境因素的实时监控和数据监测,充分利用的互联网+的优势,实现了智能管理的目标。

3.2 产品优势分析

目前我国实现温室大棚环境自动控制的目的是自动调节温室内的温度、湿度、光照和二氧化碳气体浓度等环境因素,以满足温室作物最佳生长的环境要求。其中,温度和湿度是最重要的环境因素。目前,我国绝大多数温室大棚设备都比较简陋,温室大棚环境仍然靠人工根据经验来管理。环境因素的自动调节和控制的研究正处于起步阶段,已严重影响了设施农业的大力发展。特别是北方地区因其纬度高,寒冷季节长,四季温差和昼夜温差较大,不利于作物生长,目前应用于温室大棚的温度、湿度检测系统大多采用传统的温度、湿度检测。这种温度、湿度采集系统需要在温室大棚内布置大量的测温、测湿电缆,才能把现场传感器的信号送到采集卡上,安装和拆卸繁杂,成本也高。同时线路上传送的是模拟信号,易受干扰和损耗,测量误差也比较大,不利于控制者根据温度变化及时做出决定。

3.3 产品研发历程

本作品从2016年3月开始对构想进行初步设计,在2016年6月参加校园科技展首次亮相,并且从78件作品中入围前五。之后,作品再次优化修改后参加由中国自动化学会举办的2016年12月第二届"中国自动化大奖赛"并获优秀奖。

从2016年3月至今,历经一年,团队成员在老师的带领下,对作品前后进行十一次优化,不断升级。作团队成员不断攻坚克难,最终作品定型。

产品从初步设计到现在历经一年多,经历了无数次的修改,在功能上不断完善,产品功能和网络平台不断建设,使我们的产品具有充分的领先性。

3.4 产品优势与市场前景

我们的智能温室大棚管理系统从实际需求出发,主要利用单片机作为主控制器,利用多个传感模块与外围电路相结合实现对土壤湿度、空气温湿度和光照强度等多项大棚内环境因子的实时监测并且通过控制多项执行系统的运行,以达到精确科学自动控制的目的。系统将多个环境因子数据采集后将模拟信号传给控制系统,由控制器进行对比判断当前环境是否最适合作物生长,并且设定调整方式以及步骤。同时可以实现对不同类型农作物自动精确供水以及全方位喷洒肥料,并且最大限度节约水资源,保证了肥料的合理高效利用。而且可以通过无线模块实现远程监测和控制,方便实际应用。该系统立足于实际生产和生活,从根本上解放了生产力,节约了劳动力,并且大幅度提高了生产生活效率。符合农业现代化的要求。

本公司创新性的将传感器整合到无线传送网络中,通过在农业大棚内布置温度、湿度、光照等传感器,对棚内环境进行检测,从而对棚内的温湿度,光照等进行自动化控制。通过更加精细和动态监控的方式,来对农作物进行管理,更好的感知到农作物的环境,达到"智慧"状态。

同时我们的农业机器人搭载有多自由度机械臂,并且整个机械臂部分均利用3D打印技术实现,在保证了机械强度的同时又减轻了整体重量,同时,使得各个构件更加耐腐蚀,保证了产品在特殊环境中的高适应性。

目前,国际上用每万名工人的机器人拥有量来衡量机器人普及水平。目前,我国每万名工人的机器人拥有量为23台,德国为273台,日本、韩国则超过了300台。这说明我国机器换人还有很大的潜力,制造智能化还有很大空间,"机器换人"的智慧农业还有很大的发展空间。

3.5 产品生产

3.5.1 产品生产流程

在制作之初,需要进行的是整个系统的整体设计。其中包括控制电路设计、整体的机械构造、需要达到的目的及实现的功能。首先进行控制电路设计。

得到控制要求之后首先需要进行的是电路的设计,当基本电路图完成、电路设计完成后,首先需要进行的是仿真,我们用到的是proteus这一款软件,用来检查电路基本设计是否有问题。当电路检查完成后,进行的是PCB制作。首先我们用的是DXP15这款软件,开始进行的是原理图的制作。

电路原理图完成后接下来就是导出PCB电路图,为电路制作做准备。进行电路检验自后就可以进行电路图的热转印,转印完成以后就可以进行电路板打孔和焊接,最终确定实物。

电路部分设计完成后,就会进行产品的程序设计,确保产品功能的实现,最后,是产品模型的设计和制作,设计出3D模型之后进行检验和检查,就可以开始进行模型机械构件的打印。

最终,产品进行机电一体化调试之后开始进行组装,确保各项功能的实现,最终进行产品验收。图1为产品设计流程图。

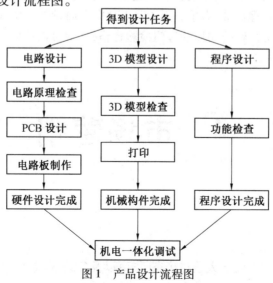

图1 产品设计流程图

3.5.2 生产设备购置

生产周期：从原料到成品要约1个月。
工人要求：相关专业本科以上学历、经过三个月的专业技术培训
技术要求：外观、电气性能达到技术要求。
生产设备：见表1。

表1 生产设备览表

设备	电路自动焊机设备	自动换刀PCB雕刻机	电脑设备	孔化机设备	光学BGA返修台	专用激光打印机	PCB热转印机	蚀刻设备	网络服务器
产地	国产	国产	国产	国产	国产	国产	国产	国产	
台数/台	1	2	5	2	1	2	2	1	2
单价/（RMB万元）	150	6.5	1	1	3	0.5	0.5	1	30
金额/万元	150	13	5	2	3	1	1	1	60
合计/（万元）	236								

3.5.3 生产过程

成本控制：加大科技研发力度，改进生产工艺流程，加强生产人员的技能培训，合理控制库存和原材料的购置成本，降低非正常损耗，提高合格品产出率，最大程度的降低生产成本。

产品研发：①自主研发，学校科研人员和设备，进行新产品的开发，并结合中国食品安全的发展，制定研发方向。②战略伙伴合作研发，和各农业技术科研所或农业技术、农机、企业等部门进行合作，优势互补、强强联合进行研发。

质量管理：制备具有先进技术是我们在蔬菜农药残留速测市场长足发展的基础。为此，公司将实行全面质量管理标准，力争获得国际ISO9002质量管理认证和国际ISO14000环境管理体系认证。产品必须经公司质检部门检验合格，并附合格证后方可出厂。

4 市场营销

4.1 目标市场

我国主要农业区和工业区大致在华东、华南以及华北区域，同时，这些地区也是我国经

济发展较为迅速的区域,所以,这些区域对于农业现代化装备需求较高,而且具有一定的购买力。所以,我们将主要市场定在华南和华北区域。

我们的目标顾客就是针对一些具有一定购买能力的农业公司或农业个体户,他们即具有一定的购买能力,又有一定的创新思维和意识,可以发展为我们的目标客户。

本公司主要把产品定位于我国传统农业中的"机器换人",极大限度减少农业耕种或者喷洒农药的人员的投入。

产品主要为智慧农业一体化方向,温室大棚智能远程控制管理系统、智能农业机器人、智能农业远程管理控制网络平台等。同时我们还提供有针对性的智慧农业实施方案,可以为用户提供个性化的智能农业实施方案。以创建有影响力的智能农业品牌。

4.2 竞争环境分析

在农业机器人方面,中国制造业升级带来的巨大机器人市场蛋糕,走在前面的国际机器人巨头自然不会坐视不理。引进大项目升级技术,"以市场换技术""以补贴促机器换人"的首尾双向补贴政策,都为机器人行业的火热再度浇下热油-四大家族(瑞士ABB、日本发那科公司、日本安川电机、德国库卡机器人)闻风而至,其他巨头也相继加入。在珠西六市一区,无论是从事装备制造的企业,还是地方官员,几乎每个人都对"四大家族"耳熟能详。所以,老牌大公司占据了57.5%的市场,并且掌握了大部分的核心技术。

在智能农业方面,根据我们的调查,主要有以下四家公司,主要占据了我国华北和华南的大部分市场,大约占据了智能农业市场的45%的份额,同时也拥有着相对领先的设备技术以及市场地位。

4.3 企业竞争分析

对企业的利弊分析和所处环境评价一般通过SWOT模型来进行,它包括企业优势(strength)、劣势(weakness)、机会(opportunity)、威胁(threats)四个方面的因素。

通过SWOT分析,将对我们企业内部和外部条件进行综合和概括,进而分析现存的优劣势、面临的机会和威胁,具体分析情况见表2。

相关对策:
(1)加大技术研发力度,提高产品的技术竞争力。
(2)推出具有创新性的产品,便于占据市场份额。
(3)做好相关风险投资,吸引一些投资公司进入,提供初期技术支持。
(4)不断进行产品更新和升级,确保及时把握市场动向。

表2　企业竞争力分析

项目		评价内容
优势 （S）	内部因素	新兴产业，发展潜力巨大
		有强劲的技术支持和技术指导
		管理团队能力较强，具有一定的应变能力和市场分析能力
		产品具有较强的适用性和稳定性
		以高校研发机构为依托，具有持续的研发优势
		先进的管理架构设计，高素质的管理团队和专业的员工队伍
劣势 （W）	内部因素	产品技术核心缺乏竞争力
		早期产品可能遇到瓶颈
		管理团队经验不足，资金运转不充分
机会 （O）	外部环境	符合国家发展战略，有政策支持
		产品的优良性能符合国家环境保护和可持续发展的战略方向
		良好的社会公共关系，战略伙伴建设化解市场风险
		相关市场较为空白
威胁 （T）	外部环境	传统大企业进入该领域对于我们的市场冲击
		创业初期市场推广较为困难
		出现效果更好，性价比更高的产品

4.4　市场营销

4.4.1　营销策略及目标

鉴于产品的特殊性，我们大多数采取直销（direct sailing）和代理销售的方式，对于几个重点区域如华北、华南等重点市场，我们将采用我们的销售工程师与客户点对点式的直接销售方式。以提升我们的服务质量以及销售力。

同时还可以准确把握即时即刻的供求关系，节省商业中间环节上费用，降低库存的风险，建立更长久稳固的合作关系。

而且我们将在线上销售队伍的执行能力上及大客户的选择方面严格引导，提高线上销售的购买力以及技术支持，为执行未来的全面网络直销战略打下坚实基础。

对于其他非直销目标市场，我们将有选择的开发有实力、有丰富操作经验、资信良好的当地代理商来共同开发市场。逐步建立起一套比较实用的管理机制，着眼点放在对代理销售体系的建设规划整合上，逐步确以客户为中心，以服务为核心的渠道运作架构。

能借助代理商的力量迅速扩大销售额，能借助经销商的力量快速募集资金，降低财务风险。使之成为稳定的合作伙伴来承担销售、集成、服务、支持等众多业务，实现市场覆盖率和市场占有率的攀升，为客户提供良好和更具增值价值的新产品和全线服务，包括售前、售后和运营过程中的所有环节。

为了防止代理销售对于品牌建设的影响以及销售不稳定的情况，我们将会对当地代理商的选择将严格要求；并将派出技术人员和市场人员全程参与市场开发。依据授权原则和市场游戏规则适时加固合作关系，在价格保护、进货价格、现货供应、发货速度、产品种类等各个方面进行控制和支持。

4.4.2 营销渠道的选择和营销网络建设

直销(direct sailing):对于几个重点区域如河北、河南、山东等重点市场,我们将采用我们的销售工程师与客户点对点式的直接销售方式。

优势:准确把握即时即刻的供求关系,节省商业中间环节上费用,降低库存的风险,建立更长久稳固的合作关系。

弊端:市场覆盖面过宽时导致资源投入较大,对于各相关部门要求水平较高。

对策:我们将在网络直销队伍的执行能力上及大客户的选择方面严格引导,为执行未来的全面网络直销战略打下坚实基础。

代理销售:对于其他非直销目标市场,我们将有选择的开发有实力、有丰富操作经验、资信良好的当地代理商来共同开发市场。逐步建立起一套比较实用的管理机制,着眼点放在对代理销售体系的建设规划整合上,逐步确以客户为中心,以服务为核心的渠道运作架构。

优势:能借助代理商的力量迅速扩大销售额,能借助经销商的力量快速募集资金,降低财务风险。使之成为稳定的合作伙伴来承担销售、集成、服务、支持等众多业务,实现市场覆盖率和市场占有率的攀升,为客户提供良好和更具增值价值的新产品和全线服务,包括售前、售后和运营过程中的所有环节。

弊端:不利于品牌建设,影响整体市场发展,销售不稳定。

对策:对当地代理商的选择将严格要求;并将派出技术人员和市场人员全程参与市场开发。依据授权原则和市场游戏规则适时加固合作关系,在价格保护、进货价格、现货供应、发货速度、产品种类等各个方面进行控制和支持。

4.4.3 广告策略和促销策略

由于产品的特殊性,而且是刚刚进入市场的新兴产品,所以在产品推广方面和普通产品并不相同,我们采用线上线下宣传,和组织公益活动和相关机器人竞赛的形式推广我们的产品。

人员推销:产品销售以一支既懂专业技术又懂营销技巧的高素质推销队伍。销售队伍人员应经常与客户进行交流,与其建立良好的合作关系,了解用户对公司产品的要求,促进产品的完善。

广告宣传:专业媒体广告:在专业媒体上有针对性地发布广告,例如农业发展论坛,相关专业网站等。要着眼于产品的科技含量、经济效益和先进性方面。

电视广告:因为行业特性,电视受众是我们的终端消费者,通过电视广告宣传途径,电视广告集中于公益广告以及相关竞赛方面。

营销公关:科技展销会:公司将重点参与针对智能农业行业的大规模展销会,系统的了解客户和同行业信息,及时调整和修正我们的产品发展计划和销售网络建设。

新闻发布会:承办大型的学术交流会、研讨活动和行业内部协会或是其他机构组织的活动。

媒体参与:将积极参与和配合有关媒体的活动,获得尽可能多的软、硬新闻的机会。在企业与品牌的信息传播上将不遗余力。

互联网促销：我们将建立自己公司的专业网站，及时发布各种相关信息，使其逐渐发展成为行业内可靠的、及时的、对分销及顾客有影响的、对行业景气情况进行预测的重要来源，并与各大农业论坛以及专业网站进行链接。

公共形象建设：企业和品牌的形象建设是影响深远的。为此我们将开展系列公益活动，如在大学设立专项奖学金，成立科研基金，尽可能的和媒体进行环境保护专题的合作，凸现我们的"机器换人"理念。

微信客户端：微信发布扫码，旨在获得迅速的客户反应和寻求销售机遇。包括最新产品信息，专业性的附加资料等等。并且及时推送相关机器人专业技能和一些知识。

社会认证：我们现有的产品和新研发产品将以最快速度获得相关科研部门的认证，并获得本行业和客户行业技术权威和领导者的肯定与推荐。

4.4.4 价格策略

价格策略的确定一定要以科学规律的研究为依据，以实践经验判断为手段，在维护生产者和消费者双方经济利益的前提下，以消费者可以接受的水平为基准，根据市场变化情况，灵活反应，客观买卖双方共同决策。而且在第一次制定价格时，我们要考虑以下因素：①定价目标；②确定需求；③估计成本；④选择定价方法；⑤选定最终价格。

企业的定价目标是以满足市场需要和实现企业盈利为基础的，它是实现企业经营总目标的保证和手段。同时，又是企业定价策略和定价方法的依据。

定价目标主要有三种：以获取投资收益为定价目标、以获取合理利润为定价目标、以获取最大利润为定价目标。

由于智能农业的高成本性和公司运营的科学稳定性，所以，我们采用合理利润的定价策略，这样的定价策略减少了公司在初期运营时的风险性，目的是在初期可以占据一定的市场。

价格会影响市场需求。在正常情况下，市场需求会按照与价格相反的方向变动。价格上升，需求减少；价格降低，需求增加，所以需求曲线是向下倾斜的，但是就威望高的商品来说，需求曲线有时呈正斜率。

考虑到市场竞争以及产品的竞争力，所以我们在初期采取适当降价，以刺激需求，促进销售，增加销售收入。

通过以上分析，本产品采用撇脂定价法。新产品上市之初，将价格定得较高，在短期内获取厚利，尽快收回投资。利于进行更好的研发和投资。另外，由于要新建销售渠道打开市场，前期在这方面有很多要投入。要取得利润最大化，必须使得价格等于边际成本。

根据市场调查以及对于消费者的消费心理和竞争者的定价策略综合考虑，本产品的进入市场初步定价为 5 400～6 000 元之间，同时会根据客观环境和市场情况的变化，对价格进行修改和调整。

4.4.5 市场开发策略

对已开发市场：在该市场上，我们主要以优质、优价和优质服务树立产品及品牌形象，不断扩大市场，提高品牌知晓度、美誉度，树立良好的品牌形象；建立品牌忠诚度，搞好公共关系，树立企业良好的社会形象，赢得顾客的信赖。

潜在市场：指没有或很少使用的地区。这类市场的经济发展水平相对比较落后。

市场开发的方式在于专业销售团队宣传,宣传发展趋势,可以采用赠送、试销、折扣的方式引导群众使用本产品。然后,以适中的价格、尽善尽美的服务、有力的公关手段打开市场。

4.4.6 技术服务与支持

售前服务:采用宣传、网络推广、培训和交流等手段,使现实和潜在用户对于产品的特性与适用范围有初步的认知;

售中服务:建立完善的销售网络(如电话订货、网上订单),急顾客所需,及时送货上门,并且可以根据客户的不同需求进行产品的个性化定制服务;

售后服务:建立信息交流反馈渠道,做好产品的质量、服务的反馈信息处理,根据客户需要不断改进产品;设立面对全国范围的免费服务热线电话与顾客搞好关系;最大限度满足客户需要;适时举办信息交流活动,搭建沟通桥梁。

5 创业团队

公司性质预设为一家股份有限责任公司,将采取以产品技术为划分方式以公司与事业部制组织结构。由股东代表组成董事会,实行总经理负责制,下设人力资源部、行政部、研发部、公关部、设备部、销售部、生产部和物流部。

团队成员具有较强的科研能力、管理经验和理论功底,并聘请在上市公司从事过管理、营销和科研工作的高级技术及管理人员,好为公司上市积累实践经验。

跨专业:成员研究方向分别是机器人技术应用、计算机网络、电子技术、物联网技术、企业管理、电路设计、软件开发、培训教育、会计等专业人员,涵盖了不同的专业和学科。

专业化:团队成员有丰富的工作、实践经验和较全面的专业知识。

团队合作:紧密的团队合作精神、明确的专业分工,使我们成为充满朝气、更具实力的集体。

5.1 项目负责团队简介

项目负责人简介见下表1。

姓　　名	袁泽宇		
角　　色	创始人		
专业职称	自动化专业		
任　　务	统筹安排		
专　　长	管理合作		
所受教育			
时　间	学　校	专　业	学　历
2015~2019	邢台学院	自动化专业	本科

5.2 人员配置和职责

董事会:公司的股东代表组成,属于决策层,负责制定公司的总体发展战略,决定总经理的人选。

总经理:负责公司各方面的经营管理,对董事会负责,决定副总经理和部门经理的人选,制定和监督企业战略实施。

人力资源部:负责内部管理、协调各部之间的关系及人员招聘、培训、考核和规划,负责人2名,员工10名。(负责人均为核心员工,其他均为正式职工)

销售部:负责公司总体的营销活动,决定公司的营销策略和措施,并对营销工作进行评估和监控,包括市场分析、广告、公共关系、销售、客户服务等,负责人员设置2名,员工20名。

行政部:负责公司日常事务的统筹与管理,以及与政府、法院、律师事务所等机构相关事宜的处理,负责人员3名,员工6人。

研发部:负责技术研发,负责产品的研究与开发工作,拓展产品线的广度和深度。处理与产品有关的技术问题,并负责知识产权的具体管理,负责人员设置5名,研发人员设置30名。

物流部:与供应客商保持紧密沟通,全面了解供应市场状况并制定采购计划和仓储计划;全面负责供应链管理工作,主导供应链过程和系统的持续改进;对采购市场进行预测,负责人员设置2名,员工设置15名。

财务部:负责资金的筹集、使用和分配,如财务计划和分析、投资决策、资本结构的确定,股利分配等等;负责日常会计工作与税收管理,每个财政年度末向总经理汇报本年财务情况并规划下年财务工作,负责人员设置3名,员工8名。

公关部:组织为处理、协调、发展本组织与社会公众和组织内部员工定期进行各项交流,主要联系报纸、广播、网站、电视台、同行进行宣传和活动事宜的洽谈与合作,负责人员设置2名,员工设置12名。

生产部:根据用户订单进行定量化生产,合理分配工人有序开展生产。同时负责对常规产品的生产进行严格把关,定期进行抽样测试,并负责对出现质量问题的产品进行解释和调回等处理,负责人员5名,员工设置25名。

5.3 人才战略规划

5.3.1 人才战略原则

(1)以人为本的原则。要以实现人的可持续发展为目标,强化技术人才理念,蕌促进人才队伍建设与企业发展相协调。

(2)能力建设为先导的原则。加快人才能力建设,做到高端技术人才拉动,引领发展。

(3)实施长期教育和培训的原则。推进实施多层次、多样化的长期教育和培训,不仅满足数量上的供需平衡,并在人才结构方面实现协调和优化。

(4)以职业能力为标准进行培养、认证、使用的原则。通过职业培训,实现人才职业能力由弱势向强势转变。

(5)整体推进的原则。加强对人才的培养、评价、选拔、使用、流动、激励、保障的衔接和相互作用蠹建立符合社会主义市场经济,有企业特色的高效运行机制和高质量工作模式。

5.3.2 人才规划目标

目标: 建立合法规范、健康发展、持续激励、开放创新的人力资源管理制度。

途径: 建立竞相吸引人才、激励人才、鼓励成才的软环境;实施以人为本,以业绩为导向,以岗位为基础的管理模式;把人力资源战略管理提升到企业生存的地位上来,鼓励全员参与。

具体战略实施: 以企业的可持续发展为前提,根据企业生命周期理论,将在不同阶段实行有差异的人力资源战略:

创业期: 这一时期人力资源战略的核心是:充分发挥管理团队的人格魅力、创造力和影响力,向外界学习;在工作中挖掘各门类人才,为以后企业向规范化、制度化方向发展打下坚实的基础;促进人才组织化,帮助员工设计自己的职业生涯。

成长期: 这一时期人力资源战略的核心是完善组织结构,加强组织建设和人才培养,大量吸纳高级人才,鼓励员工的自我超越;企业与员工建立共同愿景,加速企业员工与企业文化的融合。

成熟期: 这一时期的人力资源战略核心是激励组织的灵活性,具体措施是建立"学习型组织"、提供企业发展远景规划、建立人力资源储备库,采取比竞争对手更为优秀的人才垄断战略;在岗位设计和激励手段多样化上有所创新。

人力资源成本:(1)聘请应届大学毕业生成为公司固定员工,聘请部分在校大学生为临时员工。应届毕业生一般对薪资要求不高,而聘请在校大学生的人力成本支出远远小于聘请社会上人员的成本。同时,由于公司为大学生提供了很多学习的机会,这些都会成为大学生今后更好发展的成本。公司聘请的专业人员主要是公司高层、教学顾问、市场营销人员、人力资源管理人员等专业性强的人员,还可实行专业人士帮带在校大学生的模式节约人力成本支出。(2)对于在校大学生以及所在学校,公司在降低人力资源成本支出的同时,公司提供众多勤工俭学的岗位可以解决有需要大学生和学校的困难。公司保证大学生的利益,公司将与在校大学生员工签署用人协议,付给正常的报酬,提供必要的保险,保障良好的升迁机会,以及提供毕业后就业途径。

5.4 创新管理机制

本公司立足于市场,为市场中人们所需要的各种普通以及智能服务所创立。创业初期,团队采取符合技术市场的创新管理机制,主要有以下几点。

人力资源管理: 采用期权制,将给公司经营管理或技术研究开发的关键人员适当的期权;给员工优先参股权;采用全员质量管理(TQM)建立公司人才资源库,为员工提供接受培训和再教育的机会。

目标管理: 将公司五年发展规划确定的目标层层分解、落实,明确责任,以目标为尺度进行考核。

柔性管理：提倡"人性为本"，建立柔性组织，实行弹性工作，提供特色柔性产品、服务，增强公司灵活性、适应性和创新性。

知识管理：知识经济时代，企业竞争优势来自对知识资源的开发和利用。公司将建立基于内部科研的知识库，不断提高各类工作人员的知识水平，完善知识共享机制，培养和提高公司的集体创造力。

5.5 管理团队优势与不足

管理团队大部分聘用应届大学生，同时聘用一部分有经验的资深技术人员，既可以保证公司的创新力和活力，又可以有一定的技术管理经验。而且具有一定的应变能力和市场分析能力。

但是初期管理团队经验不足，缺乏一定的市场管理经验，可能会在初期造成一定的失误。

5.6 人才激励措施

对企业人才的激励种类主要从以下三个方面方面入手，可以极大地提高业务骨干的满意度：一是薪酬激励，二是目标激励，三是发展激励。薪酬激励是业务骨干安身立命的基础，目标激励给人工作动力，促使其不断超越，而发展激励是根本，让员工实现自身价值。三者之间是相辅相成，而且是不可逆的。通过这样的激励，既能满足员工现实需求，又能兼顾其未来发展，最终可以实现企业的发展和统一。

（1）薪酬激励。

薪酬激励作用是无须质疑的，在我国经济不很发达的现实情况下更具有不可替代的作用，同时，也是个人尊严和社会地位的象征。薪酬激励要体现岗位价值，体现内外公平性。

实现薪酬内部公平的手段就是职位评估，根据职位要求的能力、复杂性、责任、任职条件等诸多因素进行评估排序，薪酬按照排序结果进行定档定级，这样职位薪酬就会有很明显的差距。

（2）目标激励。

根据企业战略发展和职位要求，给每个员工设定相应的工作目标。有了明确的奋斗目标，他们就会朝这个方向努力，从而实现自我超越和自我管理。

目标管理的配套措施是绩效考核与浮动薪酬或奖金的设计，根据目标完成情况进行考核，考核结果与浮动薪酬和奖金实行联动，多劳多得，少劳少得，付出与回报真正成正比，薪酬就会根据人员的实际贡献拉开差距。这样可以迅速提高公司绩效。

（3）发展激励。

企业可以从组织发展战略出发，根据业务骨干的个体不同和具体要求，设计有针对性的激励方案，通过给予合适的晋升、赋予更大的责任、提供尽可能多的培训机会、送以股权期权、设计合理的职业生涯规划，例如：技术人员的多通道职业生涯规划等方式。帮助他们实现自身价值。

6 财务预测

6.1 财务管理制度

(1) 财务管理工作必须在加强宏观控制和微观搞活的基础上。严格执行财经纪律，以提高经济效益、壮大企业经济实力为宗旨，财务管理工作要贯彻"勤俭办企业"的方针，勤俭节约、精打细算、在企业经营中制止铺张浪费和一切不必要的开支，降低消耗，增加积累。

(2) 财务人员都要认真执行岗位责任制，各司其职，互相配合，如实反映和严格监督各项经济活动。记账、算账、报账必须做到手续完备、内容真实、数字准确、账目清楚、日清月结、近期报账。

(3) 加强费用管理。严格控制不合理、不必要的费用支出。费用控制是确保公司财务正常运作，提高公司盈利水平的关键环节之一。财务管理部门要制订严格细致的费用控制制度和措施，控制不合理、不必要的费用支出要通过与公司其他部门的反复交流和沟通，在全体员工中强化费用控制和盈亏分析的意识，促使员工自觉遵守公司费用控制制度。

财务部岗位目标责任制是公司财务部按照工作岗位建立的目标责任制度。岗位目标责任制度的设置原则是以责定权、责权分明、严格考核、有奖有惩。各岗位的财务会计人员在明确自己职责的前提下，要从整体利益出发、相互协作、紧密配合，做好各项财务工作，为公司领导及时提供准确无误的财务信息。

6.2 主要财务假设

公司高新技术企业，享受税收优惠政策，即公司赢利年度开始计算，三年免征所得税，自第四年起所得税率为10%优惠政策。

而且政府针对高校创业有许多扶持政策，在3年内按每户每年8 000元为限额依次扣减其当年实际应缴纳的营业税、城市维护建设税、教育费附加和个人所得税。高校毕业生从事技术转让、技术开发业务及与之相关的技术咨询、技术服务取得的收入，可免征营业税。因此，在进行财务分析时，没有考虑相关税费。

根据本公司预计规划、潜在能力和业务发展的各项计划以及投资项目可行性，经过分析研究采用正确计算方法，本着求实、稳健的原则，并遵循我国现行法律、法规和制度。

存货控制采用先进先出法，期末存货按下期销售收入的10%提取，生产厂房及机器设备估计使用寿命30年,按直线折旧法计算;以技术入股的无形资产按10年摊销。

公司第一年不分红,第二年起按净利润的20%分红。

成本费用中的主营业务成本、营业费用均与销售收入密切相关,呈同向变化,我们假定其与销售收入成一定比例变化。

主营业务税金及附加、财务费用和管理费用等与企业的销售收入关系不大。

6.3 销售数据预测

(1) 销售预测表。

根据市场调查、企业发展战略、营销进度和企业生产能力做出如下预测。

表3 销售预测表

年份 项目	第一年	第二年	第三年	第四年	第五年
销售数/台	1 500	1 800	2 300	2 500	3 000
单价/元	5 300	5 300	5 300	5 500	5 500
销售额/万元	795	954	1 219	1 375	1 650

注:单价由单位生产成本和一定的目标利润率确定

(2) 成本核算表。

成本按照每1 000台进行成本核算。

表4 成本核算表

项目	数量/台	单价/(元/台)	费用/(万元)
原料	1 000	3 500	350
管理		200	20
水电等支出		200	20
工资等		500	50
合计	1 000	4 400	440

预计单位直接生产成本 = 生产总费用/数量
= 440万/1 000 = 4 400(元/台)

根据产品单位生产成本预算及销售预测,可得生产总成本预算。

表5 生产总成本预算表 (单位:万元/台)

年份 项目	第一年	第二年	第三年	第四年
直接材料	525	630	805	875
直接人工	75	90	115	125
制造费用	60	72	92	100
总计	660	792	1012	1 100

表6　期间费用预算表　　　　　　　　　　　　　　　　（单位：元/台）

年份 项目	第一年	第二年	第三年	第四年
管理费用	265	265	265	275
营业费用	530	530	530	550
财务费用	235	235	235	235
总计	1 030	1 030	1 030	1 050

注：(1)营业费用按销售收入的10%预算，包括销售人员的工资、建立销售网络的费用、广告费用、部分产品赠送费、差旅费、运杂费、通讯费等。

(2)管理费用按销售收入的5%预算，包括行政管理人员的工资、研发费用、办公费用、培训费、咨询费、会务费、车辆费等。

6.4　利润表

根据销售预测及成本费用预算表编制预测利润表。

表7　利润表　　　　　　　　　　　　　　　　（单位：万元）

年份 项目	第一年	第二年	第三年	第四年
主营业务收入	795	954	1 219	1 375
主营业务成本	660	792	1 012	1 100
主营业务利润	135	162	207	275
管理费用	0.026 5	0.026 5	0.026 5	0.027 5
营业费用	0.053 0	0.053 0	0.053 0	0.055 0
财务费用	0.023 5	0.023 5	0.023 5	0.023 5
利润总额	134.897	161.897	206.897	274.895
税务	0	0	0	0
净利润	134.897	161.897	206.897	274.895

注：(1)由于行业特殊性，本产品研发费用、销售费用(包括技术支持和售后维护)较高。

(2)项目主营业务税金及附加按当年销售收入的0.5%估算，因为该企业为生产型企业，其主营业务税金及附加主要为以增值税为基准的城建税附加。

6.5　现金流量表

表8　现金流量表　　　　　　　　　　　　　　　　（单位：万元）

年份 项目	第一年	第二年	第三年	第四年
一、经营活动产生的现金流量：				
销售商品、提供服务收到的现金	795	954	1 219	1 375
现金流入小计	795	954	1 219	1 375
购买商品、接受劳务支付的现金	525	630	805	875
支付给职工的现金	75	90	115	125
支付的所得税	0.00	0.00	0.00	0.00

续表8

年份\项目	第一年	第二年	第三年	第四年
支付其他与经营活动有关的现金	60	72	92	100
现金流出小计	660	792	1 012	1 100
经营活动产生的现金流量净额	135	162	207	275
二、投资活动产生的现金流量：				
购建固定资产所支付的现金	500.00	0.00	0.00	0.00
投资活动产生的现金流量净额	−650.00	0.00	0.00	0.00
三、筹资活动产生的现金流量：				
吸收权益性投资所收到的现金	500.00	0.00	0.00	0.00
借款所收到的现金	150.00	0.00	0.00	0.00
现金流入小计	500.00	0.00	0.00	0.00
偿还借款所支付的现金				
分配股利所支付的现金				
偿付利息所支付的现金				
现金流出小计				
筹资活动产生的现金流量净额				
四、现金及现金等价物净增加额	210.00	285.00	360.00	1 034.00

6.6 财务报表分析

财务报表重要数据：

五年销售收入(万元):795.0;954.0;1 219.0;1 375.0;1 620.0;

五年净利润 (万元):313.9;418.9;523.7;1 228.5;1 320.0;

表9 重要比率及趋势分析表

年份\项目/%	第一年	第二年	第三年	第四年
销售利润率	16.98	16.98	16.98	20.0
销售毛利率	16.33	16.33	16.33	21.242
销售增长率	50	0	0	33.3

达到正现金流所需时间:16个月。

达到收支平衡所需时间:11个月。

7 融资说明

7.1 资金说明

(1) 资金需求量。

预计需求资金 650 万元。

(2) 拟出让股份。

引入风险投资两家,投入资金 300 万元,拟出让公司总股本的 35.3% 份额;拟引入战略伙伴 2 家左右,总出资 200 万元,出让公司总股本份额为 23.5%;其余 150 万元自筹资金,技术作价入股 200 万元,占公司总股本的 41.2%。

(3) 筹资用途。

生产设备购买、厂房和办公场地建设共需资金:450 万元;

剩余用作流动资金:200 万元。

7.2 风险投资者权利

选举权分配条款:风险资本家根据股本份额拥有选举一定数量的公司董事的权力,并通过董事及时了解公司的经营管理状况,直接参与重大事项的决策活动,从而进行风险控制。

限制企业管理层有关行为的条款。主要包括两种:第一,内部交易行为。包括管理层报酬的确定、股息的支付、内部股权的回购、内部贷款、企业年度业务计划、重大开支等敏感行为风险资本家有审核的权利。第二,直接或间接危害公司市场地位的行为:本公司管理层及核心雇员承诺,在工作期间以及退出公司两年之内不得从事与公司竞争的事务。以防止企业家滥用商业秘密和知识产权。

反股权稀释条款:为避免风险投资资本普通股或优先股转换权的贬值即股权稀释现象,使其投入资产缩水。在发生此现象时,将增加优先股所能够转换到的普通股的数量。

信息披露条款:由于风险资本所有者并不直接介入公司具体运营,因此享有更多的了解企业经营状况相关信息的权利。

风险投资家可以在投资前期获得较大比例的税后分配利润,以降低前期风险,后期逐步递减;有拒绝进一步投资的权利和出售股份的权利。

7.3　投资者介入公司管理层说明

投资方介入公司管理主要是在以下几个方面。
(1)加入董事会:履行公司重大决策的表决权。
(2)财务审核:对公司的重大投资决策和战略决策进行审核和监督。
(3)财务监督:公司定期向投资方提交财务报表,如有必要投资方可派专人对公司的财务账目进行审计。
(4)日常运营监督:公司定期向投资方对公司的运营状况作书面或口头汇报。除以上几方面外投资方还可以提出其他参与方式,由投融资双方协商确定,但原则上投资方的参与不影响工作室正常运营和发展。

7.4　财务报告

公司定期(一般是年度)向投资者提交的报告包括如下内容。
(1)资产负债表。
(2)损益表。
(3)现金流量表。
(4)资金支出预算表。
(5)公司年度运营计划书。
除以上报告外,投资者还可以要求公司提供其他报告,具体事宜由双方协商确定,但原则上不给公司带来太大的成本。

8　风险与退出

随着物联网、云计算、人工智能及生物仿真等领域技术的不断突破,智能农业代替我国传统农业已经成为可能和必然趋势。由于智能农业在我国属于新兴技术和产业,因此在带来机遇的同时,该创业项目在一定程度上也面临着许多方面的挑战。针对项目特点,创业团队主要通过以下几个方面进行风险分析,提出相关解决措施。

8.1　风险分析

8.1.1　市场风险

能否经得起市场的第一轮考验,是创业者所面临的首要风险。

本公司创业团队所面临的市场风险主要涉及产品的顾客认可度、产品的销售渠道以及宣传策略等方面。面对挑战,创业团队积极深入调查,确定了主要销售对象,华东、华南地区的相关部门,对产品的认可及欢迎程度。在销售方面,在充分利用现有资源的基础上,展开直接销售。同时,还辅助以电子商务,网络订购等多样化销售模式,在最大限度上解决了市场带来的主要风险。

8.1.2 资金风险

资金状况往往是一个企业生存和发展的"瓶颈",因此,作为创业者,我们的挑战在于,如何合理分配现有的有限资金,并利用现有资源积极拓宽融资渠,以最小的投入为公司实现最大的利润。

在综合考虑财务风险、综合资本成本率、政府政策等因素后,在选择了银行借款、发行权益工具等自筹资金得同时,我们还积极寻求政策扶持与社会扶持贷款。而针对项目自身特性,对期初募集资金,主要将其用于研发支出、构建固定资产,以及生产中所需要的直接原材料、直接人工、制造费用以及各类期间费用。

8.1.3 技术风险

对于智能温室大棚和智能农业机器人这种技术密集型产品,技术力量是否强大、员工操作程度是否熟练、经验是否丰富等因素对创业项目能否取得成功有着不可忽视的影响作用。

创业团队掌握着智能机器人的核心技术力量,同时拥有富有经验的相关科技学会作为人才技术后盾,能够在较短的时间内取得产品的尽快入市,抢占市场,获得回报。

8.1.4 管理风险

管理风险也是大学生创业者不可忽视的风险之一。现代大学生虽然技术出类拔萃,但在理财、营销、沟通等方面的能力普遍不足,因此在创业过程中尤其要注意发挥团队的协作能力。

本公司管理主要存在的潜在风险及其措施包括以下几方面。

(1)人才流失风险。

创业公司在创业初期不采取高薪激励政策,因此可能造成部分人才流失。创业公司规避此类风险的方法是对核心技术员工进行股份期权激励,同时建立完善的岗位和培训制度,尽早实现制度化管理。

(2)核心竞争力缺乏的风险。

创业公司在期初的发展中主要依靠与合作方的合作关系运营企业,这就使得企业在一定程度上依赖于别人的产品或市场来打天下,企业明显缺乏属于自己的核心竞争力,从长远角度来看,没有核心竞争力的企业终究会被淘汰出局。因此针对该类风险,创业企业需在创业期初,合理利用合作企业的人力资源关系网,根据自身特点,打造出属于自己的营销网,培养出忠实于本企业的核心技术人才。

8.2 风险对策说明

针对以上风险,建立一支熟悉电子、计算机、智能农业专业知识的销售工程师队伍,逐步建立完善的市场网络和针对市场形势有策略的调整;加强分销渠道管理;

加大研发投入,了解行业需求,有针对性地开发新产品;并加强同行业企业的优势互补和技术吸收;

形成以智能农业大棚和智能农业机器人为主的同心多元化产品链,分散经营风险,加强市场渗透;

内部管理柔性化、扁平化,加强内部决策的专业化和科学化,加强财务管理和供应链建设。

8.3 投资退出时间和方式

风险资金退出的成功与否关键取决于公司的业绩和发展前景。

8.3.1 适用于本公司的退出方式

通常来说,风险投资的撤出方式有三种:即:首次公开上市(IPO)、股权转让和破产清算。近年来出现的无板市场也正越来越受到风险投资者的青睐。

公开上市通常是风险投资的最佳推出方式,但对上市公司的要求也非常高考虑到我国智能计算机器人领域的发展现状,以及该类企业在国内的上市情况,我们江公司在发展的前五年还属于不能上市的公司,所以根据近年来大部分中小企业所采用的风险资本退出的两种有效方式我们设计了通过股权转让的风险资本退出方案。

由于中国特殊的法律政策环境的限制,风险投资公司通过股权转让的方式实现退出应该具有实际意义。这类产权交易模式比较适于企业所处行业处于朝阳期、企业成长性较好且具有一定盈利规模,但因种种原因不够上市要求和条件或在二年之内无法尽快上市的被投资企业。

目前,我国在北京、深圳、上海等地都已经开始建立健全产权交易机构和体系,担负着促进高科技产业发展、架设技术与资本间的桥梁、完善风险投资的退出机制等方面的职能。利用这一有效运作的产权交易平台,创业企业、中小高新企业就有机会与更多的资本提供方实现基于资源共享的高效融合。

从目前国内的风险投资运作情况分析,在国内二板市场尚未启动的情况下股权转让是我国现阶段风险投资退出方式中一种操作性很强的方式。近年来,股权转让在风险投资退出方式中的比重越来越大,作用也越来越突出。股权转让退出方式的吸引力主要表现在以下两个方面。

(1)出售风险企业的股权可以立即收回现金或可流通证券,这使得风险投资家可以立即从风险企业中完全退出,也使得有限合伙人可以立即从风险投资家手里取得现金或可流通证券的利润分配。风险资本所投资的企业一般要经过5—6年的时间,而一个中小高新企业在发展两年后就可以采用并购的方式卖出获利,因此要计算投资回报率,还是采用股权转让方式更为合算些。何况资本的时间价值也应该计算在内,风险投资公司在较短的时间收回资本后,可以继续寻找前景更好的项目进行投资。

(2)对风险资本选择股权转让退出路径的第二点分析是以产品生命周期理论为基础的。风险资本所选择的投资项目一般都是高科技和新技术。在这种情况下风险投资公司选择并购并不仅仅是一种退出决策,同时也是企业对于自身所处发展阶段认识基础上的发展战略选择。风险企业作为有吸引力的投资部门与能产生大量稳定的现金流的处于产品成熟期的企业合并,这样整个风险投资公司的现金流在总体上将会与公司的总投资大致持平。

根据投资重点和战略,风险投资公司将努力在3-5年内退出中小高新企业投资,所以中小高新企业除了创造尽可能多的利润外,还将把风险投资退出时的收益变现放在重要位置,以无板市场和股权转让的方式退出风险投资,不但可以使风险投资公司稳定和迅速地实现退出,还可以保证一定的收益。所以本公司考虑以无板市场和股权转让两种方式退出风险资本。

8.3.2 风险资本最优退出时间

通常情况下,风险投资退出的最佳时间应选择在公司未来投资的收益现值高于公司的市场价值时。考虑到本项目前期资金投入较大,公司预期在创业期初就引进2~5家风险投资企业,以最快的速度实现技术成果的产业化,从而迅速占领中国大陆的机器人服务市场。

同时,因此在同时考虑了产品的生命周期,国外竞争对手等因素后,我们认为风险资金在第6~7年间,即在公司进入稳定的发展阶段,国外企业进军中国大陆时退出较为合适。因为此时公司经过了导入期和成长期,主产品在我国大陆市场已经建立起属于自己的营销网络和定向市场。与此同时,新产品也在退出此时的公司更趋向于保守发展。

附录二

固染科技

——织物固色领域的奔跑者

目　　录

前言 ··· 1[①]
第1章　项目背景市场机会分析 ·· 2
第2章　市场分析与项目定位 ··· 4
第3章　产品(服务)设计与商业模式 ·· 6
第4章　发展战略与行动计划 ··· 7
第5章　竞争分析与营销策略 ··· 8
第6章　研发、生产以及经营安排 ·· 11
第7章　团队与组织结构 ·· 14
第8章　资金规划与财务要求 ·· 17
第9章　关键风险认识 ·· 24

---

① 该页码为原创业项目计划书的页码，此处保留。——编辑注。

前　言

近年来，随着科学技术的发展，染整技术也得到了显著的提高，由于国际纺织贸易的扩大及人们生活水平、环保意识提高，要求纺织品舒适、清洁、安全。随着市场的不断扩大，对其质量要求越来高组成分也提出了更严格的要求。

据调查显示，目前国内纺织品固色剂生产企业不集中且有的技术并不过关，产品质量良莠不齐再加上地方监督力，造成产品不合格，环保效果差等问题。

在这种背景下，为了研发出质量高、效果好、价格低的无害固色剂，我们创立了乐元之丞科技有限公司。我通过线上和下两种销售方式面向所有纺织品企业。公司现成员具有扎实的专业知识和丰富践基础，并聘请赵治巨博士、杨立芹博士为技术顾问，提供专业指导。

公司成立前期，主要以自研发为主。通过多次配制、试验和检测究出符合环境保护要求，并且质量又达标的织物固色剂配方。我公司正在申请发明专利，申请成功后以自主生产、技术入股转让三种模式效益。随着资本的积累、公司规模扩大及研发能力提高，将继续自主同类别产品，以"研发—生产—销售"三合一的模式进行运营。并与互联网紧密结合，通过网络渠道进行销售。

本公司一直秉承成本低、风险小可行性高的基原则。在国家和地方政策的扶持下及政府支，通过对网络、资本人才等源有效整合将创造出良好的经济效益和社会，并使固色剂更严格达到国家标准。

第1章　项目背景市场机会分析

1.1　产品背景

中国产业调研网发布的中国固色剂市场调查研究与发展前景预测报告（2018—2025年）认为，固色剂是印染行业中的重要助剂之一，它是可以提高染料在织物上颜色耐湿处理牢度所用的助剂。在织物上可与染料形成不溶性有色物而提高了颜色的洗涤、汗渍牢度，有时还可提高其日晒牢度。

《中国固色剂市场调查研究与发展前景预测报告（2018—2025年）》在多固色剂行业研究结论的基础上，合中国市场发展现状通过资深研究团队对固色剂市场各类资讯进行整理分析，并依托国家权威数据源和长期市场监测的数据库，对固色剂行业进了全面、细致调查研究。不仅如此，全国乃至各个市县都发布了推进纺织行业展的相关政策，以此来引导纺织行业的发展。

表1　截至2018年中国纺织行业国家相关政策汇总（一）

时间	政策名	主要内容
2018年12月	《纺纱准备和纺纱机械上罗拉包覆物用胶管》	《纺纱准备和纺纱机械上罗拉包覆物用胶管》（FZ/T93051—2016）、《塑料粗纱筒管》（FZ/T93029—2016）、《缝盘机》（FZ/T97036—2016）、《圆形编织机三角的通用技术条件》（FZ/T97010—2016）、《氨纶整经机》（FZ/T97037—2016）等最新标准，这些标准从2017年4月1日起实施
2018年1月	《环境保护法》	明确纺织废水主要包括印染废水、化纤生产废水、洗毛废水、麻脱胶废水和化纤浆粕废水5种
2017年7月	《中国化纤工业绿色发展行动计划》	到2020年，绿色发展理念成为化纤工业生产全过程的普遍要求，化纤工业绿色发展推进机制基本形成，绿色设计、绿色制造、绿色采购、绿色工艺技术、绿色化纤产品将成为化纤工业新的增长点，化纤工业绿色发展整体水平显著提升
2017年5月	《关于引发强制性标准整合精简结论的通知》	工信部决定废止《吊艇杆》等150项强制性行业标准，其中纺织行业1项，即《压力容器类产品图样标注的规定》

2016年12月	工信部《纺织服装创意设计试点示范园区（平台）管理办法实行》	推进纺织服装创意设计试点示范园区（平台）建设，旨在通过试点示范，典型引领，建设一批资源集聚能力强、专业服务水平高的纺织服装创意设计园区（平台），助力行业增品种、提品质、创品牌，推动纺织服装产业转型升级等
2016年11月	中华人民共和国国家发展和改革委员会、中华人民共和国财政部公告2016年第26号	按照国家发展改革委、财政部公告2016年第9号有关安排，根据当前棉花供需形势和市场运作态势，经研究决定，今年新棉上市期间（目前至明年2月底）不安排储备棉轮入，2017年储备棉轮出销售将从3月6日开始，截止时间暂定为8月底，每日挂牌销售数量按3万吨安排。如一段时间内国内外市场价格出现明显快速上涨，储备棉竞价销售成交率一周有三日以上超过70%，将适当加大日挂牌数量、延长轮出销售期限
2016年7月	《长丝织制造业产业"十三五"发展指导意见》	到2020年，我国长丝织造产业产量规模达到510亿米，年均增长3.33%；年均产品利润率5.4%；企业生产效率大幅提高，产成品库存明显减少。我国化纤长丝织物出口数量达到140亿米，年均增长3.85%，逐步缩短与国际市场同类进口产品的价格差，增加产品附加值，提升长丝织物产品的国际市场价格。规模以上长丝织造企业的研发投入强度达到1.5%以上，新产品产值率由30%提高到40%，高档次、高附加值产品比重由20%提高到30%，实现非喷水新型织机应用率占比20%。应用普及率增加至10%，实现在超细旦纤维、多种纤维复合、色织等领域的开发和应用。新型浆丝机、分条整经机和并捻机的普及率提高到15%

近年来，随着纺织品的发展，人们不仅关注纺织品的安全性和环保型，而且还关注纺织品的色牢度。活性染料因其色谱齐全、色泽鲜艳、成本低、经济环保等特点，成为织物染色的主要染料，但是染色后的织物的湿处理牢度比较低，因此，活性染料染色的织物，特别是染深色时，一般都要进行固色处理。

随着社会的不断发展，人们的生活水平也得到了很大的改善。因此，人们对必需品的要求也就越来越高。在以前，人们的衣服只有几种普普通通的颜色，人们的要求也不高，而现在，衣物的颜色有几十种，甚至上百种。各种各样的颜色得到了大家的喜爱和认同，同时也出现了问题。各种颜色都是经过一系列的加工合成的，然后再染到衣物上，在染色过程中，难免会出现一些掉色现象。人们现在生活水平提高了，自然而然要求就高了，人们要求衣物穿起来舒适，有鲜艳的颜色，最重要的是不掉色。所以，我们现在要研制一种固色剂，使它既不影响织物的外观，又不影响织物自身的柔软性，还可以达到固色的效果。

我们团队研发的新型织物固色剂不仅可以促进我国新兴产业的快速发展，还可以有效满足当前市场需求，具有良好的社会效益和经济效益，同时对促进经济社会可持续发展有着长远的意义。

1.2 市场现状

在人们的生活中,纺织品无处不在,各式各样的纺织品满足了消费者的需求,但是有些纺织品在遇到水或盐水的时候会出现严重的掉色现象,这一现象在我们的生活中是很普遍的。有些染料虽然可以染出比较鲜艳的色泽,但由于染料上带的水溶性基团,使湿处理牢度不佳,褪色和沾色现象严重,不仅使纺织品本身外观陈旧,同时染料脱落下来会玷污到白色或其他色泽的纤维上,产生沾色、搭色现象,如直接染料和酸性染料就易产生这样的问题。另外,尽管活性染料可与纤维素纤维形成共价键结合,但在染色中,若存在水解染料或对未键合的染料皂洗不充分,也会使湿处理牢度降低;另外,与纤维已形成共价键的活性染料还可能在酸性或碱性条件下的分解断键,以及耐氯色牢度、耐汗渍牢度、耐日晒牢度不足等问题。

综合以上因素,我们团队认为研制出质量达标且能够有效防止织物脱色的固色剂配方是必要和适时的。

第 2 章　市场分析与项目定位

2.1　市场分析

随着我国经济的不断发展、人们生活水平的不断提高,人们的消费观念和消费水平也有了很大的转变与提升。在这个契机下,固色剂行业也得到了快速发展。我国固色剂市场发展迅速,产品产出持续扩张,国家产业政策鼓励固色剂产业向高技术产品方向发展,国内企业新增投资项目投资逐渐增多。投资者对固色剂市场的关注越来越密切,这使得固色剂市场越来越受到各方的关注。

由于国际市场和国际形势的不断变化,国际纺织品的贸易竞争跌打起伏,纺织品的市场既有数量与价格上的竞争,也有质量与品种的竞争。随着我国社会经济的发展,像过去那样主要靠低成本,低价格的初级产品的数量竞争已经不现实了,面对国内、外同行的激烈竞争,纺织企业必须找到合适自己的位置,发挥优势,提高能力,善于创新。

固色剂兼容范围广,可作为大多数树脂体系和胶粘剂的功能助剂;也可用于金属表面着色处理的固色助剂。它是一种环保型功能助剂,无不良气味释放。基于以上优点,固色剂市场供需发展良好。固色剂是印染行业中的重要助剂之一.近年来,随着科学技术的发展染整技术也得到了显著的提高,由于国际纺织贸易的扩大及人们生活水平、环保意识的提高,人们要求纺织品舒适、清洁、安全。自 20 世纪 70 年代,德国首先推出"蓝色天使"计划后,其他国家相继通过并实施有关法律、法规,规定了纺织品的各种指标.绿色纺织品要求在印染加工中禁止使用法规中所规定的致癌、致畸和生物降解性差和某些芳香胺中间体生产的染化料,同时也要求所使用的助剂不含重金属离子和不产生游离甲醛,也就是使用"绿色助剂"。

为了防止染料从纤维上脱落,提高了染色牢度。固色剂中的活性物质可以相互缩合,在纤维表面形成立体网状薄膜,把染料封闭,增加了布面的平滑度,减少摩擦系数并不容易磨破,进一步防止在湿摩擦过程中发生的染料溶胀、溶解、脱落等问题,提高纺织物的湿摩擦牢度,我公司研制了一种新型织物固色剂。

2.2　项目定位分析

(1)有效防止染料从纤维上脱落,提高了染色牢度。固色剂中的活性物质可以相互缩合,在纤维表面形成了薄膜,把染料封闭,增加了布面的平滑度,减少摩擦系数并不容易磨破,进一步防止在湿摩擦过程中发生的染料溶胀、溶解、脱落等问题、提高了纺织物的湿摩擦牢度,从而有效防止脱色。

(2)促进我国固色剂行业快速发展的需要。国家鼓励支持发展低碳环保项目,本项目采用先进的技术,认真贯彻落实国家产业政策。设计中尽一切可能节能低耗。各项污染物能做到达纲排放,环境影响不大,不会出现环境污染等问题。该项目的实施将进一步促进我国纺织品行业的发展。

(3)增加当地就业和带动相关产业链的发展。本项目建成后,将为当地提供就业机会,促进下岗职工与闲置人口的再就业,可促进当地经济和谐发展。新型织物固色剂项目将充分发挥人才优势与技术领先。通过充分利用本地资源,以研发和生产新型织物固色剂为主,进而促进企业的可持续发展,有助于把企业做大做强。

第3章 产品(服务)设计与商业模式

3.1 产品名称:新型织物固色剂

3.2 产品商标

3.3 产品的性质与作用

本公司项目产品在于提供一种固色处理温度温和、耐水洗牢度优异且与各种基布兼容的固色剂组合物,从而解决现有技术中的上述技术问题。本发明的固色剂组合物包括热敏和光敏树脂预聚体、热引发剂、光引发剂、适于使预聚物发生热致固化反应的第一溶剂以及适于使预聚物发生光致固化反应的第二溶剂。通过在温和条件下使本发明的固色剂组合物先进行热致固化再进行光致固化,可对不同材质的基布进行固色。固色之后,基布的最大干摩擦牢度和湿摩擦牢度可分别达到5.0和4.5。

3.4 商业模式

本公司是一家生产新型织物固色剂的公司,公司所研制的产品适合所有生产纺织品的公司。在商业竞争方面,我公司的新型固色剂存在一定的竞争优势,固色剂的原料易得,进而成本低,在价格方面有了一定的优势;在销售渠道方面,我公司打破了传统的销售方式,会通过互联网平台进行产品销售，同时并支持线上和线下购买，让顾客感受到方便快捷的购物体验。总之，本公司将以定位准、市场大、扩张快、风险低为基本准则，在研制新型织物固色剂这一行业，稳扎稳打，努力奋进，力求全面发展。

第4章　发展战略与行动计划

4.1　公司经营发展战略

本公司始终以"品质做好,稳扎稳打"为公司的核心理念,坚持以品质为罗盘,以市场目标,以诚实守信为准则,坚持以"科学人才"的人才发展,不断提升科学技术,提高品质,为顾客提供最优质的服务。

公司内部有多个部门独立发展,却有着提高品质的共同目标,从而不断提升技术水平,加上不断完善的管理体系,以及良好的营销通道。每一年都在争取有新的突破,更好地为织物固色剂技术做贡献,争取得到长期发展。

4.2　公司品牌与人才战略

公司主要以"品质"为核心来研发公司产品,主要实施两个方面的品牌打造计划:第一,首先是内部对质量的严要求,保证每一个产品都是最优质量,同时进行技术上的进步,在品质上做到极致,在行业内争做头牌。第二,公司将进行多方位的宣传,健全服务方法,且以网络为主,因此加大对网络技术的投入,吸引网络人才,争取让顾客全方位的认识到织物固色剂的优点,加强服务设备,让顾客有更好的使用体验。

为寻求更好的发展,我们将进行网络服务系统,以及科研队伍的加强,所以我们将引进一批优秀的销售人才,让他们与科研队伍接触并进行专业培训让他们更好地了解品牌,提升他们的专业素养以及对品牌的了解,并且对于科研队伍进行高规格的待遇,让他们更好地进行科研。同时,公司进行奖励制度,让真正优秀的人获得更多的利益以及荣誉。

4.3　公司发展行动规划

本公司的战略目标是在6个月内推广本公司的织物固色剂,使销量占市场销量的50%。为实现目标,本公司将进行整体发展,以经营,人才,品牌为核心。实现以上目标,本公司将进一步进行市场的开拓,发展网络销售,逐渐扩大销售渠道,同时加大科技的研发资金的投入,重视人才引进和新兴技术、新兴产品的研发,从而达到全球销售的目标。

第5章 竞争分析与营销策略

5.1 竞争优势

5.1.1 购买优势

从竞争优势上分析,我公司的织物固色剂在市场上有着很大的发展空间,且有着比其他公司更好的固色性能,更好地为公司带来利益。我公司的创立还可以增加就业率,促进经济以及社会的发展。

我公司有线上和线下共同发展的销售模式,并且在网络上销售还可以跨境销售,在网络上提前预订,到货操作简单,且提供优良的网络服务,使买家操作更加简单,并且我们可以大批量供货,让买家可以尽快得到货,所以本公司提供了一系列措施争取让买家买得舒心,用得放心!也就有了服务上的明显优势!而我公司为了打开市场才用了高品质低价格的方式来让更多人使用产品,从而迅速的提升名气打出我们的专属品牌,在买的过程中我们会提供大量的优惠活动,且在开始批量卖出时我们会不断让专业人员进行使用指导,争取让买家更好地利用织物固色剂,从而使我们的产品达到最大的使用价值,这就是我们的价格优势,以及使用优势。

5.1.2 售后服务优势

经过调查可知我国对织物固色剂使用的并没有把其中的优势体现出来,所以我公司将会对买家进行集中的培训,并且提供线上线下两种售后服务方式,在网上进行使用反馈,实时进行修改研究,争取让顾客体会到更优质的产品,并且在每一个销售点也要集中收集信息,定时反馈。所以本项目在服务方面也占有很多优势!因此,我们的项目十分有必要实施!

5.2 营销策略

市场上的深色织物湿摩擦牢度一般为一级或二级,而我们的湿摩擦牢度可以达到三级,所以我们的产品性能更好。并且我公司产品具有环保性我们产品的使用条件更广,效果更佳,同时我公司以高品质,低价位为根本。所以我们公司值得信赖!

我公司以绿色环保,高品质,低价位为立足点,以服装公司织物纺织为主要服务对象。并且我公司坚持壮大自己品牌,坚持自身产品技术的提高,同时我公司正在申请专利,专利申请成功后我们可以和各大公司合作,实现共赢!

5.2.1 产品营销

我公司是环保型织物固色剂,性能稳定,有着高品质,低价格的方式销售,以耐心,细心的方式服务获得大家的认可。在公司营销过程中有以下三种经营方式。

(1)扩大生产。

我公司在获得投资或者资金充足的情况下,将不断地买进设备,争取大批量高品质的生产,让预定客户可以更快拿到货物,在不断发展中陆续摸索研究使湿摩擦牢度进一步提升,使用条件更加广泛!持续的加强我公司的品牌建设,虽然风险较大,耗时较长,但是获得利益高昂!这一计划是我们公司的长远目标,也是近期就会实行的计划,以此来达到我们公司的长远发展!

(2)与第三方共赢。

在我公司资金不够的情况下,我们会寻找有意向的第三方投资,以我方提供技术,第三方提供资金,对其进行销售,通过分红来得到利益,这样风险较小,而且可以实现共赢。

(3)专利转让。

当公司资金极度紧张时,公司将采取转让专利的方法,由我公司技术人员提供方法配方,尽量让织物固色剂有更大的发展空间,这一方式可直接获取利益,风险极小,但利益也很少!

5.2.2 销售渠道策略

(1)线上销售。

我公司将吸引大批的网络人才,建立自己的网络App,在自己的App上将有着详细的介绍,以及各种优惠活动,和详细的产品价格,以及反馈窗口,这样我们可以更好的优化我们的网络系统,提升我们的产品质量,我们也会在淘宝,京东等销售网站销售,但是我们会要求定期查除网络假货,以最严格的方式去让顾客用得放心!并且我们要求客服以最耐心的方式讲解,并解决我公司的产品及问题!

(2)线下销售。

我们将在各个地区安置销售点,在每一个销售点我们都会有专门的技术人员去讲解我们的织物固色剂最适当的使用方法!并且在我们的销售点要有实时信息的反馈,我公司将对其进行研究整改!争取达到质量为先,品质为上!我公司有大批量提前预订的方式,可以准确进行生产,尽量做到不拖沓,不囤货!

5.2.3 品牌策略

我们将通过广告策划,网络宣传,以及在各种小视频软件,进行全方位,多角度的宣传!在这个处处用互联网的时代,传播速度飞快,甚至可以影响到全球,我公司有足够的品质优势,一旦有了品牌上的影响,同时不断的研发,改造,创新,使织物固色剂的性能更好,而我们的买前服务以及售后服务都将不断改善,坚持让客户买得舒心用得放心!从而获得一致好评!也给客户留下更深的印象,这样我公司将创立更坚固的品牌,也就可以长期发展!

第6章 研发、生产以及经营安排

6.1 研发部分

6.1.1 研发原则

在现有的织物固色技术当中,存在固色处理温度高,耐水洗牢度查,以及与不同材质基布兼容性差等不足。例如,中国发明专利申 20161080107.0 披露了一种由水性封闭性聚氨酯树脂与水性丙烯酸树脂配混制成的染色织物增深整理剂。在该专利中,固色处理温度为 100 ℃到 120 ℃,固色之后,基布的干摩擦牢度和湿摩擦牢度都分别提高 0.5 个等级。但干摩擦牢度最高为 4.0,湿摩擦牢度最高为 3.5。且当所用基布质为纯棉时,最高干摩擦牢度和湿摩擦牢度分别为 3.5 和 3.0。为此本公司开发一种固色处理温度温和耐水洗牢度优异且与各种基布兼容的固色剂组合物。

6.1.2 研发技术方法

本公司该项目所用原料组分为热敏和光敏树脂预聚物、热引发剂、光引发剂、第一溶剂、第二溶剂。使组分进行热致固化反应,光致固化反应其中,本项目的有益效果在于对染色织物进行固色处理时,温度温和,干摩擦牢度和耐水洗牢度优异以及可与各种材质的基布兼容。

6.1.3 产品效果

上图为纯棉基布的固色处理效果。上图效果显示:经本团队固色技术处理之后,纯棉基布的级别—干摩擦牢度和湿摩擦牢度都明显提升,至少提升一个级别。

6.1.4 研发用途

在现有的织物固色技术当中,存在固色处理温度高,耐水洗牢度查,以及与不同材质基布兼容性差等不足。我公司致力于改善以上问题不足等,提升干摩擦牢度湿摩擦牢度。

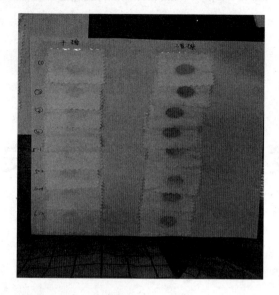
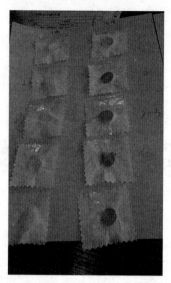

6.2 生产经营与管理

(1)经营方针。

打造卓越品牌,致力优秀品质。

(2)经营目标。

在产品投入市场后,年度销售收入200万元,增长率20%,保底收入100万元,净利润100万元。在保证利润的同时,产品质量是我公司"重中之重"。

(3)经营策略。

①以市场为引导方向,以营销为龙头开展经营和管理行动。

我公司以绿色环保为理念,以高品质、低价格为特点。有线上线下同时销售,线上销售直接下载app或在淘宝、京东等大型销售网站购买。线下销售在各个地区都会有至少一个销售点。更方便客户与我公司打成交易!

②集中资源,发展国内市场。

公司以高质量,低价格去打造品牌,集中拓宽国内市场,与国内各衣物制造厂进行合作,开展项目合作计划!

③以"集中发展国内市场,逐步发展国外市场"为首要策略。

前期主要开拓国内市场,打造国内知名品牌!然后逐步向国外开拓市场,打造全球品牌!

6.3 管理经营

6.3.1 各机构(管理人员)分工

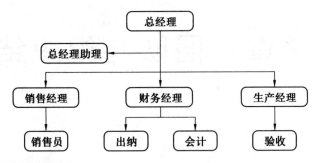

6.3.2 人员管理制度

  我公司制定了严格的人员管理制度。工作人员必须严格遵守,禁止出现迟到早退现象;负责人须服从公司责任、领导与管理制度,严格要求每项工序,做好本职工作,发生状况积极承担责任;对影响制度及公司经营者,实行公司惩奖罚制度,根据影响其程度,进行警告、罚款、停工以及开除的处分,对坚持遵守公司制度,对公司建言建策者以及做出贡献的员工进行奖励制度。

第7章 团队与组织结构

7.1 团队简介

本项目全部团队成员都是长期在功能材料实验室中助研的学生,具有扎实的理论知识和熟练的操作能力。且高效的管理、执行和研发是团队创业成功的关键,现团队中共有三人,根据每人的特点和能力,进行了如下分工:

整体运营/财务分析/风险分析(杨乐乐):负责本项目的整体工作,主管项目的整体运行。在大学期间,选修了经济学课程并取得优异成绩,对数据分析和资源分配具有一定的了解。同时,在院系里曾担任团委副书记一职,具有较高的管理能力,对待工作细心、用心。现任团队队长。

产品研发/配方测试/专利申请(李元元):有扎实的专业理论知识,为实验室助研学生,对实验配方研究有浓厚的兴趣,所以负责本项目的产品研发,配方测试等工作。后担任本公司总设计师的部分工作。

市场调研/经济评价/数据整理(闫鹏丞):在本院系社会实践中,获"优秀实践个人"称号,并且能熟练地使用计算机各项技能,在数据处理方面占有很大优势。故让其处理市场调研等工作。

7.2 团队分工细则表

姓名	性别	主要负责项目
杨××	女	整体运营、财务分析、风险分析
李××	女	产品研发、配方测试、专利申请
闫××	女	市场调研、经济评价、数据整理

7.3 组织结构

本团队现有人数为3人,为保证研发项目的顺利进行,所以成立——乐元之丞科技有限公司。公司内部组织结构分为总经理、三总师以及下设8个部门。特聘技术顾问2人。

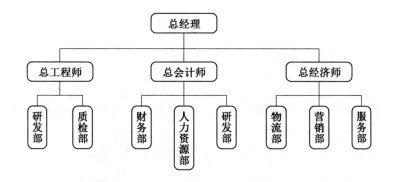

7.4 技术顾问介绍

为确保我公司研发的产品质量,我们特此聘请了赵治巨博士、杨立芹博士作为我公司技术顾问,赵治巨博士和杨立芹博士是功能材料实验室的负责人,拥有多项发明专利,对配方研究及测试具有丰富的经验,由此对我们产品的研发提供了强有力的技术支持。

7.5 人力资源管理

我公司成立之初,人员较少,为保证研发项目的顺利进行,公司前景的良好发展,我公司将采取以人为本的指导思想和发展理念,大量吸纳社会中技术型人才,成长型人才。由此,我公司主要人力资源管理方法包括指定人力资源需求计划、员工的招聘与录用、奖酬管理、劳动关系管理。

7.5.1 人力资源需求计划

充分了解本公司内部人员工作信息,包括工作名称、工作数目、工作单位、指责、工作知识、熟练度、身体要求、工作环境等等,充分利用现有人力资源,保证一定数量人员具备特定技能、知识结构和能力,预测公司组织中潜在的人员过剩或者人力不足,在公司内部人力不足的情况下,对外进行员工招聘。

7.5.2 奖酬管理

薪资=工资+奖金+福利。公司将以公平公正的原则制定出合理的薪酬方案,建立健全的奖励处罚方案,有效激励员工。

7.5.3 员工的招聘与录用

本公司员工招聘中必须符合的要求:符合国家有关法律、政策和本国利益;公平原则;在招聘中应坚持平等就业;确保录用人员的质量;根据公司内人力资源需求计划和职务说明书中应职人员的任职资格要求,运用科学的方法和程序进行招聘工作;努力降低招聘成本,提高招聘工作效率。公司招聘方式如下。

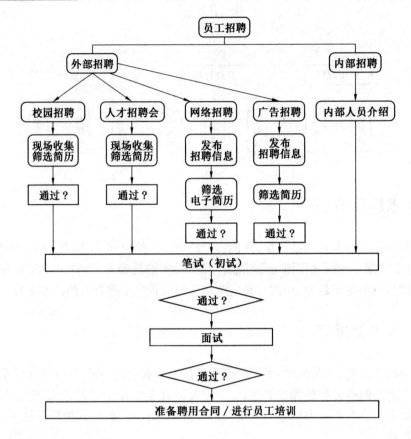

7.5.4 劳动关系管理

公司将以"平等自愿,协商一致"的原则订立劳动合同。本公司劳动合同主要具备条款包括劳动合同期限;工作内容;劳动保护和劳动条件;劳动报酬;劳动纪律;劳动合同终止条件;违反劳动合同的责任。

第8章 财务规划与财务要求

8.1 投资估算

资产投资总额=固定资金总额+流动资金总额+无形资产

8.1.1 固定资金总额估算

在公司成立初期,该项目一次性固定资产包括建筑工程费、设备购置费、设备安装费、开办费、建设期利息、基本预备费、涨价预备费、其他杂项预备费用。因此,固定资产总额估计为178万元。详见下表:

固定资产投资估算表   单位:万元

估算项目	建筑工程费	设备及器具购置费	设备安装费	开办费	建设期利息	预备费	其他杂项预备费	合计
投资费用	50.00	80.00	15.00	20.00	0.00	8.00	5.00	178.00
占固定资产比	28.09%	44.94%	8.43%	11.24%	0%	4.50%	2.80%	100%

注:①建设期利息:建设期利息是指工程项目在建设期间内发生并计入固定资产的利息,主要是建设期发生的支付银行贷款、出口信贷、债券等的借款利息和融资费用

②预备费包括基本预备费和涨价预备费。基本预备费:一般为建筑工程费、设备安装工程费、设备及器具购置费及其他工程费之和乘以一个固定的费率计算。涨价预备费:计算公式为

$$n\text{PF} = \sum I_t(1+f)t - 1 \quad t \neq 0$$

其中,PF——涨价预备费;n——建设期年份数;I_t——建设期中第 t 年的投资额;f——年投资价格上涨率

8.1.2 流动资金总额估算

本公司采用扩大指标估算法和分项详细估算法来计算流动资金。通过对《投资项目可行性研究指南》《建设项目经济评价方法与参数》(第三版)的参考,参照同行业同类项目的实际投资指标进行大量积累和科学整理分析的基础上,预算出了本团队流动资金总额在投产期为64.24万元,在达产期为129.07万元。

本公司流动资金=流动资产-流动负债,流动资产包括存货、现金和应收账款,流动负债只考虑应付账款。

存货 { 原材料 备品 备件 燃料
       生产品 产成品

流动资产投资估算表　　　　　　　　　　　　　　　　　　单位:万元

项目名称	周转天数/天	周转次数/次	投产期	达产期
购置原材料	15	24	6.52	13.42
燃料	—	—	20.00	30.00
备品备件	30	12	5.24	8.15
生产品	8	45	16.23	40.50
产成品	10	36	5.00	5.00
现金	—	—	5.00	15.00
应收账款	—	—	0	10.00
应付账款	—	—	6.52	7.00
合计	—	—	64.24	129.07

8.1.3 项目总投资估算

本公司该项目总投资预算分为两部分,固定资金总额估算为 178 万元,流动资金总额估算为 129.07 万元,总投资为 307.07 万元,具体分析见下表。

总投资分析表　　　　　　　　　　　　　　　　　　　　　单位:万元

投资项目	投资额	占总资产比
固定资金总额	178	57.96%
流动资金总额	129.07	42.03%

8.1.4 无形资产

无形资产指公司拥有或者控制的没有实物形态的可以辨认的非货币性资产。大多包括专利权、商标权、特许权、土地使用权等等。在其无法为企业带来未来经济利益时,公司可将其以出售,对外投资,对外出租,对外捐赠等形式,为公司带来一定的经济效益。

8.2 项目融资

本公司采取无追索权的项目融资即纯粹的项目融资,采取银行贷款、申请银行长期借款、申请流动资金借款等等的方式,来对本项目的资金进行筹措。方式如下。

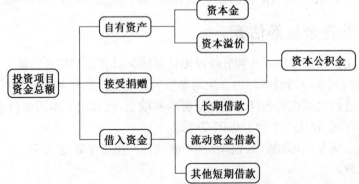

资金筹措表　　　　　　　　　　　　　　　　　　　　单位：万元

项目	合计	建设期			
		1	2	3	4
总投资	307.07	112.5	117.8	39.4	0.0
固定资产投资	178	160	10	0.0	0.0
建设期利息	0.0	0.0	0.0	0.0	0.0
流动资金	129.07	80	20	0	0.0
资金筹措	307.07	307.07	100	70.0	0.0
建设单位自筹	307.07	307.07	50	39.4	0.0
用于固定资产投资	170	160	10	0.0	0.0
用于流动资金	100	80	20	39.4	0.0
申请银行贷款	0.0	0.0	0.0	0.0	0.0
固定资产投资贷款	0.0	0.0	0.0	0.0	0.0
流动资金借款	0.0	0.0	0.0	0.0	0.0
其他短期借款	0.0	0.0	0.0	0.0	0.0

8.3　财务分析

8.3.1　项目投资的成本及其估算

本公司项目按成本要素分类法，投资项目总成本可表示为：投资项目总成本＝外购原材料、燃料＋工资福利费＋折旧费＋摊销费＋维简费＋利息支出＋其他费用，具体分析见下表。

投资项目总成本分析表　　　　　　　　　　　　　　　　　单位：万元

项目	2019 年	2020 年	2021 年
外购原材料、燃料	22.54	22.54	22.54
工资福利费	21.35	21.35	22.58
折旧费	2.2	2.3	2.2
摊销费	0.4	0.4	0.4
维简费	0.5	0.5	0.5
利息支出	11.34	11.52	12.0
其他费用	26.54	26.54	26.54
总计	84.87	85.15	86.76

8.3.2　项目投资销售收入、税金及附加的估算

本公司新型织物固色剂初步产成规模为 80 吨/年，参照大部分市场价格，固色剂单价在 4 g/元，以此做出未来收益预测。见《未来收益预测表》。

未来收益预测表　　　　　　　　　　　　　　　　　　单位:万元

序号	项目	2019年	2020年	2021年
1	一、主营业务收入	2000	2000	2000
2	减:主营业务成本	1325	1200	1180
3	主营业务税金及附加	200	200	200
4	二、主营业务利润	5	5	7
5	加:其他业务利润	1	1	2
6	减:营业费用	230	210	210
7	管理费用	150	150	150
8	财务费用	27.6	27.6	27.6
9	三、营业利润	20	20	20
10	加:投资收益	0	0	0
11	补贴收入	0	0	0
12	营业外收入	0	0	0
13	减:营业外支出	120	120	120
14	四、利润总额	−26.6	118.4	141.4
15	减:所得税(%)	—	—	—
16	五、净利润	−26.6	118.4	141.6
17	本年固定资产投资	84.87	85.15	86.76
18	本年流动资金追加	111.75	0	0

由上表可以看出,本公司第二年仍处于弥补亏损期间内,且为新办企业,所以缴纳所得税为0。该项目在第二年开始盈利。

8.3.3　项目投资利润估计

利润估计表　　　　　　　　　　　　　　　　　　单位:万元

项目/年份	2019年	2020年	2021年
收入	2000	2000	2000
成本	1325	1200	1180
税金	200	200	200
利润	5	5	7
利润率	−2%	9.87%	11.98%
净利率	−1.33%	5.92%	7.07%

8.4　投资项目财务分析的基本报表

本公司在投产期时,基本报表包括资金来源与运用表、资产负债表、财务外汇平衡表、现金流量表等。在达产期之后,更会完善各种报表。公司采取无追索权的项目融资,在这种融资方式下,贷款的还本付息完全依靠项目的经营效益。所以本公司该项目产生的现金流量的能力是项目融资的信用基础。详见《现金流量表》。

现金流量表

编制单位：乐元之丞科技有限公司　　　　年　月　日　　　　　　　　　　　单位：万元

项目	本期金额	上期金额
一、经营活动产生的现金流量：		
销售商品、提供劳务收到的现金		
收到的税费返还		
收到其他与经营活动有关的现金		
经营活动现金流入小计		
购买商品、接受劳务支付的现金		
支付给职工以及为职工支付的现金		
支付的各项税费		
支付其他与经营活动有关的现金		
经营活动现金流出小计		
经营活动产生的现金流量净额	2	
二、投资活动产生的现金流量：		
收回投资收到的现金		
取得投资收益收到的现金		
处置固定资产、无形资产和其他长期资产收回的现金净额		
处置子公司及其他营业单位收到的现金净额		
收到其他与投资活动有关的现金		
投资活动现金流入小计		
购建固定资产、无形资产和其他长期资产支付的现金		
投资支付的现金		
取得子公司及其他营业单位支付的现金净额		
支付其他与投资活动有关的现金		
投资活动现金流出小计		
投资活动产生的现金流量净额	5	
三、筹资活动产生的现金流量：		
吸收投资收到的现金		
取得借款收到的现金		
收到其他与筹资活动有关的现金		
筹资活动现金流入小计		
偿还债务支付的现金		
分配股利、利润或偿付利息支付的现金		
支付其他与筹资活动有关的现金		
筹资活动现金流出小计		
筹资活动产生的现金流量净额	2	
四、汇率变动对现金及现金等价物的影响	5	
五、现金及现金等价物净增加额	5	

注：以上表格内所填数字金额为预期效果

第 9 章　关键风险识别

9.1　项目主要风险

项目面临的主要风险包含市场风险、财务风险、原材料采购风险、环保因素等。

9.2　风险分析及解决措施

9.2.1　市场风险

（一）原因

市场风险主要包括价格风险、竞争风险和需求风险。在信息多元化的当代社会，国家政策以及行业方向无时无刻不在发生着变化，大大增加了市场的不确定性，任何产品都有一定的时效性。所以从产品设计一直到产品投入市场的时间不宜过长，要牢牢把握住现有机遇。任何一种新产品的引入，消费者都会有怀疑情绪，这可能会造成产品刚进市场无人问津的情况。在销售过程中，如果对市场分析的不够准确，不能很好地了解市场行情，可能会对产品的价格制定的不合适，从而导致失去部分市场。

（二）解决措施

（1）对于来自消费方的抵制，我们在产品进入市场之前一定要做好市场调研工作，全面了解消费者情况，比如消费者的承受力等确定当前发展方向，选定一个目标市场为突破口，由此打开整个市场领域。

（2）对于竞争风险，要时刻关注竞争对手的动态以及不断变化的市场情况，及时变动完善营销策略，在不超过消费者承受能力得到情况下，制定出最佳方案。

（3）加大宣传，在不断完善营销策略的基础上，加大宣传力度，让产品符合社会需求，让消费者从观念上接受新产品。

9.2.2 原材料采购风险

（一）原因

本公司所生产的新型织物固色剂所用配方原料在无特别说明的情况下，大多为可购买的化学纯试剂，在采购原材料过程中，可能会带来价格风险，原料市场价格波动不定，对公司经济效益产生重大影响；采购原材料时，若原材料质量不达标，直接影响到本公司所研发产品的质量，带来质量风险。

（二）解决措施

随时关注原材料行情变化，找到多个稳定供货商，争取建立起物美价廉且供货稳定的原材料采购渠道。长期发展，不仅能够达到货比三家的目的，而且还能提高公司的信誉度。确保"高质量、低价格"稳定供货。

9.2.3 财务风险

（一）原因

财务风险是指由于多种因素的作用使企业不能实现预期的财务效果，从而产生经济损失的可能性。公司已完成项目前期资金自筹，所以项目资金的供给是否及时是该项目是否成功开发的关键；中小企业在企业发展过程中往往忽视企业的研发能力和信誉建设，所以在公司建设初期，往往借贷能力不高。

（二）解决措施

在信誉建设方面，制定财务管理战略。面对不断变化的财务管理环境，公司建设置高效的财务管理机构，配备高素质的财务管理人员，健全财务管理制度，强化财务管理的各项基础工作。在资金方面，在进行原料预算时，充分考虑原料用途，以节约成本；密切关注汇率变化，防范汇率风险；寻找多种筹备资金的通道。

9.2.4 环保因素

（一）原因

本公司所用原料多数为化学纯试剂，在所难免会产生污染环境的废弃物、废液。大多废弃物来源于项目设计初期的实验所用织物，废弃橡胶手套、生活垃圾等固体废弃物。废液则多指实验过后所余试剂和生活废水。

（二）解决措施

(1)对公司内固体废弃物的处理：对于可回收废弃物，则采用固体废弃物—集中收集—定点放置—回收利用的方法，对其进行解决；对于不可回收废弃物，则统一收集，送往垃圾点集中处理。

（2）对公司内废液的处理：对实验过后所余试剂进行化学反应处理，使其不会对环境造成极大污染；同时，引进污水处理装置，经污水处理设施处理后，达到《污水综合排放标准》（GB8978—1996）中《纺织染整工业水污染物排放标准（GB4287—92）》所说标准。

参考文献

[1] 姚大伟.大学生创新创业意识培育研究[D].东华理工大学,2017.
[2] 林秋君.新时代大学生创新创业精神培育与能力提升研究[D].重庆交通大学,2018.
[3] 刘辉,李强,王秀艳.大学生创新创业教程[M].上海:上海交通大学出版社,2016.
[4] 高其胜.大学生创新创业基础[M].长春:东北师范大学出版社,2019.
[5] 杜先颖.大学生创新创业精神培育研究[D].天津工业大学,2018.
[6] 王萌.大学生创业精神培养研究[D].南京理工大学,2015.
[7] 王殿文.新时代大学生创业精神的内涵、特征及辨析[J].创新与创业教育,2018,9(6):32-37.
[8] 魏明.大学生创业精神影响因素研究[D].云南大学,2018.
[9] 孔夏萌.高校职业生涯教育课程研究[D].西南大学,2013.
[10] 沈梓鑫.美国的颠覆性技术创新:基于创新型组织模式研究[J].福建师范大学学报,2020(1):91-100,172.
[11] 沈梓鑫,贾根良.美国在颠覆式创新中如何跨越"死亡之谷"?[J].财经问题研究,2018(5):90-98.
[12] 孙静.基于"德国制造"的工业4.0及对中国创新的启示[J].重庆三峡学院学报,2019,35(1):107-114.
[13] 苏楠,陈志."中国式创新"的特点、影响因素与趋势研究[J].机电产品开发与创新,2017,30(1):1-3.
[14] 万生新,姬建锋.大学生创新创业教育[M].西安:陕西人民出版社,2019.
[15] 苏玉荣.大学生创新能力培养模式研究[D].武汉理工大学,2013.
[16] 居长志,周峰.市场调研[M].南京:东南大学出版社,2019.
[17] 王东升.商业模式、财务战略与企业价值[D].山西财经大学,2016.
[18] 李燕.创业基础[M].北京:北京理工大学出版社,2018.
[19] 付生德,桑振平,黄天利.大学生创新创业指导教程[M].北京:现代教育出版社,2018.
[20] 王涛,刘泰然.创业原理与过程[M].北京:北京理工大学出版社,2019.